INDUSTRIAL INTERNET
TRANSFORMATING AND
UPGRADING

工业互联网

转型与升级

杨汉录　余来文　王友丽　著

厦门大学出版社　国家一级出版社
XIAMEN UNIVERSITY PRESS　全国百佳图书出版单位

图书在版编目(CIP)数据

工业互联网:转型与升级/杨汉录,余来文,王友丽著.—厦门:厦门大学出版社,2020.8

(新科技·新经济)

ISBN 978-7-5615-7842-1

Ⅰ.①工…　Ⅱ.①杨…②余…③王…　Ⅲ.①互联网络—应用—工业发展—研究　Ⅳ.①F403-39

中国版本图书馆 CIP 数据核字(2020)第 144669 号

出 版 人	郑文礼
责任编辑	吴兴友
封面设计	李嘉彬
技术编辑	朱　楷

出版发行 厦门大学出版社

社　　　址	厦门市软件园二期望海路 39 号
邮政编码	361008
总　　　机	0592-2181111　0592-2181406(传真)
营销中心	0592-2184458　0592-2181365
网　　　址	http://www.xmupress.com
邮　　　箱	xmup@xmupress.com
印　　　刷	厦门市明亮彩印有限公司

开本	720 mm×1 000 mm　1/16
印张	18.25
插页	2
字数	246 千字
印数	1～3 000 册
版次	2020 年 8 月第 1 版
印次	2020 年 8 月第 1 次印刷
定价	58.00 元

本书如有印装质量问题请直接寄承印厂调换

厦门大学出版社
微信二维码

厦门大学出版社
微博二维码

前　言

　　人类社会经历了三次工业革命的洗礼,目前正处于第四次工业革命爆发的边缘。世界经济论坛创始人兼执行主席克劳斯·施瓦布曾表示,"即将发生的、备受期待的第四次工业革命结合了数字、生物和物理系统,并将在人类和机器之间传播一种新的互动。"工业4.0是制造业第四次工业革命的延伸。它以智能制造为核心,将新技术与传统产业相结合,实现制造过程中的分析、推理、判断、构思、决策等智能活动。"工业4.0"这一概念最初由德国提出,目前正从概念变为现实。而中国计划用10年时间,通过信息技术与工业化的深度融合,实现从制造业大国向制造业强国转变的目标。工业4.0为中国制造业提供了弯道超车的机会,但企业必须首先完成自己的数字化转型和升级。根据2019年的《政府工作报告》,构筑工业互联网平台,开拓"智能+",为制造业转型升级提供人才是我国目前的必经之路。目前,中国工业互联网要从概念研究入手,加速实施落地并进入快速发展道路,保持战略决心和承受力,扎实推进工业互联网引入机制,努力开拓中国工业互联网创新和发展新局面。

　　工业互联网是数字浪潮下的工业系统和互联网系统深度融合的产物,是新的工业革命的关键支持。它通过推进数据驱动的质量变革、效率变革、动力变革,促进全要素生产率的提高,实现制造业的高品质发展。工业互联网是数字化转型的关键路径,是构筑工业的全部要素、全产业链、全价值链连接的中枢,它可以实现制造资源的普遍连接、弹性补充和有效配置。一方面,工业互联网驱动数据,突破工业企业内部和外部散发的生产方式,把产业链的上下游企业从单链串联生产方式综合成多链并联合作方式。另一方面，工业互联网为产品赋能，形成了工业企业的新分工方式，同时实现了企业产品即服务的转换，从产品交易模式转变为产品服务型的附加值收费模式，促进了制造企业的运营成本减少。

工业互联网也是引领科学技术产业革新的有力抓手。工业互联网将改变制造业服务模式和知识革新应用模式，促进信息物理系统、人工智能等新技术制造业的普及，企业将根据工业互联网的预测性维修、员工的工作指导等应用，制定工业服务模式的革新策略。以设备维护为例，基于工业互联网的预测维护与设备建设、维护技能、数据技术等有机结合，可形成对各设备自身的"个性化"维护。同时，工业互联网也是工业数字经济的重要支持。工业互联网引发工业领域的数字经济变革，根据需求定制、生产能力交易、智能产品等服务引导着行业从封闭走向开放，不同行业能够形成有效的产业链并进行数据流通与共享，数据流通企业合作关系带来重大变化，使原本组织的边界逐渐模糊，协作不仅在上下游企业发生，而且横向扩展到更加广泛的空间，推进产业向其他领域融合。

在全球新一轮工业革命中，为了提高工业的强大竞争力，美、德、日等工业强国纷纷布局工业互联网，通过新一代互联网技术布局生产关系的创新，抢占产业竞争制高点。首先，政府加强了工业互联网的顶级设计。国外主要工业国积极布置工业互联网，发表国家发展战略，采用投资项目、研究补助金和税收奖励措施，支持科技基金、创新中心、研究机构发展工业互联网，把互联网从概念探索向产业实践推进。其次，产业组织围绕工业互联网展开合作。产业联盟要集中成员优势资源，促进产学研用合作革新，提高成员间成果转化的对接效率，成为推动工业互联网发展的重要动力。

与此同时，企业也积极参与研发和应用，是工业互联网发展的主力军。在巨大的数字化转型压力下，不少大型制造企业打破壁垒，在进行工厂智能制造的转型的同时投入工业互联网平台的研究与创新，如施耐德和ABB。微软和PTC等IT(信息技术)公司在工业互联网平台建设方面也占据一席之地，利用物联网、大数据和人工智能与企业客户展开密切合作，收集目标数据，同时通过投资并购、战略合作、建立联盟等方式增强竞争优势,推动工业互联网创新发展,为未来搭建数据云、应用云等打好基础。

　　全球电气巨头施耐德是自动化和能效管理行业的领先者。自 2008 年以来,中国已成为施耐德的主要市场和最大客户。在新形势下,施耐德热情拥抱制造业升级,帮助更多制造企业完成数字化转型升级。施耐德通过信息化系统,抓住制造业的本质,将能源输入、制造加工的自动化管理控制和产品的全生命周期管理融为一体。2017 年,施耐德电气向中国工业用户正式推出了面向工业领域的 EcoStruxure,基于物联网构建开放、可操作的系统架构与平台,打造"透明工厂",将工业制造的三大核心——底层的自动控制能力、中间的信息系统和上层的运营能力进行有机结合。

　　过去我们对施耐德的印象是生产产品,但事实并非如此。施耐德突破了企业转型的障碍,利用熟悉工业制造和运营管理流程的优势,为企业提供全面的数字化解决方案。在工厂车间、城市建筑、风电光伏领域、污水处理厂等应用场景中,通过软硬件的部署,将大量的电力数据实时传输到系统架构和平台上。施耐德通过全面收集制造各环节产生的数据,实现数据与"云"的无缝连接,并提供实时的数据分析、运营和管理。随着工业领域数以万亿计的设备和传感设备进行互联互通,大量数据被实时上传到云。基于企业制造数据的高需求,施耐德提出了新的 IT 基础设施要求,并于 2019 年与新华三展开合作,应用 Synergy 塑合型基础架构平台等创新产品对业务支撑系统进行了升级更新,以更好地支撑数字化业务的发展,提高其他企业工业互联网转型升级背后的稳定性、灵活性和安全性。

　　工业互联网平台作为承上启下的"枢纽站",向上承载应用生态,向下接入系统设备,连接工业企业、设备厂家、服务提供商等终端输入者,是工业互联网赋能企业转型升级的核心。目前,中国工业互联网平台的建设和应用还处于初级阶段,平台技术和服务能力已经实现了基础创新,能够与企业生产、运营等方面进行初步融合,许多行业正在加快关键应用实现。同时,工业互联网平台在我国的应用主要集中在优化业务流程、降低企业成本、提高效率等方面，并且取得显著成效。国家工业信息安全发展研究中心 2018 年对我国 62 家工业互联网平台的调查数据显示，有 70％的平台能够为企业设备提供精准监测和预警应用，32％的平台可通过智能生产排程等手段实现企业生产流程的优化，但可实现协同研究开发设计等新价值革新的应用不超过 10％。另外，平台化的数据驱动型解决方案正在高速形成中。从工业互联网平台的解决办法流程向驱动业务系统朝数据驱动应用平台新范例转换，在各种类型的机械设备、业务系统和合作者之间形成共联，在数据分析和建模利用的基础上形成促进数据跨系统、智能优化数据端实现数据驱动的生产管理运营闭环优势和新业务模式。目前，工业互联网平台的应用普及在不同行业的步调参差不齐，应用重点和发展路径呈现出较为明显的行业特征。在信息技术和产业融合程度较高的行业中，如电力、电子、制造技术、信息技术、管理技术和知识的积累相对深厚，模型转换和升级难度较小，工业互联网平台的应用普及程度更高。

  工业互联网在我国企业当中的运用和发展是一个漫长的迭代、试错和演进的过程，这需要社会各界保持战略决心和持久力。对于中小企业来说，数字化转型初期的投入是巨大的，准确发现问题对中小企业来说非常重要；而对于大型制造企业来说，需要拥抱产业互联网的转型升级，积极合作，共同探索，努力发展，开拓创新，务求实效，帮助中国制造业转型升级。

目 录

第一章

新时代的来临:"工业 4.0"

每一次的工业革命都给我们人类带来了巨大的影响，我们现在已经迈向了工业4.0，我们已经从消费者被动接受制造商的产品转变为消费者直接影响制造商产品的制造。消费者的需求通过互联网为制造商所了解，进而生产出消费者想要的产品。产品的交付只是制造价值链的开始，制造商更关注用户使用过程中的体验，使用中的每一项数据回馈，用这些数据来改良完善产品，使之更加贴近用户的需求，并且在用户使用过程中提供双向交流与支持。

　　未来的战略思考就是跟传统产业，用互联网的思想和技术，帮它们进行转型升级，共同发展。

——阿里巴巴创始人　马云

┌─────────────┐
│ 开章案例 │
└─────────────┘

蘑菇物联:连接,让设备产业链共享新价值

蘑菇物联在整个设备产业链中是一个连接上下游角色的纽带。通过蘑菇网关采集设备运行数据,上传至云平台解析、储存和计算,让整个设备产业链用 APP(应用程序)及计算机软件来享受工业互联网带来的好处。蘑菇物联依靠工业物联网来将工业设备产业链的上游和下游连接起来,使其变得高效和协同优化,从而为企业形成成本低、高效率、易部署、高价值的产品与服务,客户通过一部平常的下载了相关 APP 的手机就可以随时获取工业设备产业链上所需要的数据信息。现蘑菇物联的服务已经遍及 21 个省份 56 个城市。

一、公司简介

蘑菇物联公司成立于 2016 年 3 月,由元禾原点、银杏谷资本、腾股创投等知名投资企业联合投资,公司拥有自主知识产权。蘑菇物联技术有限公司(以下简称"蘑菇物联")是深圳市比较有名气的互联网企业、双软企业,是全国工业企业上云的典型案例之一,同时也是广东省为其他企业提供工业互联网转型的入选企业、广东省工业互联网 12 家"试点树模"供应商之一。蘑菇物联深谙创新之道,曾在工业互联网 APP 大赛中获得全国总冠军,也是阿里云 IoT 工业十佳合作伙伴,在中新工业 APP 创新应用大赛中荣获一等奖,并与广东工业大学开展产学研合作,联合建立了"IIoT 智能应用实验室"。

公司总部位于深圳市龙华区,在广州设立软件研发中心,同时在重庆、上海、杭州、苏州等地设有服务中心,服务能力覆盖全国。核心团队有资深嵌入式物联网高级工程师、资深移动互联网产品经理,以及全球知名制造业品牌任职超 10 年的高管。经过这几年来的积累沉淀,蘑菇物联现已经拥有了很多有关不同工业设备的客户,特别是在空压机行业蘑菇物联的市场份额和品牌知名度都居前列。公司从建立到如今,

一路斩获了 40 余项自主知识产权。2018 年 11 月,蘑菇物联再次获得数千万元融资。2019 年 1 月,广州研发中心正式启用。蘑菇物联将实现新一轮的腾飞。

二、差异化服务,打造个性化输出

蘑菇物联通过工业互联网能够为终端客户提供差异化服务,完成个性化定制。蘑菇物联 CEO(首席执行官)沈国辉介绍蘑菇物联的直接客户是设备制造商和设备代理服务商,间接客户是设备用户,并且对于三者都有明确的服务提供。这三者组成了蘑菇物联服务的产业链,如图 1-1 所示。

第一,对设备用户提供个性化服务。设备用户经由过程物联网可以对设备实行远程监控,从而实现设备的预测性维护。当设备呈现障碍时,蘑菇物联的 SaaS(软件即服务)软件会把障碍代码传送给代办署理/服务商,实现远程诊断,实现装备的快速维修。SaaS 系统还会结合设备自身运行情况向用户给出设备保养提醒,以便于延长设备的使用寿命;同时帮设备用户企业实现自动化点检、故障预警、维修提醒三大目标,保障设备在生产过程中始终运行良好,使设备用户企业能耗下降,实现装备节能、体系节能,实行精细化车间管理,满足不同企业不同需求不同目标的管理。

第二,向设备代办署理、服务企业及时反馈。SaaS 体系变被动维保为自动维保。以前设备的维保是用户向代理商或服务企业反馈维保需求时才会进行,而 SaaS 软件会将设备的实时运行数据发送给代理商或服务商。这样既可以增加代理商或服务商的维护收入,又可以避免因用户的不专业性而使报修信息具有不确定性。帮助设备代理/服务企业管好设备管好人,实时监测设备运行数据,提前维保,变被动服务为主动服务,让服务更规范,提高售后及时性。

第三,对设备制造商协同分析。设备制造商利用蘑菇物联的 SaaS 系统,将所出产的设备变为物联网智能协同设备,从而帮助增长设备销售量。对设备进行数字化管控,设备制造商可以对设备运行发生的数据进行整理分析,进而得悉设备各零件在运行时的环境,分析出设备存在的优缺点,并为今后的设备改良提供根据,使设备机能得以优化。在这样的循环改进下,可以将设备打造成更具有竞争力的产品。

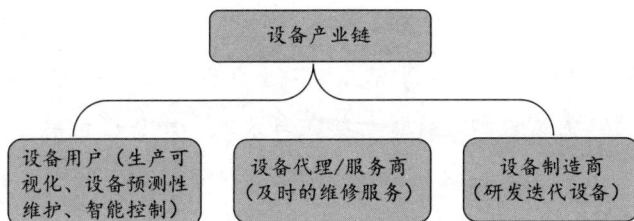

图 1-1 蘑菇物联服务产业链组成

三、服务于工业设备市场

蘑菇物联的产品基于云计算、移动互联网和物联网技术,首要服务于工业设备市场,可实现对设备商客户资源的智能移动管理和对设备全生命周期的智能及时管理,帮助设备商提供实时感知的智能销售与服务,帮助设备用户实现设备的远程智能管理,以改变工业设备市场信息化严重落后的现状。

蘑菇圈是SaaS-CRM软件,工业设备的移动式全生命周期管理系统,售前包含商机管理、客户及联系人管理;售中包罗营业办理、订单审批、报表分析;售后包括设备办理、维保办理、节能革新。此外,根据不同使用对象,细分设备商版和设备用户版。现蘑菇物联涉及的主要工业设备如图1-2所示。

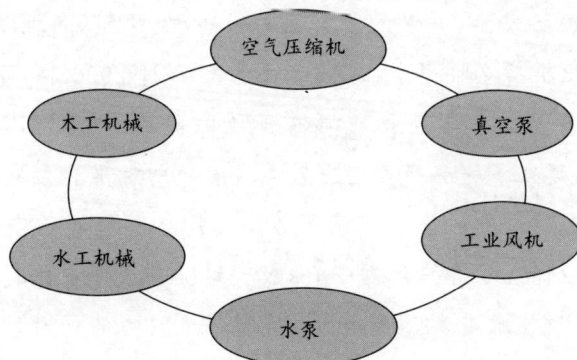

图 1-2 蘑菇物联涉及的主要工业设备

四、蘑菇云:让数据更精彩

蘑菇云是云服务平台,专注于产业范畴的云服务体系框架,领受并处置蘑菇云盒的数据,具有高稳定性、安全性等等特色。而且蘑菇云支持广泛的接入,能支持兼容所有主流工业设备联入互联网,方便不同的企业根据不同的需求和设计进行接入与改革。蘑菇云运用技术精准地获取设备运行产生的实时数据,实现"工业设备—设备用户—设备服务商—设备制造商"的全数字化,帮助客户提高效率,降低成本,节约资源,提高竞争力。

五、结论与启示

第一,做设备商虔诚的智能管家。蘑菇物联相当于为工业设备做了类似于我们人类所佩戴的健康手环,可以显示设备的相关运行参数,方便工作人员实时了解设备的运行状况。在智能化的今天,对设备健康管理的高效性已成为人们所追求的目标。蘑菇物联提前洞察到了市场需求,在国内率先进入了这一领域。蘑菇云盒便是蘑菇物联给产业设备做的"手环"。产业设备手环可以监测到设备的运行数据、调养周期、障碍、节能等数据。在蘑菇云和蘑菇圈配合下,设备制造商的售后工程师通过手机、平板电脑等设备就能获得工业设备的实时运行信息。

第二,为节能减排装上智能翅膀。工业设备种类繁多,而蘑菇物联摒弃了泛而不精,而是专注于小而精。蘑菇物联将重点放在水、气、包装设备领域的研发上,并深入分析了气设备(空压机)行业的高能耗现状。我国空压机有 200 多个品牌,产品系列超过 2000 种,不同产品提供的数据千差万别。蘑菇物联凭借自己的优势,现已能读取空压机 90% 的参数,建立了一套涵盖空压机各种参数的标准化参数系统,便于客户通过蘑菇物联的一套设备读取各个品牌各种型号的空压机数据,通过技术手段保证了客户数据安全,极大地提升了用户体验。

第三,延续技术进步。蘑菇物联在提高专注力的同时,深谙挖掘之道,不断地学习先进的技术,通过不懈努力对目标产品进行广泛的数据收集和有效的技术升级,能够满足不同客户的个性化需求,在对目标产品节能减排的同时满足客户，提供精准到位的服务。

资料来源：

1.蘑菇物联官网：http://www.mogulinker.com/.

2.《对话物联网｜蘑菇物联 CEO 沈国辉：创业公司必须有自己的特性，没有特性的公司，必死无疑》

https://zhuanlan.zhihu.com/p/31716033? utm_source＝qq&utm_medium＝social

3.《国内有哪些针对工业设备后市场的 APP，设备管理、维修保养，工厂与技工的交流合作的移动平台，有谁知道？》

https://www.zhihu.com/question/47960651/answer/136168098? utm_source＝qq&utm_medium＝social

改革开放以来,我们的经济有了巨大的发展,我们每一个人都见证了我们生活发生的巨大变化:联系家人朋友,不必写信或者守在排着长长的队伍的公用电话前,而是掏出自己的手机就可以;出门旅行,不必花钱买当地的纸质地图,而是依靠手机上的地图软件即导航;如果没有时间或者不想出门购物,那么待在家里通过电商平台同样可买到心仪的东西。我们通过社交软件建立各种社会关系,例如微信、QQ、微博等,这些关系是现实生活中没有的,但通过这些关系可以分析出人们的生活习惯、交往的群体、过往经历等等。朋友圈虽然是虚拟的、看不见的,但却是对我们现实生活中真正发生的事件的记录;不同的人在不同年龄段发的朋友圈也是不一样的,朋友圈的内涵和信息量是随着我们个人的成长而发展变化的。在网络世界中除了朋友圈这种"看得到"的联系,还可以根据属于我们的数据建立人们之间关联性和相似性的"看不见"的联系,可以将我们划分为不同的集群,相同的集群的人们具有某些相似特征,从而可以利用整个集群的数据来对个体的活动进行准确的预测。

谷歌可以基于一个人浏览与搜索记录的数据预测其是否有犯罪倾向,这也被美国国家安全局列为重要的反恐手段。电商平台(例如淘宝、拼多多、天猫等)可以根据客户以往的消费记录和以往或当前浏览的商品,对消费者的需求或喜好进行预测及精确的产品推送。抖音、快手、今日头条等可以根据用户以往刷的短视频和资讯依用户的喜好进行推送。同样,未来的产品(例如汽车、大型机械设备、飞机等)都可以像现在的手机电脑一样,由硬件和软件两部分进行结合,所有的产品都存在于现实和虚拟两个世界中。

1.1 新工业革命的驱动力

虚拟世界是实体状态与相互关系的模型,运算结果能与实体活动相符,从而精准指导实体进行活动,使实体的活动更有效率、准确地按照我们想要的方向去运行。这一切的变化都是新工业革命的结果,这不但与德国工业 4.0 的目标吻合,也是工业 4.0 目标的必经之路。

1.1.1 前三次工业革命的回顾

这几年"工业 4.0"是人们关注的热点,我们寄希望于"工业 4.0",希望它将会让我们的世界发生翻天覆地的变化,希望推动世界迈向智能化,希望能像前三次工业革命一样推动人类社会的发展。以下我们来回顾一下前三次工业革命。

(1)第一次工业革命。第一次工业革命是 18 世纪 60 年代从英国发起的技术革命,手工劳动已经不适应生产发展需要,以人力为主要力量的生产系统发展遇到了瓶颈是其产生的背景。现实中的人不可能无限制地进行劳动,由于人类本身的限制,人类的边际生产力遇到了不可突破的瓶颈,于是出现了珍妮纺织机、蒸汽机等机器代替手工劳动。以蒸汽机为代表的动力机等机器在很大程度上提高了边际生产力,人类开始进入了工业时代。

(2)第二次工业革命。第二次工业革命是 19 世纪中期以欧洲国家和美国、日本的资产阶级为主发起的工业革命。第一次工业革命的生产要素获取困难,效率不高,阻碍了边际生产力的提高;而且蒸汽动力能源的获取成本高,能用上的人占少数。于是人们迫切要求发明一种新能源来代替蒸汽产生的动力,尼古拉·特斯拉(Nikola Tesla)发明了交流电,电力资源的价格低,使电力成为基础设施和公共资源,廉价且易得的电力开始进入千家万户,需要电力驱动的工业产品也成为大众消费品。19世纪六七十年代,出现了发电机、电动机、电话等一系列围绕着"电"展开的重大发明,进而让人类进入了电气时代。

(3)第三次工业革命。第三次工业革命是20世纪四五十年代源于美国的工业革命,与第一次工业革命和第二次工业革命相比是一次重大的科技革命。随着技术的发展,人们对产品的复杂性和精密性要求越来越高,而原有的产品在其效率、稳定性和可靠性方面出现了瓶颈。人们新的需求急切地需要满足,故以可编程的控制和计算机控制为代表的数字化技术被人们广泛应用。第三次工业革命给人类带来了数字化和网络化,这让各个国家之间增进了交流,生产的产品不再仅仅局限于本国的消费。这时信息成为核心的生产要素。

从前三次工业革命发展来看,每一次工业革命的根本原因都在于原有技术体系下的生产要素已经无法满足生产力的发展要求,新的赋能技术的出现帮助人们突破限制生产力发展的瓶颈[1]。通过三次工业革命我们能发现一个规律,即每一次工业革命都使生产要素的边际生产力(productivity)获得本质的提升,使生产要素的内涵发生本质的变化,并改变了生产力的决定性要素。表1-1总结了前三次工业革命的特点和意义。

表1-1　前三次工业革命的特点和意义

工业革命	生产力进步瓶颈	赋能技术	基础设施	意义
第一次工业革命	以人力为主要动力的生产系统	蒸汽机、内燃机、	矿产、冶金和交通等	开始系统地使用能源,解放了人力
第二次工业革命	生产效率和成本制约工业产品的普及和创新	发电机、电动机	电力基础设施、工业标准	使工业产品成为大众消费品,形成工业分工体系,使创新的成本大幅度降低

工业革命	生产力进步瓶颈	赋能技术	基础设施	意义
第三次工业革命	人的操作难以满足在复杂的环境中连续稳定地生产精密的工业产品；复杂体系下的精细分工受制于协作的效率和成本	数字化控制、微处理器、计算机科学、通信技术	网络通信基础设施	进一步解放人力，互联网极大地降低了协作成本，形成了全球化的产业分工体系

资料来源：德国"工业 4.0 实施建议"。

1.1.2 生产要素裂变

技术是生产力六要素中最为核心的要素，技术要素包括我们能够真实看得见、摸得着的可见技术要素，也有像技术中所包含的知识和经验等等不可见的隐性技术要素。

（1）可见技术要素。技术要素中的可见要素是指可以通过货币进行定价并且通过交换获得的那一部分，是知识和经验抽象化和模式化后的规律和方法论的呈现，是已经转化成我们能够进行利用的实物，例如产品的设计、产品的使用材料、产品需依据的技术规范、产品的生产工艺、产品的核心零部件等等。

（2）隐性技术要素。隐性技术要素中的知识和经验等需要人们日积月累才能获得。当前工业中遇到的瓶颈就在于技术的隐性部分，人类之前积累的经验和新知识的产生速度已经不能满足当前的生产系统。由于人本身的限制，依靠传统人的知识和经验遇到了如下的瓶颈：第一，当知识变得越来越复杂时，基于大脑的机能，我们的学习曲线会变得越来越平缓，慢慢地我们人类就会成为技术进步的瓶颈；第二，在网络通信技术高度发展的今天，获取信息对于我们来说已经不是难事，但是我们并不擅长多元信息的精准量化分析，因此不能精准分析信息和不能很好地对目标进行优化是制约决策质量的重要原因；第三，人的知识不能被完全继承，由于人们之间有很大的差别，很多伟人的知识是我们学习不来的，而这些知识随着那些伟人的消逝而不再存在。

如果把工业互联网作为第四次工业革命的赋能技术，那么工业互联网就必须解决知识的产生、规模化和利用效率等所面临的瓶颈，让整个工业系统以最优的协同形式实现最高效的生产，实现价值创造的新突破。

专栏 1-1：中科云谷

ZValley 平台：易联易用的物联平台

中科云谷是中联重科为承载推动中国工业互联网而孵化的新公司，在中联重科几十年的实践基础上，中科云谷用高科技来推动中国传统企业的转型，为中国的传统企业迈向智能化、信息化、数据化添砖加瓦。

一、公司简介

中科云谷是由中联重科孵化并于 2018 年 9 月 17 日正式成立，主要义务是推动传统制造业向数字化与智能制造的转型发展，为全球工业行业主体服务。企业一直秉承推动中国工业互联网发展的使命。基于云计算、物联网、大数据、人工智能和区块链等新兴技术，中科云谷以工业互联网高科技公司为定位，赋能传统产业领域，驱动传统商业模式变革。中联重科十余年的路程探索与经验积累为目前的中科云谷发展奠定了坚实的基础，刚成立不久的中科云谷工业互联网平台已经可以与其他的工业互联网平台媲美，已经为设备制造商、金融机构等多个部门领域提供服务。

二、ZValley 平台的能力体现

第一，基础物流平台，多协议适配。平台能够一站式快速连接，支持 JT808、GB/T32960、MQTT、CoAP 等多种协议接入，具备智能化软件支持及可视化二次开发环境。针对特殊功能需求，可大大缩

短从定制到部署的时间,轻松完成大规模设备联网的部署和管理,为远端设备提供可靠、高速、安全的网络接入。

第二,资源管理平台,提供高效管理计算资源的策略。ZValley平台可周期性地执行管理策略或创建实时监控策略来管理应用实例数量,对实例的环境进行部署,以此来保证业务平稳顺利地运行。在需求高峰时,弹性扩展自动增加应用程序实例数量,确保业务运行不受影响;当需求较低时,则会减少应用程序实例数量来达到时下成本降低的目的。ZValley平台能有效管理计算资源,如图1-3所示。

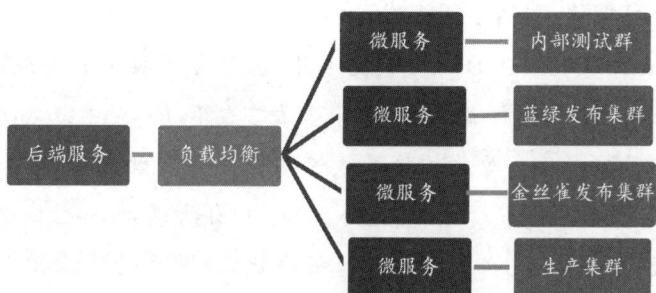

图 1-3 资源管理平台模型

第三,大数据工坊。平台中的大数据工坊可帮助用户简化工业设备的网络化、智能化和数据可视化过程,并加快数据价值挖掘和数据变现的速度。同时,平台可为客户提供丰富的工业设备安全接入和管理功能,降低设备联网复杂度和门槛;提供具有深厚工业性能的机械模型和数学分析算法的拖曳数据分析工具,使用户能够进行大规模或实时的交互式数据分析;多租户方案支持逻辑和物理级别的权限控制、数据加密和数据隔离,严格保障数据安全。

第四,提供丰富的知识库。ZValley平台行业知识库能够汇总工业、农业相关知识资料,包含产品介绍、故障库、设备维修保养案例、行业标准、业务模型、数据模型、行业解决方案、行业分析报告等知识资料(图1-4),能够完整、准确地描述行业知识。同时平台支持目录无限极分类,适应多种文档分类需求,采用动态推理机制,避免了知识节点与关联过多造成的推理爆炸。

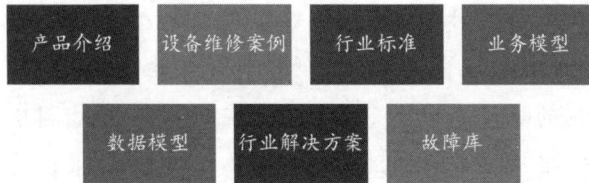

产品介绍	设备维修案例	行业标准	业务模型
数据模型	行业解决方案	故障库	

图 1-4　行业知识库全景

三、可视化:灵活应用开发

平台拥有可视化的应用开发工具,基于容器技术和微服务开发框架,采用 SDK(软件开发工具包)多语言包和 Restful OpenAPI(开放接口)等技术为多源异构系统快速集成提供有效支撑。通过对通用 PaaS(平台即服务)平台的进一步重构,让大量的行业知识、基础模型、规范的行业技术原理、软件,模块化,使其成为可重用的、灵活的呼叫微服务。用户通过可拖拽式编程,无须编写代码便可创建、生成、发布一个完整的应用,使得客户提高效率的同时节约成本。未来,中科云谷将以应用场景为核心,聚焦工业智慧农业、产业金融等重点领域,全面发力,为垂直领域工业互联网平台提供解决方案,通过 APP 解决企业经营、政府监管、城市建设、农业典型业务场景中的关键痛点,真正实现客户价值创新商业模式。

中科云谷始终立足于为客户解决问题,让企业成功转型。从多个领域服务社会,用科技支持客户的方便快捷,为客户节约成本,提高效率。相信中科云谷这样一家新兴企业在未来仍然会专注于技术的研发,仍然会做好行业内的领导者。

资料来源:中科官网 http://www.zvalley.com/

1.2 "工业 4.0"时代的新型价值链

在传统的价值链关系下,价值链上的各个成员都存在着对利益追求的根本矛盾。在市场没有成熟时,这种矛盾被大量的需求掩盖,但在市场成熟后,市场开始由卖方市场转变为买方市场后矛盾会日益凸显。这时的制造企业会选择采取各种措施来提高生产效率,使成本尽可能降到最低。若制造企业提升制造端的智能化,其投入的成本最终都会由客户来承担。而用户当然是希望产品的价格越低越好,最终客户会向制造企业提出降价的要求。这个要求会由价值链的下游一级级地传到价值链的上游,最后彼此挤压价值空间并妥协。在这种传统的价值链下,"智能制造"或者是"工业 4.0"都不可能得以实现。

1.2.1 新型价值链的产生

如何为用户提供新的需求和价值才是制造企业真正的目标。用户不会因为制造端是智能化的或是"工业 4.0"的工厂而去为多出来的价格买单,他们只会为他们所需要的质量、性能、便捷度、时尚度和舒适度等支付更多的钱。

工业生产系统的价值链在第二次工业革命后就已经存在,并且一直延续到今天,这是由第二次工业革命后的分工体系所决定的。工业生产系统价值链从上游到下游分别是想法创新与需求创造、原材料与基础赋能技术、关键装备与核心零部件、生产过程与生产系统、产品和服务。如图 1-5 所示:

| 想法创新与需求创造 | 原材料与基础赋能技术 | 关键装备与核心零部件 | 生产过程与生产系统 | 产品 | 服务 |

图 1-5　工业生产系统的价值链

这种价值链下的关系是以产品的买卖为主,由下游产品使用者的需求量状态决定价值链的话语权。客户对产品需求所遵循的规律是"从无到有"到"从有到精"再到"需求到达饱和"。从"从无到有"到"从有到精"的过程中,价值链从以产能制约因素决定话语权转变为以质量和成本的制约因素决定话语权。当某个产品的需求达到饱和状态时,客户的降价需求会一层一层地传到制造企业,这时只有能够定义客户新的需求、能够为客户创造价值的才是话语权的掌握者。

以往主要是原始设备制造商面向客户提供设备维护方面和应用场景解决方案等售后服务。由于产业链上信息的不对称,上游的角色收集信息的成本和渠道成本特别高,从而导致越靠近上游的角色为最终的客户提供售后服务的机会少。而工业互联网能够整合整个价值链,使产业链之间相互协作,进而使整个价值链的成本得到大大的降低。未来新型价值链关系不仅仅像之前的那样制造出一个产品,而是将整个产业链的知识整合在一起,最终为用户创造新的价值。工业互联网时代的新型价值链关系如图 1-6 所示。

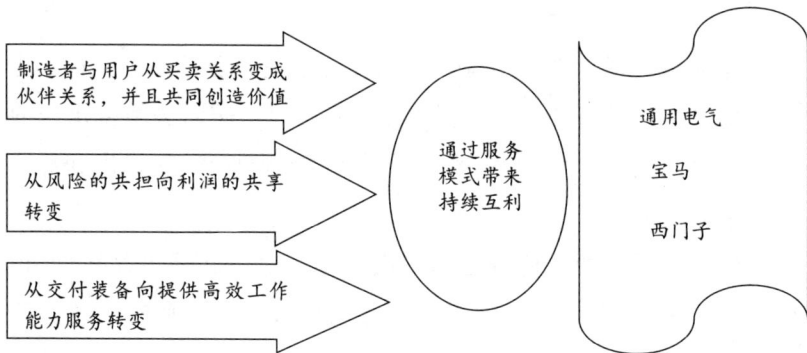

图 1-6 工业互联网时代的新型价值链关系

这种新型价值链关系与之前的价值链相比更具有连续性,因为之前的价值链一旦需求量达到饱和,产品的最终用户就会要求产品降价,这时价值链上的各个环节都被迫压缩价值空间,卖的产品只能赚一次钱。而在新型的价值链下,只要用户仍然在使用产品,整个价值链上的角色都会协同起来,为用户创造更多新的需求和价值,当用户的需求得以满足时就会愿意不断地为产品花钱。这种新型的价值链决定了知识作为生产要素如何去提高边际生产力,如何将知识要素规模化和实现知识的高效率。

1.2.2 工业互联网的主导要素:信息

在工业互联网中,信息(知识和经验)发挥着关键作用。以信息为核心的企业,相比较于不注重信息的企业更能让生产变得高效,更能让产品的精准性较高,更能让产品符合客户的需求。要以知识作为核心来发挥生产要素的最大能力,归根结底体现在"状态评估"(condition Assessment)、"决策优化"(decision optimization)和"协同执行"(collaborative execution)这三个方面(图 1-7),这也是实现以"信息"为工业互联网主导要素最大的挑战,见图 1-7 所示。

图 1-7　以信息为主导要素的三大挑战

要对一个活动进行及时的了解,而不是像以往一样要人们在现场进行观察监督,对于人们来说,有很多我们看不见的东西可能存在着很大的危害。这时我们需要通过建模来对我们看得见和看不见的因素进行预测,这就是进行"状态评估"(condition assessment)。现在人们首先通过物联网(IoT)和先进传感技术(advanced sensing technology)将原本独立的机器、设备连接起来,并将个体的数据进行收集,这给我们进行状态评估带来了很大的便利。在掌握了准确的状态后,需要对可能的决策进行决策优化,选出能够使目标达到最优的决策。无论是多小的事情都离不开决策,决策时时刻刻都在发生着,但是怎样做才能做到决策最优是很不容易的。状态评估和决策优化都离不开人,但是由于人具有局限性,故现在的工业系统将重心放在以信息为驱动的协同执行系统上,花费重金去建立数字系统、信息渠道、管理系统和控制系统。

专栏 1-2:苹果公司

苹果公司:"从无到好"

每年的苹果新产品一开始出售,我们总能看见苹果专卖店外排着很长的队伍,经常会有售罄的现象发生。苹果产品流畅稳定的系统、简单方便的操作、简洁而美观的外表等都是它吸粉的原因。苹果公司历经了这么多年,仍处在世界企业排名的前几位。那么它是如何做到屹立于产业之巅的呢?

一、公司简介

苹果公司由史蒂夫·乔布斯、史蒂夫·沃兹尼亚克和罗文等人于 1976 年 4 月 1 日创立,并于 2007 年 1 月 9 日更名为苹果公司。苹果是美国的一家高科技公司,一直走在行业的前列,坚持高科技创新。主要业务是电子技术产品,如 Apple Ⅱ、Macintosh、Macbook notebook、iPod music player、iTunes、iMac all·in·one、iPhone、iPad 等。在苹果发展的过程中,它的管理、文化、创新等方面无不引领着许多企业。

二、企业文化

第一,求知若渴,大智若愚。苹果企业的精髓在于好奇心、直觉和义无反顾,核心在于鼓励创新、勇于冒险的价值观。从苹果的产品变革中可以发现,苹果对于产品研发创新是十分重视的,它的技术是独一无二的,研发周期和创新周期也是别的企业无法比拟的,而这正体现了苹果的创新文化。

第二,思变。公司十分专注于设计新颖、富有活力与生命力的产品。苹果的制胜法则如图 1-8 所示:

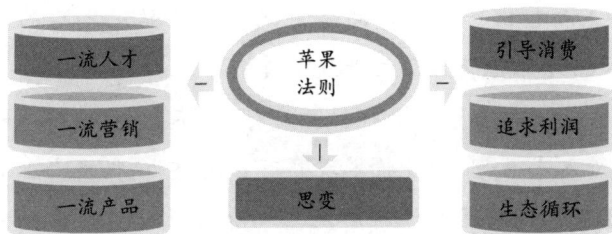

图 1-8　制胜法则

三、从无到好

第一,不断创新。在 iPhone 11 发布会我们不难发现,与上一代 iPhone 相比,iPhone 11 系列不仅加入新配色,也加入三镜头设计,价格上则比 iPhone Ⅹ 系列更加亲民。苹果的 iPhone 11 Pro 系列开始正式引入三镜头,也包括增加超广角镜头以及夜景模式等摄影模式,而这些正是基于大数据、互联网分析客户的具体需求后的创新。苹果 CEO Tim Cook 指出,对于苹果来说,每一项功能的创新周期都很长,因为这需要软件与硬件的共同打磨。

除了镜头之外,iPhone 11 的另一项焦点——A13 Bionic 芯片也在 2018 年就开始研发,考虑到 A13 与其 GPU(图形处理单元)等芯片的复杂性,以及机器学习需要长时间的准备和研究,这些成果都是没有办法在一年之内就获得的。苹果的硬件产品如果没有明显外观的改变,消费者大多难以强烈感受到这是一款全新的手机。但如果外观的改变能给客户带来更好的消费体验,那么苹果愿意为此改变。而如果为了改变而改变,那就会失去苹果公司对于真正创新的专注。

第二,整合创新。苹果最大的优势在于整合,同时从软件、硬件与服务方面进行创新,而这正是其他厂商所缺乏的。有些厂商能够打造操作系统,有些厂商负责制作手机芯片,有的厂商则是生产手机,但多数都没有办法将这三个方向真正整合在一起,从而为用户提供更好的使用体验。对于许多厂商而言,创新是"从无到有"(From Zero to One),而苹果所理解的创新则是"从无到好"(From No to Good),苹果在推出一款新产品之前就已经开始对之后的产品进行研发,并且据此保持新产品的开发节奏。

苹果一直以推出最好的技术为目标,而不是去争抢第一,等待着相关技术进入成熟期。5G 技术现具有巨大潜力,很多企业都争抢着进入,但还有很多的问题没有解决。现阶段苹果能够更充分地利用 4G 技术和 4G 网络,仍可以挖掘出很大的市场潜力。

第三,协同创新。苹果在 2019 年 7 月于上海设立中国大陆首家设计开发加速器(development accelerator),为开发者提供与 APP 设计相关的技术培训与开发资源。苹果 CEO Cook 表示,在大陆建立设计开发加速器是因为大陆有非常多的创业者,希望能扩展至海外市场。Cook 以移动支付(mobile payment)为例,说明大陆开发者最大的特点在于思考问题时会以移动设备端为主,与其他地区从个人计算机端出发的思维有所不同。移动支付在大陆市场取得了成功,这也让大陆开发者能够更自由地完成自己的应用开发;加上开发者强烈的创业精神,移动生态在大陆能够顺利地发展。

程序语言(program language)是全世界每一个国家中最重要的第二语言,甚至可以说,程序语言是全球唯一的共同语言。除了 APP 设计之外,苹果也推出程序语言编写的学习计划,包括推出更容易上手的 Swift 程序语言,以及在大陆零售店面举办 Today at Apple 活动,以免费推广程序语言学习。

资料来源:https://www.apple.com/cn/

1.3 "工业 4.0"的五大特点

随着工业 4.0 的到来,越来越多的传统企业开始花费成本向智能化和数字化转型,将设计、物流、生产、服务等经济活动的各个环节进行重新构造,使各个环节实现智能化,各个行业重新布局和企业焕然一新。工业 4.0 具有互联、数据、集成、创新、转型五大特点,见图 1-9 所示。

(1)互联。工业 4.0 的基础是将供应商、设备、生产线、产品、工厂、客户构成紧密的毗连。企业依靠智能互联技术来改变外部环境和内部结构,推动企业向智能化转型,使生产方式高度智能化。可大致分为三种智能化方式:一是对企业内部生产或生产流程的自动化、智能化改造;二是以智能互联产品为基础,形成与客户频繁互动的生产或服务方式;三是生产融入服务平台,成为网状产业结构的一个部分。互联产品的出现,重构了客户与企业间的关系,客户和企业间的相互交流变得便捷快速,企业能通过智能互联技术很容易地了解到客户的需求信息,而客户也能通过智能互联技术很便捷地向企业反馈使用情况和需求,从而一起完善和改进产品的性能[2]。

(2)数据。工业 4.0 将产品数据、设备数据、研发数据、运营数据、销售数据、管理数据、工业链数据、消费者数据进行连接。智能化企业的建设前提是从企业的顶层一直到底层的系统集成和数据联通,将数字信息与人工智能的算法进行深度结合以挖掘数据的利用价值,逐步形成智能化的应用。全面实现数字化是通向智能制造的必经之路,数据是智能化的基础,数据的有效应用程度决定了工业 4.0 改革的效果、效益和效率[3]。

(3)集成。工业 4.0 拥有无所不在的传感器、嵌入式中介系统、智能控制系统和通信设施,这些将通过信息物理系统形成一个智能网络[4]。通过这个智能网络,可以在人与人、人与机器、机器与服务之间形成互联,实现高度的水平、垂直和端到端集成。随着计算机技术的发展,集成系统与集成技术已经成为发展趋势,集成系统是一个优化的综合兼容的系统,集成技术是一种大型的综合计算机网络技术。我国现阶段的集成技术不是很成熟,但集成是实现工业智能化的必经之路,我国已经开始重视集成技术的研究[6]。

(4)创新。工业 4.0 的实施过程实际就是制造业的创新发展过程,是制造业在业务类型、技术创新、组织、产品模型等上的无限序列的创新——从技术创新到模式到业态创新,再到组织创新[5]。创新是一个企业继续生存下去的原因,一个不重视创新的企业终将会被竞争激烈的环境淘汰。要想实现智能化和数字化就必须把之前阻碍企业发展的不好的东西都扔掉,不断学习创新,找到适应潮流发展的产品与服务。

(5)转型。中国要想实现工业 4.0,就必须从传统制造业向工业工厂 4.0 转型,使原有的传统工厂进行大规模转型,实现所有生产形式的专属定制,使整个生产个性化、柔性化。传统的企业如果不进行改革,其生产效率会赶不上转型后的企业,这不仅仅会让企业浪费更多的资源,而且最终也会使企业遭到淘汰。

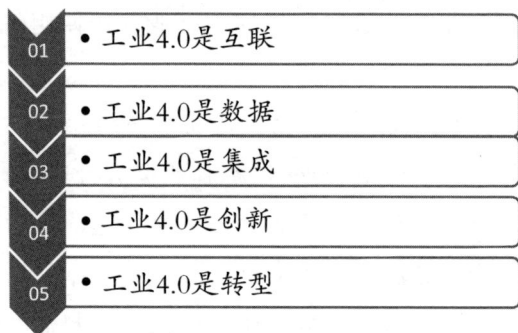

01	• 工业4.0是互联
02	• 工业4.0是数据
03	• 工业4.0是集成
04	• 工业4.0是创新
05	• 工业4.0是转型

图 1-9　工业 4.0 的特点

资料来源:http://m.sohu.com/a/26429178_114844

专栏 1-3：启明信息

启明信息：汽车工业互联网平台

　　“启明星云”汽车工业互联网平台建成统一的业务架构，包含以智能制造云、智能网联云、智慧城市云为业务载体的运转体系、基于“启明星云”汽车工业互联网平台，目前已输出 1600 多项汽车行业企业级数据模型，135 项工业算法，近 1 万项微服务。“启明星云”汽车工业互联网平台围绕九大类智能制造数据、四大类智能网联数据提供汽车工业大数据分析服务，是国内第一家完整覆盖汽车工业全产业链的、完整覆盖汽车整车全生命周期的、具有自主知识产权的汽车工业互联网平台。

一、公司简介

　　启明信息技术股份有限公司（简称：启明信息）于 2000 年 10 月成立，在全国分布有 11 家分公司。在智能制造系列软件产品及服务和车联网系统及服务两个领域的市场份额居国内同行业领先地位。公司目前在中国软件业、车载信息服务业具有重要地位，现为中国软件行业协会副理事长单位、车载信息服务产业应用联盟理事长单位等，连续 14 年入选国内软件及服务业务收入前百家企业及中国十大创新软件企业。公司朝着“启明服务到每户汽车企业、每辆汽车和每个驾驶者的产业梦想”的方向不断前进。

二、过人优势“启明星”

　　第一，咨询团队严谨端正。公司成立了一批业务能力和沟通能力强的人才，覆盖公司管理软件各个专业领域，通过多种方式进行知识经验的积累及咨询能力的提升，逐步建立启明信息面向汽车业的统一业务规范和技术规范，搭建公司的知识库，形成公司自主的咨询方法论。管理软件咨询团队主要致力于两方面的工作：一方面是把握好公司管理软件产品发展的脉搏，对产品做进一步的提炼和优化完善；另一方面是研究与学习业界先进的管理理念与 IT 最佳实践，结合多年 IT 项目经验及自身产品特点，最终为客户提供全面优质的

IT 整体解决方案。启明咨询团队的成立预示着公司在 IT 咨询领域迈出了开拓性的一步,对一汽集团"十二五"期间信息化建设将会起到有效的支撑作用,促进工业化与信息化的深度融合。

第二,先发优势巩固市场领先地位。考虑到数据的连续性,汽车企业在对管理软件进行升级时,基本上会连续使用原有软件企业的产品,在此基础上延续数据的传递和更新,因此公司具有先发优势。公司的优势地位是市场化竞争的结果,并在向集团外市场扩张过程中彰显其竞争优势。公司的汽车电子产品主要包括车载导航仪和 GPS(全球定位系统)等,由于前装导航仪市场的技术壁垒较高,目前公司是唯一一家具备产业化能力的本土企业。随着车型的签约,预计业务收入将呈现出爆炸式增长趋势。

三、云平台特点:耳目一新

"启明星云"平台具体包括通用平台 PaaS、云基础设施 IaaS、数据服务 DaaS、云应用 SaaS、数据采集 CaaS 五个层次,如图 1-10 所示。

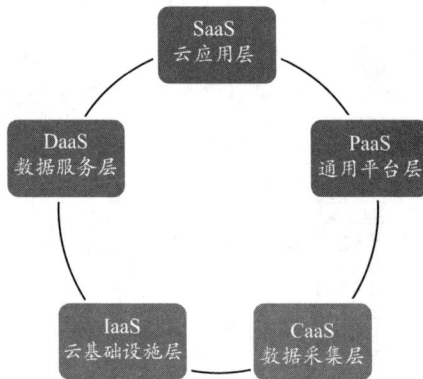

图 1-10 启明星云平台的五层次

平台紧紧围绕着汽车行业特点,致力于为汽车整车及上下游企业提供完整的、安全的工业网络互联、云计算资源及架构、大数据采集与决策分析及汽车业核心应用,覆盖智能制造云、智能网联云及与机动出行相关的智慧城市云三位一体解决方案。如今,"启明星云"汽车工业互联网平台的云应用已服务于 3000 家上游零部件及原材料供应商,1 万家下游经销商和服务商,200 万辆入网车辆,700 万名车主,实现了支撑中国一汽解放等协同研发、精准营销,支撑智慧锡柴平台,实现"精芯服务"的系列典型案例。

启明信息作为中国第一家完整覆盖汽车工业全产业链的汽车工业互联网平台和第一家完整覆盖汽车整车全生命周期的汽车工业互联网平台,拥有数据的连续性和积累,是国内实现汽车智能化的标杆企业。启明信息应该砥砺前行,为中国的汽车业实现智能化做出更大的贡献。

资料来源:http://www.qm.cn/

1.4 工业 4.0 的解决方案

工业 4.0 的解决方案包含软件和硬件两方面(图 1-11),是指将软件和硬件进行有机的组合,为制造业公司提供转型路径图、智能化企业顶层设计图、软硬件一体化。解决方案为传统制造业转型提供了实现途径,是传统企业迈向信息化、智能化的主要路径。

(1)软件(software)。软件是为实现特定功能而按照特定的顺序组织在一起的一系列计算机数据和指令的集合[7]。软件不仅仅包含我们日常生活中常常提到的手机软件和计算机软件——这只是软件的一个部分。社会结构中的管理系统、法律法规、思想意识形态、政治觉悟等等都属于软件的范畴。工业 4.0 的软件是指工业互联网、虚拟现实、云计算平台、工业网络安全、人工智能、MES(制造执行系统)、知识工作自动化等。

(2)硬件(hardware)。硬件主要是指将加工对象转化为有价值产品的过程中的实实在在的物理因素。而我们日常所提及的计算机硬件则是指为配合软件实现功能而由许多不同功能模块化的部件所组成的实体。工业4.0中的硬件有传感器、工业机器人、机器视觉、RFID(射频识别)、智能物流、工业交换机、PLC(可编程逻辑控制器)等[8]。

工业4.0中的软件和硬件相辅相成。没有硬件的技术支撑,软件再强大也不能通过实实在在的设备发挥它的功能。只有硬件没有软件,那么就相当于硬件没有了灵魂,不能发挥任何作用。只有当软件和硬件进行有机的、科学的组合,才能实现我们人类想要的功能,才能为我们提高工作效率、减少资源浪费发挥作用,才能为提高生产力作出贡献。

图 1-11　工业 4.0 解决方案

专栏 1-4:摩尔元数

摩尔元数:分享智造,传递价值

现"云+"已经成为企业的新型生产力和企业发展不可或缺的资源。如今的政策也在不断鼓励企业上云,作为现代企业发展的标配,云平台服务也迎来来自智造市场最强烈的需求。作为一个优质的云平台服务商,福建摩尔软件有限公司不断创新技术、稳定平台、发展生态,为制造企业提供专业、稳定、可靠的上云服务,开启高速、畅快的云上智造旅程。

一、公司简介

摩尔元数(厦门)科技有限公司致力为中国工业的智能化和信息化提供全方位的解决方案,公司坚持打造企业智慧的引擎,为中国工业注入强劲的推动力。摩尔元数在国内多地设有分支机构,自主研发了开放式摩尔云(MorewisCloud)、制造核心平台(MC)、云智造系统(N2)等,为客户提供云端高效协同、智能工厂规划、数据驱动智造及智能决策和智能运营的专业解决方案,为工业软件(MES)厂商和制造企业提供开源的快速开发平台及方案支持,是一家国家级高新技术企业。

二、注重变革,勇于转型

第一,推进生产变革。近年来,新兴技术不断涌现,推动着传统产业不断创新和变革。传统制造企业只有实现智能制造的转型和创新,才能从容应对当下的挑战与机遇。但现在有的传统公司仍存在种种问题,如生产信息滞后,生产进度、生产情况难掌握;生产报工无卡控、无审核,多报、误报、漏报频发;产品报工单价无标准,人员工资统计偏差大;产品加工没有标准的工艺流程卡控,生产完全凭人员经验;统计分析工作量大,数据流和业务流不同步;无生产统计看板,一些关键性统计数据难获取。为应对挑战,摩尔无数为传统公司推行全面精准高效生产管理,打造信息透明化、生产精准化工厂。

第二,周密选型,MES 驱动智能化转型。摩尔元数十余年深耕生产加工制造行业,拥有非常成熟的行业经验以及成熟的解决方案。其 MES 三大属性如图 1-12 所示。

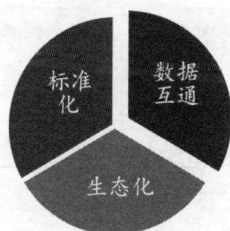

图 1-12　摩尔元数 MES 三大属性

基于传统工业的现状,摩尔元数提供了一套模块化、基于 MC 云开发平台的解决方案,从工艺流程设计、工单管理、透明生产、工序工艺管理、快速报工、工资效益分析、产品物料管理以及灵活计价策略等方面着手，实现生产过程的透明化、精益化和智能化，最终提升制造管控能力。摩尔元数的解决方案是基于开发的 MC 核心平台搭建的，企业可以方便地进行二次开发，让传统企业用最低的成本、最低的技术门槛、风险更小的方式实现智能化的转型升级。

三、开创的平台型 MES

平台型 MES 熟悉行业规范，支持系统数据互通及板块自由搭配，为近 300 家大型企业提供 MES 服务后的智造结晶，它可满足企业的个性化需求，支持快速二次开发，并且以开源共享的模式，让每个企业和使用者能拥有自如构建和使用 MES 等工业软件的能力。MES 行业现状与平台型 MES 的比较如表 1-2 所示。平台型 MES 能够有效把控效率和成本，它通过云端部署，为客户提供一个成熟的行业套件库，客户根据自己的业务范围逐步选择需要的套件，按需求进行付费，以此缩短交付周期并减少成本。同时 MES 拥有成熟的融合拓展功能，在平台上提供开源的结构化的代码，既有效地降低了开发难度，又可以进行二次开发，通过云生态共享模式，实现新的技术、新的应用的升级迭代。

表 1-2　MES 行业现状与平台型 MES 比较

MES 行业现状	平台型 MES
"伪"标准化，通用化	熟悉行业规范
"全"定制化	系统数据互通
"非"生态化	模块自由搭配

摩尔元数为制造企业提供智能化和信息化的解决方案，让中国的制造业企业能够安全地上云，让数据在企业内能够快速高效地流通、共享，从而提高制造业企业的工作效率，降低成本。现在的制造业公司上云的市场仍然有很大空间，摩尔元数应该努力研发，在行业内取得更大的成就。

资料来源：http://www.morewis.com/

1.5 工业 4.0 的相关技术

目前的中国正处在第四次工业革命的热潮中,物联网将工业革命 4.0 中的生产世界和网络连通性相结合,将使工业 4.0 变成现实。毫无疑问,工业 4.0 是由信息通信技术的高度发展所推动的,虽然第三次工业革命中信息和通信技术的进步是制造业范式的重大转变核心,但是在工业 4.0 中的制造业已经处在了革命边沿。工业 4.0 的相关技术主要以物联网、云计算、信息物理系统和自动机器人为代表。在第三次工业革命中机器和工艺自动化已经取得了重大成果,但与第三次工业革命不同的是,工业 4.0 为制造业不断发展的信息化提供一系列可行的解决方案,关注端到端的数字化和数字化工业生态系统的集成[9]。工业 4.0 技术的进步是当前制造业实现自动化的基础。

1.5.1 关键技术:物联网

物联网技术最开始在电视传媒领域中广泛应用,传感技术和嵌入式技术是物联网技术的两大核心技术。传感技术让数据收集变得更加简单,器件及收集到的数据能否在正确的时间、按正确的目的给正确的人提供正确的信息以进行正确的决策是传感技术先进与否最重要的标志。传感器的功能在于为人们提供数据的来源,传感器将采集到的数据进行筛选、分析、处理后就可以用来辅助决策者进行决策。嵌入式技术简单来说,是以应用为中心,以计算机技术为基础,对应用系统具有严格要求的专用计算机系统技术。嵌入式技术近年来得到了飞快的发展,在汽车电子领域、医疗器械、军事国防领域都得以运用。

物联网要连接千千万万的物体，但是要怎样才能把这些物体区分开，并且让每个物体都能各司其职，这就需要分给每一个物体唯一的身份(可以是标志或地址)。这种想法最开始是通过 RFID(射频识别技术)标签和电子产品唯一编码来实现的。此外，语法网用现有的命名协议，如统一资源标准符来访问所有物品。物联网是一种动态的全球网络基础设施，具有自我控制能力，基于标准化和可互操作的通信协议，并使用智能接口无缝访问信息网络。通过物联网快速收集和分析数据有助于缩短决策时间和提高生产力[10]。物联网技术中有两种最重要的技术：RFID、无线传感器网络。射频识别技术允许微芯片通过无线通信向阅读器发送识别信息；无线传感器网络主要用于互联智能传感器的检测和监测，它已经用于工业监测、环境监测、交通监测、医疗监测等[11]。

(1)物联网对物流的影响。随着物联网技术的发展，物联网技术给人们的日常生活和生产带来了极大的影响。智能物流是当前物联网技术运用的典范。智能物流系统集智能运输系统、移动通信、信息技术和云计算技术为一体，为消费者电子商务提供有效便捷的物流服务，实际上智能物流是通过精密的物流信息系统进行监视、分析，为客户提供物流信息和服务的系统。智能物流的发展验证了物联网技术在现实中的实践，物联网技术极大地推动了物流信息化发展，使得物流各个环节更加便捷高效[12]。

(2)物联网技术在共享平台中的运用。共享平台是利用物联网技术在不同的领域中收集共享要素，然后根据特定的分类标准进行分类处理，进而形成一个完整的信息体系。根据不同的客户需求，将分类的信息进行充分整合，以此也可形成满足不同行业需求的信息共享平台。在共享平台中发布信息，可以让信息的传递和共享变得更加高效，可以避免信息孤岛的出现，给人们提供更加专业化的服务[13]。

1.5.2 新兴技术：云计算

云计算是一种低成本、高效能的计算技术。简单地说，云计算就是简单的分布式计算，解决任务分发，并进行计算结果的合并，通过网络"云"将巨大的数据计算处理程序分解成无数个小程序，然后通过多个服务器组成的系统进行处理和分析，这些小程序将得到的结果返回给客户[14]。通过云计算可以在短短的时间内完成几万条数据的处理。虚拟化技术是实行云计算的核心技术，它具有动态分配、资源共享等优点。大量的数据上传到云端进行计算和储存，这为需要多个计算资源，生产效率、共享效率、优化程度低下的制造业提供了有效的解决方案。云计算对实现工业 4.0 有着重要的作用，随着计算机数据处理精确度不断提高，云计算得到越来越多的运用。鉴于现在云计算技术的高度发展，将来的混合计算、移动云服务将会成为现实。

（1）云计算的主要特点。云计算具有动态化、自助化、计量化、灵活性和可靠性五个主要特点，如图 1-13 所示。云计算按客户的实际需求，可以对相关的物理和虚拟资源进行动态分配。云计算作为一种网络共享模式，具有资源配置动态化的特点，可以为用户提供弹性资源。用户只需交付自己所需资源的费用，即可自动获取对自己有帮助的资源，而不再需要与供应商进行交流，从而大大提高了效率，节约了时间。云计算可以对用户的需求进行计量，对客户收取合理的费用，并对资源进行合理的分配。云计算通过虚拟技术能够快速构建出基础模型，并根据不同的客户对资源进行灵活的动态增加或者减少。云计算是利用多个节点进行数据的计算、储存，多个节点同时为用户提供服务，数据分布在各个节点，如果其中一个节点出现问题，则会分配新的节点进行运行，而且云计算运用数据容错等技术提高云计算的可靠性[15]。

图 1-13 云计算的特点

(2)云计算的服务方式。云计算服务分为软件即服务、平台即服务、基础设施即服务、硬件即服务 4 个不同的层次,不同的服务层次为用户提供不同的服务,如图 1-14 所示。云计算以互联网为基础设施,服务商在提供的平台上进行软件开发,进而提供具体的解决方案。用户无须购买设备,也不用像以前一样对设备进行升级和维护。

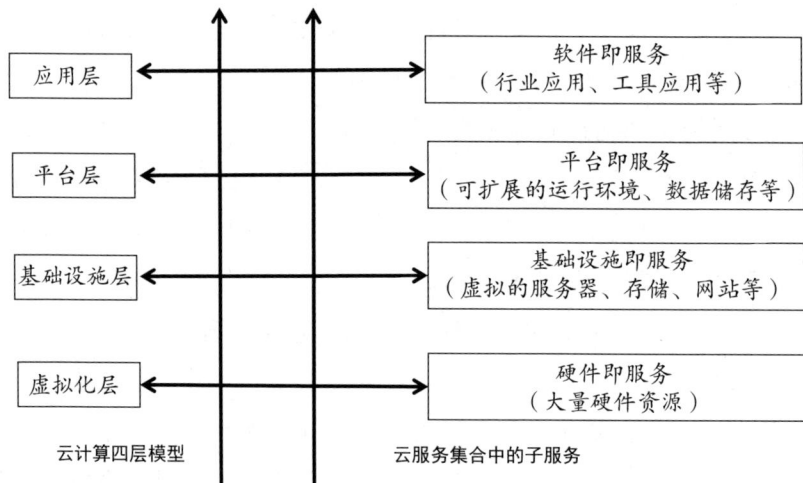

图 1-14 云计算服务层次图

资料来源:蒋燕翔、潘育勤《云计算在计算机数据处理中的应用》

专栏 1-5：智能云科—iSESOL 工业互联网平台

智能云科：让制造更简单

智能云科是国内率先进行机加工领域智能化转型的工业互联网平台运营商。公司致力于为企业提供登云入网服务,帮助企业进行信息化与智能化建设,打破原来形成的信息孤岛模式。公司现已打造登云入网、产能交易、厂商增值、要素赋能四大业务板块。企业和设备的登云入网,形成社会共享的机加工制造的大数据,为客户提供共享装备、装备全生命周期、工业 APP、产能交易、供应链金融服务,构建工业互联网新智造生态体系。

一、公司简介

智能云科是由沈阳机床集团联合神州控股、光大金控于 2015 年在上海共同出资设立的工业互联网运营公司。公司的 iSESOL 工业互联网平台在 2018 年通过国家工业和信息化部"第一批工业互联网平台可信服务评估认证",是中国首批提供工业互联网可信云服务的五家平台之一。公司用实践贯穿了政府提出的制造业升级战略与"互联网＋"的理念,推动了中国制造业的转型。公司以制造装备互联为基础,坚守"工业互联＋云服务＋智能终端"的创新模式,秉承"让制造更简单"理念,提供基于数据驱动的一站式工业服务。

二、凝聚优势,推陈出新

第一,把脉创新,开放共享,凝聚社会创意。针对当下制造业发展普遍存在的技术创新能力与动力不足,创新缺乏人才、载体等难题,智能云科基于开放共享理念打造开发者中心,推动产学研用联动,汇集高校、企业及第三方机构的人才、技术等优势资源,以工业 APP 集成的方式,解决工业场景的发展问题。

第二,登云入网服务,助推企业信息化建设,打破信息孤岛。针对企业信息化程度不高的问题,智能云科推出了企业信息化全套解决方案,推动制造企业实现登云入网。通过部署 iSESOL BOX(智能魔盒)与 iSESOL WIS(工厂数字化制造运营系统),实现设备终端生产数据与车间、企业管理数据的采集与集成,打破企业信息孤岛,实

现企业内部从人员、设备、物料到生产现场各环节的信息化管理。iSESOL 业务模式如图 1-15 所示:

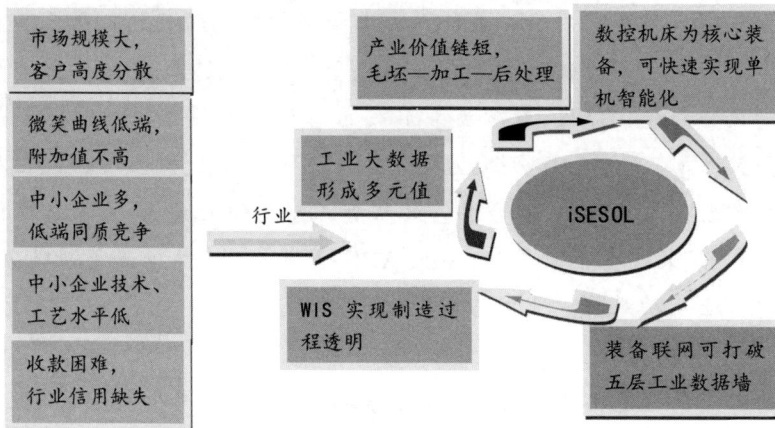

图 1-15　iSESOL 业务模式

第三,打造开发者中心,汇集社会创意,助力工艺技术创新。智能云科正在打造一个汇集社会化创意与工业 know-how(技术诀窍)的开发者中心,通过这个平台,行业专家、学者可将自己在工业领域的技术、知识(行业 know-how)沉淀下来,形成工业 APP,通过 iSESOL 平台进行社会化推广和变现,从而大大加快产业工艺技术创新进程。

三、线上线下相结合,构建智造生态,推动产业整体转型升级

智能云科打造的 iSESOL 开放平台,利用 open API 与制造企业自有的管理系统进行数据连接,为企业提供装备全生命周期运行维护、交易智选、工业品 MRO(维护、维修、运行)采购以及供应链金融等服务,并打造基于行业云、区域云的云平台应用服务,实现系统的兼容并蓄。同时,智能云科正在与各区域政府合作布局智能制造基地,由基地提供智能设备、制造资源等,企业只需付出少量租赁费用即可"拎包入驻"。通过这种方式,合理调配区域制造资源,淘汰落后产能,实现新旧动能转换,推动产业整体转型升级。

资料来源:https://www.isesol.com/openApi

1.5.3 支撑新工业革命的综合技术:信息物理系统

信息物理系统是一个跨学科的领域,不同的人从不同的角度出发对信息物理系统的理解和解释就不同。信息物理系统的概念最先是由美国国家科学基金会提出的,自提出以来就受到人们的广泛关注与探讨。信息物理系统不仅涉及信息世界中的通信、计算和控制,还与我们生活的实体物理世界紧密相连。物理信息系统借助各种传感器来探索环境情况并收集数据,把数据传到相应的应用上进行分析,经过处理后的数据即可用于相应的服务与应用的控制决策。通过执行器执行即将进行的控制行为并对环境的变化进行反馈。信息物理系统通过集成计算、通信和存储能力将虚拟空间与物理现实连接起来,使得这两个世界之间的边界消失。在信息物理系统中,将物理和软件组件连接在一起,每个组件在不同的时间和空间上发挥自己的作用,以各种方式相互交织在一起。

(1)信息物理系统的 3C 技术元素。信息物理系统的 3C 技术元素分别为比较性(comparison)、相关性(correlation)、目的关联性(consequence),如图 1-16 所示。信息物理系统可以分析庞大的个体信息,帮助我们在庞大的数据中寻找普遍适用规律和差异中的因果关系。可以是多个层次、相似性、差异性、时间维度上与自己的比较,也可以是在集群维度上与其他个体的比较。许多的传感器和信息源相互关联。在同一时间里这些信号的相关性可作为时间窗口里的特征。借助信息之间的相关性对信息进行管理和启发式的联想进行记忆,这是记忆的本质。相关性的信息管理是高度灵活有效的数据管理模式。信息物理系统所做出的活动都必须具有很强的目的性,做到将所有带来的结果和影响进行同等的分析,把目标精度做到最大化,把破坏程度降到最低。

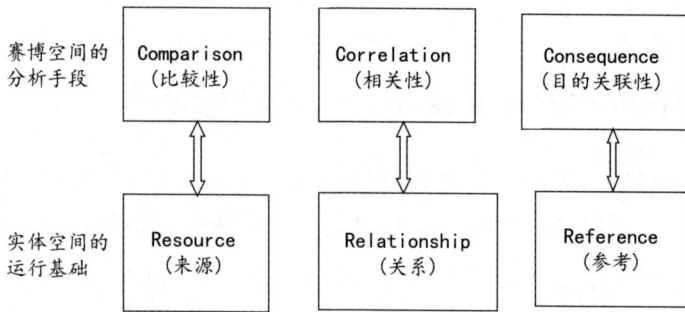

图 1-16　信息物理系统中赛博空间与实体空间之间的交互基础

资料来源:李杰《CPS:新一代工业智能》

(2)信息物理系统的广义内涵。信息物理系统的最终目标是对实体空间实现可视性(visualizability)、差异性(variation)和价值性(value)的精准管理。利用通信(cmmunication)、计算(computation)和控制(control)手段来管理可见世界,而建立面向实体空间内的对称性管理是核心的分析手段。在不可见世界中的来源(resource)、关系(relationship)和参考(reference)构成了实体系统运行的基础,是信息物理系统在赛博空间中的管理目标,如图 1-17 所示。

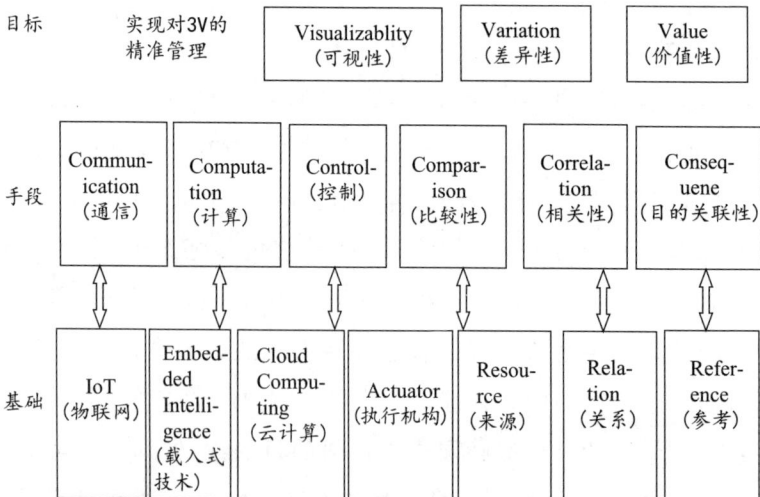

图 1-17　信息物理系统的设计指导

资料来源:李杰《cps:新一代工业智能》

1.5.4　未来的工作伙伴:自动机器人

我们现在的生活中很多地方都能看见机器人的身影,在许多艰苦肮脏、危险程度高的工作环境中,机器人替代我们人类完成了对人类安全危害大的工作。随着科学技术的不断进步,制造机器人的成本将会越来越低,机器人和人类一起工作、学习、并肩作战将在工业 4.0 中成为可能。机器人是人的机械化,将多种技术手段融合才能形成机器人。自动机器人已经慢慢进入我们的生活,帮助我们完成一些工作。例如现在许多的子女都不在老人身边,而老人由于身体机能退化会出现行动缓慢等问题,这时机器人可以帮助老人解决生活中的一些基本问题,也可以替代子女陪伴老人。机器人的陆续出现也让人们开始担忧它可能会带来的危害,但是相信人们终将会找到战胜这些困难的方法,让机器人能更好地为我们服务。

专栏 1-6:六方云

六方云:让万物安全互联

现在网络安全问题随着社会、科技的发展越来越让人们担忧和关注,一个安全的工业互联网对于国家、企业、个人来说都至关重要。它涉及我们的国家机密、商业机密、个人信息是否安全,不被恶意病毒威胁。而六方云就是一家专注于为工业互联网安全保驾护航的公司,它以"让万物安全互联"为使命,积极探索工业互联网安全前沿技术,让我们对安全使用工业互联网多一分放心。

一、公司简介

北京六方云科技有限公司(以下简称"六方云")是一家秉承"AI基因,威胁免疫"理念的公司,着重保护工业互联网的安全,使其免受安全威胁。公司致力于工业互联网安全和云安全两大领域,将其应用于公司全线产品中,对潜在未知的安全威胁做好防范准备。在工业互联网安全领域,六方云拥有 NSec 网络安全、LinSec 工业信息安全、SSA 态势感知、CSec 云安全四大产品线,依托网络安全人工智能、工业控制等领域的技术优势，为能源电力、钢铁冶金、轨道交通、金融、公安、政务等行业提供丰富"完整"专业的安全解决方案。在云安全领域，六方云拥有云盾、云墙等产品，依托微隔离、东西向引流等专利技术，为私有云和公有云提供云网络、云系统、云主机、云数据、云合规、云应用等全方位的安全解决方案。六方云拥有强大的研发团队，团队成员为网络安全、工业自动化、云计算、冶金等领域有着丰富经验的专家和工程师，为中国工业互联网安全保驾护航。

二、预防漏洞，主动学习

第一，基于 AI 日志聚合实时发现未知威胁。六方云智 SSA 具有强大的实时发现未知威胁功能，其中一个方法就是学习和建立正常情况下一段时间内日志聚合结果的正态分布模型，然后使用此模型去实时判断系统中日志的聚合分布是否符合此正态分布模型，进而发现异常情况，识别出网络中存在的未知风险。在六方云智 SSA 所感知的区域内，以不同的、多个划分为单位，持续学习和建立每一单位一段时间内的日志信息聚合结果的正态分布模型，实时判断每一单位的日志是否符合这一聚合正态模型，从而精确识别哪些资产或业务或资产分组存在异常，存在未知威胁风险。一旦异常出现，六方云智 SSA 态势感知产品可以在首页进行警示。

第二，机器学习行为基线的建立。六方云智能工控防火墙可以基于机器学习对流经某类业务报文进行自动建模，而无须特征库的更新。建模过程充分考虑不同业务报文的差异和同类业务报文的相似性，对经过特征提取后的报文，根据相似性进行迭代聚类，并分别学习不同聚类的统计特征。通过机器学习行为能够快速地更新已有的知识库抵御危险，从而将学习行为运用到日后的具体应用当中，反馈给企业。

三、机器学习在发现新型网络攻击中的应用

在检测阶段，依据前一阶段学习到的特征及参数进行检测，进而预测其出现异常的概率有多大。对于超出预先配置的阈值的报文，标识为异常,并连同该报文的时间戳、网段信息等记录到异常报文表中,管理员可以通过命令行和 web 进行调查。根据检测为异常的数据进行标注,如果报文被标注为安全,则该报文将被学习到模型中。如果报文被标注为高危、中危或低危,则将其保存到标注报文表中,后续同类报文直接用标注报文表中的标注标识该报文,无须进行机器学习检测。人的精力总是有限的,我们希望能关注那些危害程度更高的攻击,这就迫使我们从攻击中识别出哪些是成功的攻击。因此,机器学习能够帮助企业有效地发现并且抵御危险,从而提高企业效率,有效防范及修补漏洞。机器学习检测过程如图 1-18 所示。

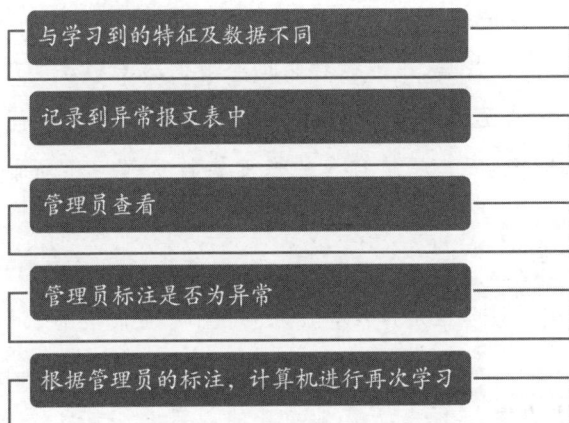

与学习到的特征及数据不同

记录到异常报文表中

管理员查看

管理员标注是否为异常

根据管理员的标注,计算机进行再次学习

图 1-18 机器学习检测过程

六方云在互联网安全领域处于领导地位,应继续以先进技术的研发来进一步保障工业互联网安全和云安全,为中国的工业互联网战略提供支持与保障。工业信息安全任务重大,六方云应继续改进产品,为工业互联网安全提供更为丰富的、完整的、专业的安全解决方案,为中国工业互联网的健康发展保驾护航。

资料来源:https://6cloudtech.com

章末案例

数码大方:用软件智造世界

我国正处于制造强国和网络强国的关键时期,如何运用工业互联网技术开拓市场,提升创新能力,重塑竞争力成为企业发展的重要挑战。数码大方是我国工业云服务的倡导者和领跑者,致力于开展工业软件、系统间互联互通等技术的研发和工程化,为国家引导智能化协同制造技术应用和产业发展提供技术支撑。数码大方始终以软件服务工业为使命,以创新的技术和服务推动企业转型升级。数码大方的解决方案是借助工业大数据、工业软件帮助企业的核心板块实现数字化、网络化和智能化,让企业数据在软件、硬件、设备和系统之间自由流动。以实事求是、脚踏实地、超越自我的态度在技术领域不断前进,只为用软件与服务推进中国工业和社会进步。

一、公司简介

数码大方公司于 2003 年建立,公司主要面向装备、汽车、电子电器、航空航天、教育等行业,提供以 CAD、PLM 和 MES 软件为基础的智能制造解决方案,全面提升工业企业的创新设计能力、先进制造能力以及人才保障能力,推进企业智能制造和实现制造业升级。面向制造行业,以及省市、工业园区、特色小镇等区域,数码大方提供以设计制造和物联为基础的工业互联网平台服务,为企业上云提供设计和制造等 SaaS 和工业 APP 服务,支持企业间协作,推进网络化协同设计和制造。通过打造全新的制造业生态圈,提升区域创新创业能力,推动区域新旧动能转换和高质量发展。数码大方目前在中国及海外已拥有超过 330 项专利、著作权等知识产权,在工业云、工业大数据、增材制造等领域有近 10 项标准工作已获得国标立项。

多年来,数码大方为 3 万多家中国制造企业提供软件和服务,包括中国二重、沈鼓集团、西电集团、东方电气、福田汽车等制造企业和清华大学、北航、北理工等知名院校,重点支撑了兰石集团、宏华装备、康斯特等企业的国家智能制造示范项目建设。海外用户遍及欧洲、美洲等24个国家和地区,包括波音、丰田、霍尼韦尔等知名工业企业。在工业互联网方面,大方工业云的注册用户超过34万,并建立和运营了北京、德阳、常州等19个区域工业云,以及阀门、地能装备、模具等10个行业工业云。

二、积极响应国家号召,做好工业互联网的领头羊

2017年数码大方承建的"智能化协同制造技术及应用国家工程实验室"是智能制造和协同制造领域唯一国家级工程实验室,主要提升我国制造业智能化程度、加强系统集成能力。实验室围绕制造业数字化、网络化、智能化、服务化转型升级的迫切需求,建设智能化协同制造技术及应用研究平台,支撑开展工业软件、工业云平台、感知伺服系统、系统间互联互通等技术的研发和工程化。通过建立交互式信息物理系统试验验证平台,数码大方能够协同其他企业、高校在"互联网＋"协同制造研究方向上取得一批关键技术成果并成功转化,构建智能化协同制造技术与应用领域自主知识产权和标准体系,形成可持续的产学研协同创新机制,为推动智能化协同制造技术进步和产业发展提供技术支撑。

三、智能化赋能企业

数码大方通过为企业提供解决方案来完成对企业需求方面的转型升级。解决方案的实施能够快速实现各类数控设备和传统设备的联网通信,并及时反馈设备状态、作业进度及质量问题等信息,提高生产自动化水平以及关键设备的综合利用率,是智能制造的基础。

第一,联网设备功能强大,适应性强。数码大方提供的解决方案中设备联网支持工业以太网和光网络连接,实现长距离传输,抗电磁、雷电干扰,大带宽同时支持数据、视频、语音传输。机床通信支持使用串口/网卡混合通信模式来解决数控设备基础联网问题,并将离散的设备联成网络,从而实现代码及机床参数等传输来达成各种联网协议,完成设备、数据接入。而其拥有的大数据的实时存储能力、对采集数据的优化、压缩和分布式数据存储技术能够有效地帮助企业进行数据处理和分析。

第二,进行可视化监视。数据大方能够为企业提供实时监控所有生产设备状态的设备方案,同时帮助分析利用率、生产绩效、故障、主轴负荷参数等设备数据,通过电子地图与企业的实际组织结构和车间设备布局相同,利用三色灯方式实时展示现场设备的运行状态,显示设备运行的详细信息,还可以远程看到设备当前的主轴负荷、主轴转速以及正在加工程序等详细信息,甚至机床运动的坐标数据也可以获得。

第三,利用 MES 制造过程管理。针对离散型企业,MES 制造过程管理系统在接收生产任务时,结合 PDM 系统 BOM 数据和工艺数据,完成生产过程管理,充分利用信息系统的远程数据反馈能力与数据集中管理能力,便于对各种事件管理过程进行监控,提高生产过程管理的可控性、降低信息不对称带来的风险,不断优化公司治理结构。通过智能化的制造过程管理能够实时监控生产过程和产品质量,提高设备利用率,减少故障和停机时间,从而降低企业因停机带来的资源浪费,提高生产效率。

MES 制造过程管理主要包括作业计划、现场管理、质检管理、决策分析、基础数据管理五部分内容,如图 1-19 所示。

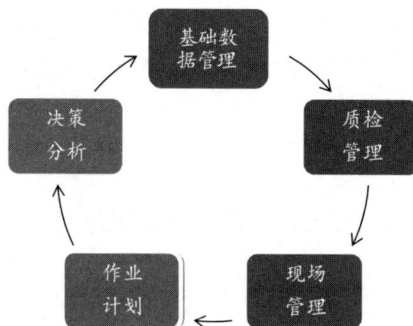

图 1-19　MES 制造过程管理

四、高效的实现过程

数码大方将工业软件＋工业互联平台＋工业大数据整合在一起,不断沉淀行业的经验数据,帮助中小企业实现"双降",即降低企业获取和使用的成本、降低中小企业产业的门槛,在助力中小企业转型升级中发挥着重要作用。

第一,数据管理。系统帮助企业实现产品数据的集中和控制,产品数据统一管理在图文档电子仓库中,并创建了各部门需要的共享平台,通过人员权限控制,在每个项目组,用户有不同的应用权限。实现数据的集中、共享与安全。实现企业营销、研发、生产、供应、管理、服务等核心业务板块的数字化、网络化、智能化,如图 1-20 所示。

图 1-20　实现数据化、智能化、网络化的主要板块

第二,结构化管理。数码大方将产品管理分为产品结构树、文档树,产品结构树根据图纸信息快速创建树状结构,通过树状结构便于对产品各零部件的结构关系快速掌握。同时将技术文件分为设计、审核、发布状态,并对角色的权限进行特殊控制。在执行过程中,时时监控流程状态,并对人员处理记录全部保留,从而确保工作顺利且受控地执行,完成电子审批及纠错记录,对状态和过程进行有效控制。

第三,数据协同。互联平台可进行企业内部门之间协同,通过 CAXA 协同集成方案实现设计、制造数据在设计、工艺和生产部门的并行协同。CAXA 制造看板实现研发设计与生成过程的贯通应用。

由 CAXA 协同管理规整数据源，通过一键式向 ERP 直接输入 BOM、工艺信息、工艺路线。它还支持与 ERP 系统的双向数据传输，传输内容和格式可定义。此外还有异地部署，电子仓库独立授权，异地多电子仓库同步，文件压缩上传（3D 图纸、工艺文件等大文件压缩上传）等功能。CAXA 工业云平台实现与客户的营销协同，与供应链企业的制造协同。

五、结论与启示

创新是数码大方独特的发展基因，公司自主研发的 CAXA CAD 产品，荣获多项大奖，成为机械行业 CAD 经典软件，并在沿着正版化、参数化、智能化的方向，稳步发展，不断超越。

第一，重视人才的培养，加强与高校的交流。公司拥有专业的、优秀的研究团队，他们经验丰富，了解行业的最新动态与我国企业的现状和需求。公司每年都会有与高校的交流会，还积极支持高校的各种有关的技能大赛。

第二，掌控核心技术。真正的自主研发产品，核心技术牢牢掌握在自己公司的手里，这样应用更安全可靠，不受其他企业的干扰。拥有完全可控的技术，提高了产品性价比，保证了产品的安全性，更是降低了成本。

第三，举行专门培训，为企业注入新鲜血液。数码大方每年都会举办多次专门的培训，并会对参加培训的人进行最终考试，成绩优异者会进入公司。这将为公司注入许多优秀的新鲜血液。让公司始终保持活力。

资料来源：数码大方官网 http://www.caxa.com/

第二章

工业互联网与工业智能实现

现在我们生活的社会中，有很多我们看不见的隐性东西在技术发展的推动下已经开始变得显性化了。我们可以通过天气预报能提前知道未来几天的甚至半个月后天气情况，我们可以通过导航知道我们即将去的道路是否拥堵，我们的无人驾驶汽车已经开始试点了。这些的实现，赛博—实体系统发挥的作用功不可没，CPS（信息、物理系统）的控制、计算、通信三个核心与实体系统的深度融合，才让我们这么成功地将隐性化的东西显性化。

　　我们原来说互联网的时候都说跨界融合，但是它的跨界只是在信息工业领域中的跨界，而现在它跟各行各业之间将实现融合，这种跨界是前所未有的，而且它将重塑工业和互联网的生态。

——工业和信息化部电信研究院院长　曹淑敏

普奥:让每一家企业都能便捷实现工业互联网转型

普奥是一家为客户提供从设备接入,到 PaaS 层数据平台、SaaS 层应用平台的工业互联网产品和服务提供商,将产品服务模块化是它的特点。客户按照需求灵活选择,从而缩短周期,降低工业互联网建设成本,并且也能覆盖更多领域。普奥目前是百度开放云和微软云等大型平台的合作伙伴。缘何普奥能够从众多竞争者当中脱颖而出?关键在于公司研发和运营过程中的效率、创新以及技术掌握和实时学习。

一、公司简介

普奥是一家以"智能设备"为中心的专业"工业互联网"产品和服务提供商,通过挖掘智能设备的网络价值、使用价值,对企业内外部数据融合,帮助企业实现智能化运营和服务模式创新。普奥始终立足于"核心产品"研发,把产品的核心技术和自主知识产权牢牢抓在自己手中,打造了 ProudArk(工业互联网搜索)、ProudLink(无线传感网关),ProudThink(工业互联网平台)三款平台级产品,帮助用户解决设备的安全接入、安全通信,让每一家企业都能便捷实现产业互联网转型,开启未来产业"智能运营"的模式。公司目前正处在产品高速迭代和市场全面拓展的发展阶段,是百度开放云、微软云的工业云合作伙伴;与中电数据、昆仑海岸等物联网上下游厂商达成战略合作;并与行业集成商共同拓展装备制造、新能源、节能环保等行业市场。

二、专注打造,立足研创

普奥公司立足于工业互联网,帮助企业实现设备安全有效运营和基于云计算进行海量数据的分析,实现持续创新的服务和产品,并且与第三方厂商合作,一起打造互联生态体系,加速工业互联网转型。公司致力于三款平台的打造,打造产业互联网生态。

第一,ProudLink(无线传感网关)。ProudLink 是针对工业 4.0/工业级物联网领域基于 WirelessHART 技术设计的无线传感网络产品,目的在于实现工业领域设备的互联互通,以及即使处于恶劣的工业环境下,也能保证现场设备数据的可靠、稳定、实时采集和传输。可为工业自动化、石油石化、新能源、智慧城市等诸多行业提供无线传感通信解决方案,助力打造更智能、更环保和更高效的工业 4.0 和工业物联网应用。

第二,ProudThink(工业互联网平台)。ProudThink 拥有设备运营、设备租赁、物联网金融三大服务能力。设备运营聚焦设备使用价值和服务流程,智联"机器、人和系统",面向设备制造商和运营商,实现云端的智能设备运营生态。普奥通过建设标准化设备租赁平台,监管租赁设备的运行和生产状态,实现远程设备资产维护与管理,提高租赁效益水平。它能够帮助金融机构实时动态掌握企业运营过程,实时跟踪动产或质押物状态,降低违约风险,提高风险管控水平。

第三,ProudArk(工业互联网搜索)。ProudArk 为企业决策者精准营销、准确分析行业竞争对手以及实时监控产业链风险提供了巨大的帮助。同时它能够促进园区政府智能制造业创新,通过大数据搜索提供产业园区招商引资数据平台方案,撮合投资资本与创新企业投融资。

三、独有优势,傲立群雄

普奥比拟市面上其他提供工业互联网解决方案的公司最大的特点是它的灵活性。普奥抽离出"设备库、连接库、模型库、应用库",客户可以根据实际需求来选择自己的模块组合。这样有助于客户获得的产品更贴合需求,因为只需要支付自己所选模块费用,从而降低了建设成本和周期。具体落地上,普奥针对大中型客户,会为客户提供私有云部署方案,按设备数量、具体功能,收取软件和服务费用;针对小型客户,普奥提供公有云服务,客户按使用数据数量来进行付费。

第一,广泛接入。提供开放的 API(应用程序接口)和接入协议,实现开放式的接入适配功能,降低设备接入的复杂性,可快速连接不同协议设备,集成第三方系统,对接第三方 M2M 云等,解决工业企业内设备接入与信息集成的难题。

第二,安全可靠。提供安全接入,可靠传输/存储,数据授权,功能授权,安全登录等机制,实现数据在传输、存储、访问、分析等多个层面的安全防护,构建企业数据的安全可靠环境。

第三,数据刻画。能够轻松对连接的设备和应用所需的对象进行拓扑设计、组态设计和 Dashboard 设计等,并通过多维建模、大数据分析、服务流程等工具对数据进行分类/聚类,挖掘数据价值点以及所蕴含的业务价值链条分析。

第四,应用工厂。根据提供的分析工具、流程引擎、规则引擎、设备库、专家知识库以及企业库等产品功能,企业内部或外部专家可以快速开发出符合行业特性的物联网业务应用,发布至应用工厂,丰富工业物联云应用方案,适应市场的动态变化需求。

四、普奥三大核心产品理念

普奥从工业企业的服务价值出发,打造支持广泛设备接入、多维数据存储、共享、开放的工业互联网云平台。高效便捷、多维创新和价值交互三大能力是普奥长期致力于打造的核心产品理念,如图 2-1 所示。也是普奥能够帮助客户实现"拼出"工业互联网的关键价值点。

图 2-1　普奥三大核心产品理念

第一,高效便捷。普奥产品在打造高效便捷应用方面,具备八大核心能力,如图 2-2 所示。构建支持普遍设备接入,多维数据存储、共享、开放的工业互联网云平台;帮助客户解决设备与产线的安全接入、运营、综合价值分析等需求。

第二,多维创新。从多维创新角度,普奥着力构建设备库、连接库、模型库和应用库四大标准体系,实现设备安全接入、运营、综合价值分析等需求,实现多维创新服务,同时能够为客户提供私人化、定制化服务,客户可以根据需求组建模块。

第三,价值交互。平台的组态、视图、流程、多租户和设备建模、聚合计算配置,可实现企业多重应用的价值交互,拥有的大容量存储系统以及各种模块功能,帮助客户实现多种功能重组与共建,达成多重价值交互。

图 2-2　普奥产品八大核心能力

五、结论与启示

普奥作为工业互联网平台和服务提供商,以"慧创共享·智造未来"为主题,全方位展示普奥近几年来在工业互联网落地实践中宝贵的经验和案例——如何助力流程工业和离散制造业用户快速构建工业云平台,聚焦智慧工厂运营、设备后服务、设备租赁、资产保全,实现智能制造升级,优化工艺和产能,并通过物联网、大数据和人工智能等技术,实现高端装备的预测性维修和故障诊断等功能。

第一,拥有优秀的团队,加强研发人员的建设。目前团队中研发人员占比 70%,公司 3 位创始合伙人之一——董事长陈德基,是上海"千人计划"人才、同济大学教授、OPC 标准和 WirelessHart 参与制定者。

另外,普奥有行业资深的团队,成员曾参与制定多个工业互联网领域相关的标准,包括《ISO/IEC 国际物联网标准》《2016 中国工业互联网标准体系框架》《2016 信息物理系统标准化白皮书》等。

第二,独立的第三方服务商,专注创新。普奥自身是完全独立的第三方服务商,不会让客户产生同业、异业竞争的担心。同时,也能让普奥专注于提升产品、技术和客户体验。从用户端的服务价值出发,聚焦智能设备的网络价值,向用户提供安全可靠、成本低廉的工业互联网平台。

第三,以快为理念、以多维度的专业服务为基础。普奥从客户和市场角度剖析产品的定位和市场布局。普奥的市场理念打破常规,以快为理念、以多维度的专业服务为基础,打造全面的生态链条,打破客户、友商、上下游供应商角色壁垒,以产品合作、服务合作、资本合作等方式,建立工业互联网新生态,共同探索业务新价值。平台具备高度开放性,由设备库、接入库、模型库和应用库构建模型生态,使用户构建业务应用变得方便简单,并且两周时间帮助客户完成业务,践行以快为准的理念。

资料来源:奥普官网 http://www.proudsmart.com/mart.com/.

十九大提出要推动互联网、大数据、人工智能和实体经济的深度融合，促进我国产业迈向全球价值链中高端，培养若干世界级先进制造业集群。在全国人民的共同努力下，中国现在作为全世界制造业第一大国，生产的 5000 多种工业产品中有 220 多种产量位居世界第一。在互联网经济下，产业需求发生了变化，互联网将供需方的连接变得更加直接和透明，用户的需求变化速度加快，制造企业为适应环境的变化制造能力也在逐渐增强，企业适应市场经济变化的能力面临着巨大的挑战。

从改革开放以来，我国工业发展的脚步从未停息。在工业化不断演进的同时，信息化也成为我国的发展浪潮，近年来互联网在我国发展速度极快，在许多领域已经发展成熟。我国作为制造大国和网络大国，坚持走信息化和工业化融合的道路，但由于我国工业体系规模庞大，信息技术在工业上的应用水平和速度较其他行业来说较为缓慢。不同地区、不同企业之间的发展有区别，故凭借单一的路径不能解决我国工业行业面临的所有问题，必须实行信息化和工业化的深度融合。

现在中国聚集多方力量积极探索工业互联网，让一些制造企业先进行工业互联网改革，其他企业在先行企业的经验上进行工业互联网的探索，这样有利于中国制造业的升级少走弯路，智能制造将重新定义制造企业。

2.1 工业互联网内涵

在新的全球技术和工业革命中，工业互联网引领了制造业的发展，对社会经济产生了战略性和全球性的影响。各个注重制造业的大国都把工业互联网当作了国家战略。德国、美国、日本、中国都相继提出了发展工业互联网的计划和办法，虽然每个工业大国推进的路径不同但目标都是一致的，都是积极发展工业互联网技术、工业产业和应用，将传统的低效率的工业形式遗弃，形成新的生产组织办法、工业生态和服务方式。工业互联网是融合物联网、云计算等新兴技术的产物,改变了制造业的传统形式,推动互联网由以往的消费、虚拟领域向生产和实体经济领域发展,促进工业向网络化、现代化、智能化方向前进。

工业互联网平台将产业的所有要素、整个产业链和整个价值链连接起来,在制造业数字化、网络化和智能化的过程中优化产业资源配置。工业互联网通过广泛接入设备、数据、行业资源、企业、知识、区域等互联资源,打造工业与生态应用 APP 互联产品,在网络空间构建虚拟系统,形成互联网、大数据、人工智能和制造业深度融合的生态系统。通过访问和提取资源、能力、产品,支持服务提供商、用户和平台管理人员的各种服务需求。

工业互联网为用户提供开放共享的服务型平台,支持跨领域、地域的协同创新,通过聚合输入的所有资源,提供一个广泛的工业应用和生态应用,为产品的整个生命周期服务,提高公司的售后、设计研发、生产制造和营销推广能力。工业互联网的主旨是让顾客的商业利益做到最大化,将工业设备、工业资源和智能设备进行重新组合,服务制造企业用户和产品用户,支持工业设备、产品、服务的集成、优化和协同。以赚钱、省钱、生钱为驱动力来构建全新的制造模式和制造生态,帮助制造企业在资源有限的情况下,突破资源的限制进行全球产业的对接,让企业按照自己的需要来获取资源和对资源进行合理的配置,将行业边界和产业结构进行重新塑造[16]。

2.1.1 工业互联网价值创造——煎蛋模型

我们购买产品看中的是产品能给我们创造的价值。例如我们购买房子,钢筋水泥并不是要我们买的,而房子中看似"无"的可以为我们提供生活生产的空间,那是我们进行美好生活的开始,那才是真正的价值载体。正如"有之以为利,无之为用"所说的那样,一切存在的看得见的物体为我们提供了价值的基础条件,而其中隐藏的看不见的空间才是我们应该重视的。现在我们的创新、工业革命、产业升级都应该应用这种"无"和"用"的思想,而不是仅仅将重心放在有形的物体上面,这一切的核心都应该是在使用过程中创造价值。

产品的价值创造就是用户看得上供应商的产品,并且愿意花钱去购买所提供的产品。用户购买产品可能是由于这个产品能够满足现在的需求,也可能是因为这个产品在未来的市场能给用户带来升值的空间。从产品的用户价值出发,制造商应该关注用户在使用过程中产生的新的需求,即需求缺口(demand gap),将这些需求缺口填补就是为用户创造价值。这种以价值创造为目的的产品设计思路,李杰教授用煎蛋模型来比喻,煎蛋模型如图 2-3 所示。

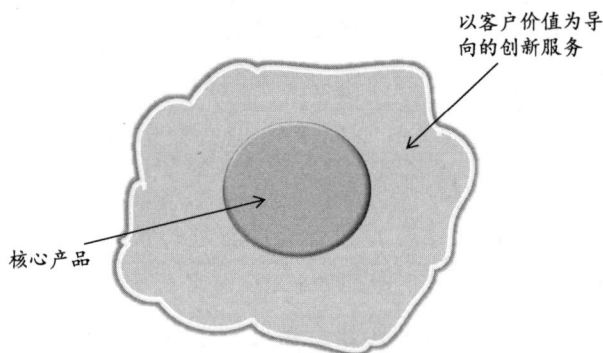

图 2-3 服务创新的新思维:煎蛋模型

资料来源:李杰《cps:新一代工业智能》)

用煎蛋模型来分析手机和电脑就会发现,手机和电脑本身作为煎蛋模型中的蛋黄,而人们所需要的各种软件产生的服务就是煎蛋模型的蛋白。买一部手机或电脑的价格也就是客户在决定买时所支出的钱,这部分钱只要买卖发生之后就不会再发生改变了,但是人们需要手机和电脑进行各种各样的工作,例如进行办公、娱乐、社交,这就需要各种各样的 APP 来支持。不同的人需要的功能是不同的,这就衍生出了大量开发 APP 的行业,这样即使将产品卖给了用户,也仍然可以通过卖应用服务来不间断地赚用户的钱。制造商想方设法将"蛋黄"做强,吸引更多的用户,无数的 APP 开发者不断地将"蛋白"做好做大,满足不同用户定制化的需求。

（1）蛋黄——"6M"。蛋黄的"6M"是指材料（material）、设备（machine）、方法（methods）、测量（measurement）、维护（maintenance）、建模（modeling），见图2-4所示。材料包含材料的特性、功能、质量等；设备包含机器的自动化、生产力和精准度等；方法包含效率、工艺和产能等；测量有传感器检测、六西格玛等；维护包含运行和维护的成本、故障率和使用率等；建模包含预测、防范、监控和优化等。在前三次工业革命中传统的制造企业主要在除了建模之外的5M中进行竞争，而如何利用工业互联网将5M生产过程中的工业数据进行连接分析，并据此进行建模分析是现在工业4.0中的重中之重。数据能够反映出例如制造流程、产品质量、功能状态等出现的问题，通过使用数据和维护数据能够实现价值创造。一套完善的建模系统，能够通过数据实时掌握设备过去、现在、未来的情况，这将能够参与产品全生命周期管理的价值链。

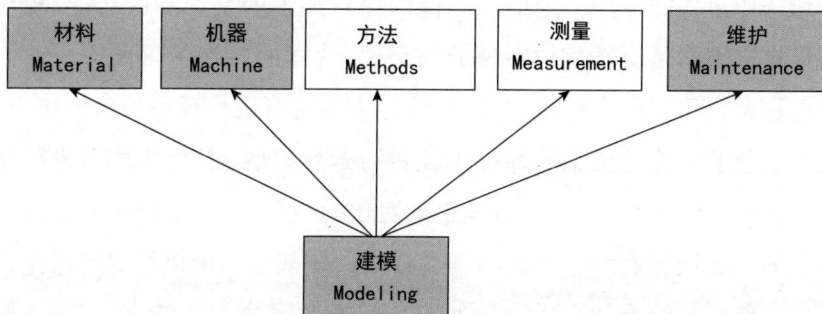

图2-4　以数据驱动制造系统中的5M要素制造知识

资料来源：李杰《cps：新一代工业智能》

（2）蛋白——"6C"。蛋白的"6C"是指连接（connection）、云（cloud）、虚拟网络（cyber）、数据内容与来源背景（content/context）、社群（community）、定制化（customization），见图2-5。连接涉及网络、物联网、传感器等；云是指在云端的随需随取的储存和计算的能力；虚拟网络包括模型和记忆等；数据内容与来源背景包含相关性、决策、含义等;社群包含分享、协同等;定制化是指按照用户的特性来提供具有个性化的服务和价值。在信息技术的高度发展下,用智能传感器收集数据是一件很容易的事情,但是收集到的数据是否对特定的人的特定的需求有帮助,这是现在存在的问题。如果收集的数据不能对人们的决策起作用,那么数据就是无用数据,对我们的生产生活没有丝毫价值。要让数据为我们所用,就离不开蛋白——"6C"发挥的作用。

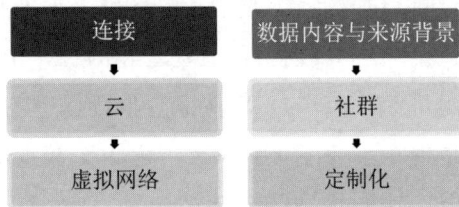

图 2-5 蛋白的"6C"

　　制造企业向服务端转移是由消费者的行为、企业间合作服务的趋势和企业模式转变所决定的。以前的用户追求的是产品的功能,现在的用户追求的是个性化和心理的满足感,这样的转变使得制造企业必须更加贴合用户的个性化需求,最后将表现为对用户服务价值的追求。现在的企业不像传统企业那样单独进行运转,现在的企业之间进行密切的合作,使资源能够尽可能地得到更优的使用配置,形成了密集而又动态的企业服务网络。大型的制造企业大多都已经由以往的产品生产商向基于产品组合加全生命周期服务的方案解决商转变,企业服务网络共同为客户提供服务,这种制造与服务深度融合的模式被称为"服务型制造"(service-oriented manufacturing)。

　　在工业互联网下制造系统要求制造设备在生产过程中对设备自身产生的数据进行深入的分析,将数据信息转化为对生产活动起指导作用的信息,再利用有用的数据转化的信息来辅助生产优化的决策和为个性化服务产生价值。我们要构建自己的工业互联网体系,不断提升"蛋白"产生的价值。

专栏 2-1:博拉网

博拉网:博聚智慧,拉手未来

未来 30 年,中国将作为全球最大的企业互联网市场,无数企业的互联网升级转型必缔造巨大的产业空间。博拉网是基于自主研发的 E2C(E-service to company)数字商业大数据云平台帮助传统企业互联网向数字化升级,帮助企业打造真正适合自己成功转型的解决方案。成立几年的时间里,博拉网成功地成为互联网服务商行业内的佼佼者,其成功案例也成为许多企业研究学习的对象。

一、公司简介

博拉网络是行业知名的企业大数据服务提供商,公司通过"大数据+技术产品+应用服务"构建的业务模式,帮助实体企业构建大数据资产和智能应用平台,推动传统企业顺利向数据化转型,让大数据成为公司的驱动力。公司 2016—2018 年连续三年入选大数据应用解决方案提供商百强,2015—2018 年连续四年入选国家商务部电子商务示范企业,拥有高新技术企业、企业技术中心认定等技术资质和 4A 会员企业等营销资质。近年来,公司还陆续获得多项权威机构的认可或颁发的荣誉。

二、优于科技,胜于革新

第一,紧跟先进,革新技术。基于企业广泛且个性化的需求与日新月异的技术迭代,博拉网络专注于对 TOB 服务模式的探索。在激烈竞争的大数据产业中,博拉以技术创新作为企业长期发展的不竭动力,以技术驱动服务升级去为企业带去数据价值。博拉拥有"集客通—移动营销软件系统技术服务""互联网商业信息监测与大数据分析系统技术服务""电商营销大数据分析系统技术服务"等 3 项高新技术产品，并推出 100 多项拥有自主知识产权的组件。如今，博拉已将大数据技术与前沿技术进行结合，丰富了大数据领域的技术运用。凭借在大数据应用领域的优势，博拉参与了我国大数据领域国家标准、行业标准的规划及制定工作。

第二，立足数据，共融共通。博拉网络在搜索引擎、数据采集和语义分析、信息挖掘技术方面具有深厚的技术底蕴，致力于互联网产品创新性研发。从创立到现在，博拉打造出"数据＋智能技术＋场景"三位一体应用模式，在增值运营服务、数据采集和管理、数据分析咨询，以及大数据在客户关系管理、电子商务、数字营销等应用场景都有相对应的互联网解决方案，服务的品牌客户涵盖政务、3C 家电、快消、地产、旅游、金融、汽车等十多个行业，如图 2-6 所示。

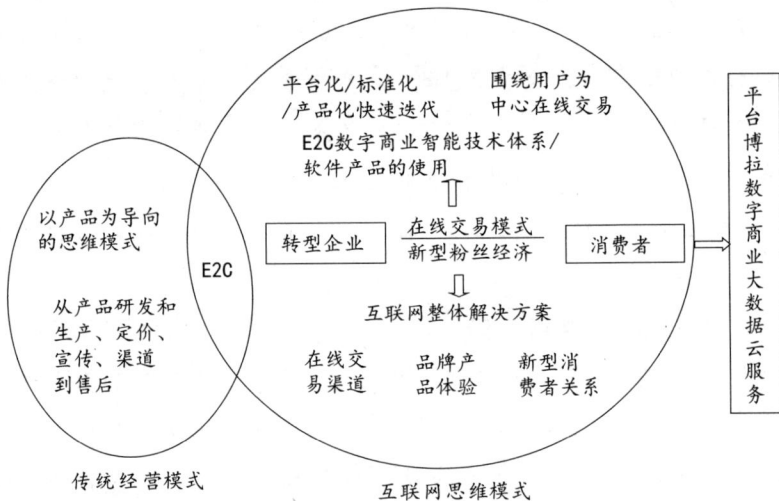

图 2-6　博拉数字商业大数据云服务平台模式

三、打造大数据应用新生态

在激烈的产业市场竞争和复杂的经济环境下，博拉想要保持行业领先地位，博拉将会继续扩大大数据服务版图，夯实运营能力，持续加大在研发领域的投入，提升科研成果转化率，丰富软件工具的内容并提高多样化程度，实现更多场景应用，实现跨行业、多产业链的融合发展,为更多的头部企业及中小企业提供解决方案和数字商业服务,打造更适合企业发展的数据生态体系。

博拉网帮助实体企业构建大数据资产和智能应用平台,实现以数据为驱动力的数字化转型升级,成为大数据产业及新商业时代的引领企业。现已经帮助很多企业有效地解决了在技术创新、技术管理及技术实施上的瓶颈,最终帮助企业积累自有的大数据资产,以数据驱动企业商业运营的优化升级。但是博拉网还是得再接再厉,加大技术的研究,进一步帮助更多的传统企业建立起自己的大数据。

资料来源:http://www.bolaa.com/

2.1.2 建立产品服务系统——工业互联网

现代工业的核心是提供产品和服务集成的综合解决方案,将产品与服务结合的产品/服务集成系统,我们称之为产品服务系统(product service system, PSS)。在信息时代下,产品的效益和价值不仅体现在硬件上,而是应该逐渐朝着产品硬件和软件服务结合的方向发展。与过去相比,越来越多的"外力"推进了产品的重新塑造,如图 2-7 所示。现在的用户将关注点集中于产品能带来的服务与体验,制造商应该倾力于了解客户的使用需求和情感需求,从而生产有形的产品和无形的服务,PSS 可以帮助企业实现资源的优化配置和可持续发展。

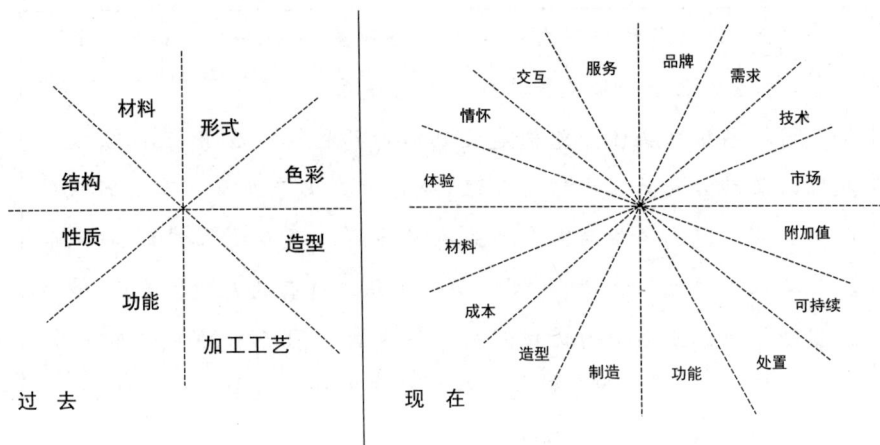

过　去　　　　　　　　　　　　　现　在

图 2-7　产品塑造因素变化

资料来源:http://blog.sina.com.cn/s/blog_a17d29550102wstz.html

专栏 2-2:蚁城网络

蚁城网络:助力企业内部数字化转型

随着社会的进步,人类生活节奏的加快,人们网购的频率变得越来越大。电商的发展已经势不可挡了,各大零售商将门店转移到网购平台已成为必然。蚁城科技就是一家服务于产业链上、中、下游企业及相关合作方,帮助它们在研发、设计、采购、生产、营销、交易、流通、融资等各个环节升级,从交易、成本、物流、供应链、金融多方面提高效率,降低成本,提升服务体验,技术助力企业间协同,提升产业整体效能。

一、公司简介

蚁城科技是一家专业、领先、值得信赖的全渠道、全链路、全方位整体系统解决方案服务商。在跨境电商方面,作为全国第一家涉足跨境业务的软件公司,旗下 AC 系列产品成熟对接全国各大试点城市海关电子口岸。蚁城秉承"构建跨境电商生态链"的服务理念,助力跨境电商企业快速布局全渠道(直营、分销、O2O)商业模式。

同时蚁城致力于根据企业客户自身特性,为其定制从孵化到成熟、从资源对接到系统连接的全链路服务,从前端到后端,从销售到营销,从货源到行业分享,帮助不同背景客户实现内部资源优化与产业升级。在新零售领域,蚁城率先与阿里达成战略合作,服务阿里战略家装家时代新零售项目,实现商品通、会员通、服务通全渠道。为新零售背景下赋能智慧门店提供技术支持、数据分析等服务。自主研发的OPS中台系统已为匡威、白桃、百家好等多家零售企业成功转型新零售,实现门店智能数据化,线上线下全渠道互通互联。凭借多年的积累经验和行业领先地位,蚁城已为全国33座城市28个行业6大经营模式超300家企业提供系统支撑。

二、用技术创造连接,遇见代码背后的缔造者

如今,商业世界变化莫测,技术变革已席卷全球,蚂蚁科技致力于帮助企业应对复杂的商业变化所带来的挑战,不断创新并创造新的发展机遇,从而在竞争中不断成长,保持领先地位。

第一,拥有优秀的合作伙伴和研发团队。公司致力于为跨境进口、新零售企业提供专业的、可交付的系统实施咨询及客户化开发服务,满足企业对信息系统的需求,帮助商家从系统中获益。作为国际一线ERP品牌SAP长达10年的金牌合作伙伴,公司拥有扎实的研发经验和技术,加上多名从事电商5年以上的运营人员,让产品更符合企业实际业务场景和流程,最终实现产业互联网终极目标,如图2-8所示:

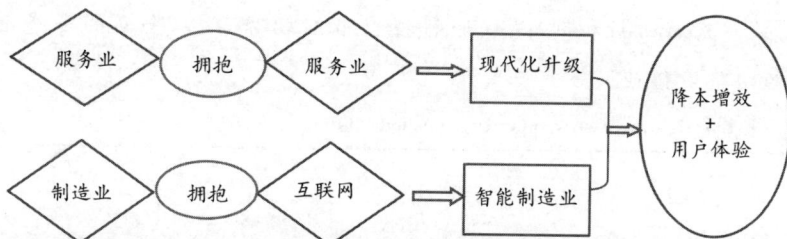

图 2-8　产业互联网终极目标

第二，没有复杂的组织架构。拥有扁平化、人性化的公司管理，团队成员稳定，流动性低。拥有一个年轻、充满活力的团队，公司创始团队结构优秀，联合创始人从事线下业务咨询超过 10 年，线上运营超过 8 年，技术大牛熟悉企业各项业务流程，拥有十多年物流、供应链系统以及 ERP 实施及开发经验，擅长系统实施以及核心应用开发。精通各种主流开发语言 C＋＋、C♯、JAVA、NET、SQL、PHP、HTML、H5 等，曾成功主导并搭建系统开发架构 LAVA 平台，数倍提升开发交付速度。

三、积累总结，术业专攻

作为全国第一家涉足跨境业务的系统服务商，客户案例自然成为蚁城不断挖掘的"宝藏"，而作为"旁观者"往往更易发现和总结问题，"蚁城的优势是能够跳出身份看跨境行业全局，知道市场需要什么，提供的产品也是经过市场淬炼的，而不用企业花费太多精力在自己身上做测试。"钟伟国认为，术业有专攻，聪明的企业应该专注、深挖自己擅长的事，并且跨境又是一块功能和流程极其复杂的领域，即便信息技术很成熟，设计上也难以切合实际，容易长时间处于滞后和被动状态，这恰恰是软件公司存在的价值。

在长期的积累中，蚁城科技拥有丰富的平台资源、媒体资源、供销资源以及保税仓资源，深耕于系统的成熟稳定，并不断拓展开发个性化营销定制服务。蚁城科技作为跨境电商领域第一个吃螃蟹的，市场已经给了蚁城颠覆电商格局的机会，在接下来不可预知的路程里，必然充满曲折和荆棘，蚁城科技应当继续努力，以全新的姿态继续领跑跨境行业。

资料来源：http://www.ants－city.com/index.html

2.2 工业大数据

"三分技术、七分管理、十二分数据"、"垃圾进、垃圾出"(garbage in,garbage out)等说法都说明了数据在信息化工程中的重要性。工业大数据是指在工业范畴中,紧紧围绕着智能制造模式,从客户需求到销售、订单、计划、研发、设计、工艺、制造、采购、供应、库存、发货和交货、售后服务、运维、报废或回收再制造等整个产品全生命周期各个环节所产生的各类数据及相关技术和应用的总称。工业大数据具有价值属性和产权属性,企业通过工业大数据分析关键技术,能够实现工艺、生产管理等各个环节的智能化,提高生产效率的同时能够降低生产成本,为客户提供个性化的服务,为客户创造更多的价值。工业大数据具有明确的权属关系和资产价值,侧重于通过管理机制和管理方法帮助工业企业明确数据资产目录与数据资源分布,为深入挖掘价值提供支撑[16]。

2.2.1 工业大数据的特征

人们普遍都认为数量(volume)、速度(velocity)、多样性(variety)、真实性(veracity)为大数据的"4V"特征。数量是指非结构化的数据规模宏大和增长速度极快;速度是指根据实际情况进行实时分析,而不是进行大批量的分析,数据的产生与采集速度特别快;多样性是指数据不同样式的构造和数量的多样;真实性是指要在数据收集和提炼过程中采取措施防止产生质量污染,避免虚假信息的产生。但在工业互联网中,除了一般数据具有的"4V"特征之外,工业互联网还具有可见性(visibility)、价值(value)两个特征。可见性是指可以将我们可能看不见、容易忽视的重要因素和信息变成具有可见性;价值是指人们通过大量的数据进行分析,将分析后的数据信息转化成具有价值的信息。工业大数据的特征见图2-9。

前四个"V"就已经表征工业信息化和自动化发展到了一定的程度,但要让制造企业在工业互联网下从设备的制造端向用户服务端转型,后两个"V"则显得极其重要,它们代表了工业界对大数据的追求目标和意义。大数据在工业环境中体现了如下的几个方面:

(1)让制造过程的信息变得更加透明,让原本隐匿起来的问题通过分析数据变得显性化,通过这种方式能够将风险的发生率降到最低,有效地提高效率,降低成本,减少库存积压的风险。

(2)将全产业链的信息进行整合,协同优化了整个生产系统,让生产系统变得具有灵活性和动态性;

(3)能够帮助人们减少工作量,让人们的工作变得更加轻松简单。

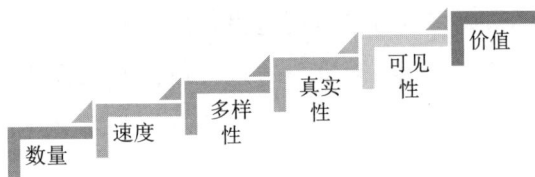

图2-9　工业大数据的特征

专栏2-3:天泽智云

天泽智云:让工业无忧

天泽智云是工业智能实践者,以"让工业无忧"为愿景,赋能企业提质、增效、降本、减存,助力工业"智能+"转型与变革,2017年天泽智云推出了工业智能应用孵化器GenPro,是一个专为工业企业进行个性化建模的分析平台。将工业知识、建模方法、软件平台三者进行科学整合,以此弥合了计算机、工业领域知识与数据建模分析之间的鸿沟。

一、公司简介

北京天泽智云科技有限公司成立于 2016 年,由国际工业大数据及智能制造领域的领军人物李杰教授担任首席顾问。天泽智云基于先进算法和模型建立,现已能为客户提供多个工业场景的解决方案。天泽智云将继续深耕工业企业的智能化转型,以未来十年将实现 100 个无忧生产和无忧运营的工业场景为奋斗目标。公司将全球领先的工业智能化技术和丰富的实践经验在中国进行传承,以实现"工业无忧"为公司愿景。公司拥有在工业智能化、计算机科学、人工智能等领域具备丰富实践经验的专家组成的核心研发团队。天泽智云的智能解决方案已经成功应用于轨道交通领域、电力能源企业、钢铁制造企业、无忧刀具等多个领域。

二、四大亮点,量身定制

GenPro 是天泽智云为工业企业实现智能化量身定制、度身打造的建模分析平台,其目的是让工业智能普适化、民主化,实现无忧的工业生产与运营。它的使用者为工程应用的行业专家、科研院所研究人员、设备供应商设计人员,它本身拥有四个亮点,如图 2-10 所示。

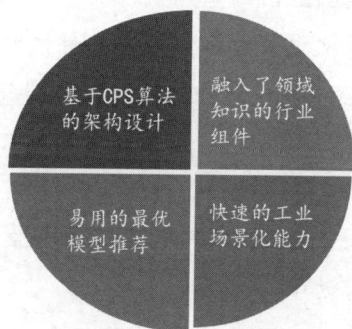

基于CPS算法的架构设计

融入了领域知识的行业组件

易用的最优模型推荐

快速的工业场景化能力

图 2-10　GenPro 四大亮点

第一，基于 CPS 算法架构设计。平台是以 CPS 框架为导向的对专业工业数据分析进行模块化设计，即支持边缘计算、云计算，也支持对单体设备或集群对象的建模分析，降低实施工业智能化转型的难度。利用数据分析等功能实现对客户需求的分析，同时帮助客户进行价值的创造。

第二，快速的工业场景化能力。GenPro 平台凭借预处理功能组件，快速帮助用户实现工业数据场景化，提供具有行业特征的分析，能为客户在很大程度上减少智能化转型所需的周期。

第三，易用的最优模型推荐。对于寿命预测、故障诊断等不同的业务问题，GenPro 具备完整的评估办法。在 GenPro 平台里，用户可以通过快速的"拖拉拽"的方式来使用各式各样的模型，而且 GenPro 会给客户推荐最优的使用模型。能够有效地帮助客户提高效率，节约成本。

第四，融入了领域知识的行业组件。天泽智云在不同的行业领域都有相对应的研究团队，天泽智云把专业团队对各个行业领域知识的积累融入了 GenPro 平台，以行业组件的形式将其呈现出来。此外，GenPro 平台还将复杂的分析建模过程简单化。

三、精英团队，重剑出击

由著名的李杰教授担任天泽智云首席科学顾问。核心技术团队成员由来自美国智能维护系统中心的机械工程博士组成，具备工业领域知识、计算机科学、人工智能算法的跨界知识与能力。团队成员在风电能源、装备制造、机械加工、制造业等领域都有丰富的实践经验。同时企业重视人才的培养，多次与其他企业、实验室展开合作，致力于打造更加优秀的平台方案。

将可见世界的隐性问题显性化，将"故障—维修"的被动反应式策略转变为"预测—预防"的主动式策略，防患于未然，让传统企业成功转型，天泽智云任重而道远。

资料来源：https://www.cyber-insight.com/

2.2.2 大数据决策系统

如今大数据技术的研究和应用日益深入,这对企业决策起到了良好的辅助作用,大数据决策系统已经是企业进行决策的关键。大数据决策系统是以数据、模型、知识和方法等为基础,以人机交互的方式来帮助决策者实施半结构化的决策应用系统。大数据决策系统在军事、医疗、金融上已经得到了广泛的应用,但是由于工业数据数量庞大,结构复杂,导致大数据决策系统在工业上的应用十分有限。

数值计算语言和数据库语言之间没有可兼容性、计算机语言的支持能力有限、传统数据库储存能力和方式的限制、多样化数据的处理和转化、缺乏数据和领域复合型人才等等都限制了大数据决策系统在工业上的应用。现在的数据呈现出电子化、体量大和类型繁多的趋势,企业更应该注重大数据决策系统的发展,大数据决策系统无疑能为企业带来全局性的支持[17]。

2.3 赛博—实体系统

现在的无人驾驶汽车可以在没有驾驶人员的情况下顺利地将乘车者带到目的地,这是因为汽车在路面上行驶时,通过实时地探测路面的情况,然后将探测到的数据进行分析,进而自动做出行驶决定,这就是将信息与地理位置有效地联系在一起,是赛博—实体系统应用的一个案例。赛博—实体系统是一个多种技术的集合体,它拥有体系化的技术范式,以多源数据建模为基础,智能连接、智能分析、智能网络、智能决策、智能执行是赛博—实体系统的技术构架,见图 2-11,下面将对这5 种技术进行逐一介绍。

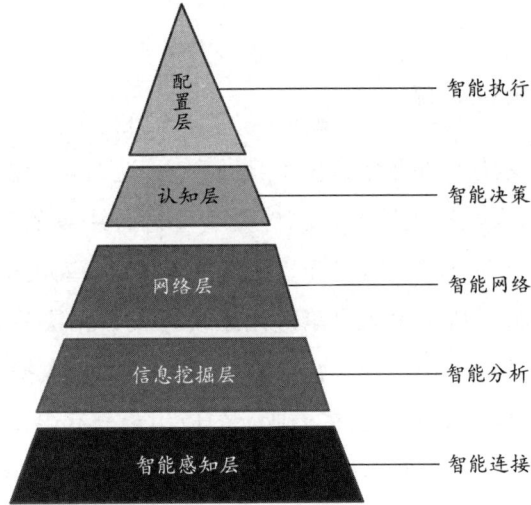

图 2-11　赛博—实体系统的 5C 架构

资料来源：李杰《cps：新一代工业智能》

2.3.1　智能连接层

智能连接层（smart connection level）作为一个多数据融合的环境，用可靠且效率高的方式获得一个用于数据记录、缓存的本地代理，用来发送本地计算器系统数据到远程中央服务器通信协议。智能连接层作为工业智能系统的基础，它设计的好与坏将决定智能系统的成功与否。智能连接层的核心是能进行选择性的数据采集，根据活动的目标和需求进行分析，自动采集对活动有帮助的数据。智能连接层所需要感知的环境具有复杂性和多样性，故智能连接层只有将无用的信息、噪声进行屏蔽，并加强关联数据的收集，才能保证数据的分析能够高效和准确。

赛博—实体系统的传感体系是以柔性数据采集（flexible data acquisition）为导向，这与传统的体感体系有所不同。赛博—实体系统利用"自感知"（self-sensing）可以改变通信技术和被动式传感，实现自

主化和智能化的数据采集。即在相同的传感与传输环境下，面对状态
变化、决策需求变化、日常监督等相关活动目标，需要进行数据的自主
采集传输，实现高效率、高质量、高灵敏度的主动式、应激式的数据采集
模式，最后达到实体空间对象、活动、环境三者的智能"自感知"。应激
式和自主式的实现主要体现在下面三个方面：

（1）以事件作为导向的采集策略。在环境、目标等的状态发生变化
时将会按照变化后的采集规则进行数据的采集。

（2）以活动作为导向的采集策略。针对特定的目标进行分析数据
的采集，可以是由人为控制或系统目标变化自动作为激发过程。

（3）以设备健康作为导向的采集策略。判断设备健康和出现故障
所需要的数据截然不同，通过较低的数据采集频率和较短的间隔，并且
只需采集一部分数据源的数据即可及时对设备的健康状况进行判断。
当发现设备的健康状态发生偏离时才会对设备故障诊断数据进行收
集，这时需要及时缩短数据的采集间隔以便能及时准确地掌握设备健
康状况的变化趋势。

典型智能连接层的工作流程图如图 2-12 所示，这个流程以自动产
生采集符合需求数据的控制信号，并传向数据采集设备控制传感器的
"数据采集管理控制系统"（data acquisition management control
system)为核心部分。智能连接层实现的支撑技术包含应激式自适应
数据采集管理、控制系统等技术和自感知系统的整体设计与集成等核
心技术；包含数据库设计、自意识传感、数据采集设备、数据库设计等关
键技术；包括抗干扰、数据传输、传感器、缓存器和信息编码等相关
技术。

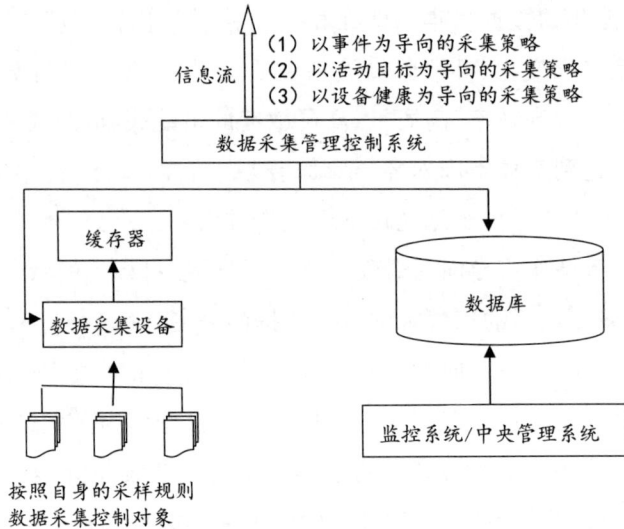

图 2-12　智能连接层流程

2.3.2　数据分析层

工业环境中的数据可能来源于传感器、控制器、维修记录等不同途径，这些数据必须转化成为对于实际应用来说起作用的信息。智能分析层（data-to-information conversion level）就好像是我们人的记忆和分析，我们通过筛选、存储、关联、融合、索引、调用等方式将我们所看到的、所听到的转化成对我们有用的信息，这些都具有选择性、归纳性、抽象性、关联性和时序性等特征。智能分析层的核心是"自记忆"（self-memory），"自记忆"也具有抽象性、选择性、归纳性、关联性和时序性，智能分析层的自记忆特性和实现手段如表 2-1 所示。

表 2-1　智能分析层的自记忆特性与实现手段

自记忆特性	目标/意义	实现手段
抽象性	实现数据到信息的转换，提高数据存储和调用的效率	建立与分析目标相对应的特征提取算法和规则工具库

续表

自记忆特性	目标/意义	实现手段
选择性	提高数据存储和调用的效率	以事件为导向和变化为导向的存储方式
归纳性	实现信息的聚类	适用于不同数据特性的聚类算法模型工具
关联性	挖掘不同聚类信息内的特征与结论的相关性,作为决策的依据	关联性挖掘算法工具
时序性	与设备状态和活动变化相匹配,更新信息的权重	自适应性的特征提取,以及与遗忘因子的结合

　　智能分析技术可利用状态监控数据、维修历史数据、传感信号等数据用于设备故障诊断和健康管理(prognostics and health management, PHM),智能分析层必须拥有自适应优先级排序、数据分析数据集、智能数据重构、自记忆系统的整体设计与集成、智能动态链接索引等重要技术。智能分析层的信息处理、存储和调用流程如图 2-13 所示。

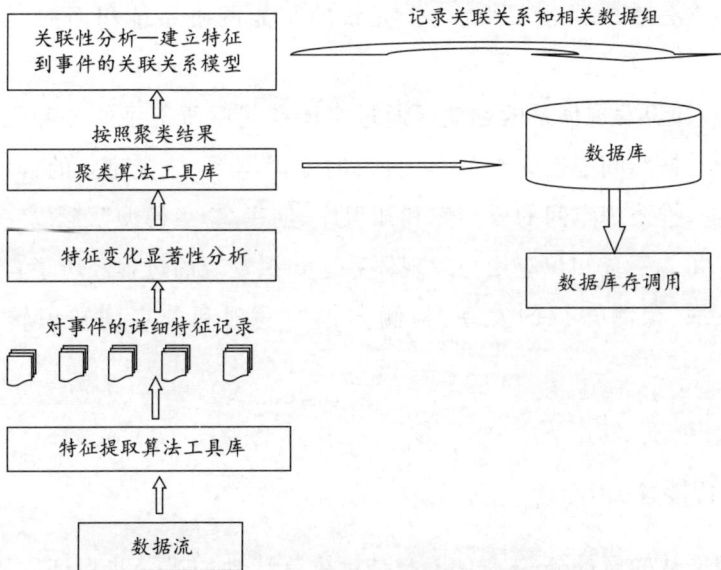

图 2-13　智能分析层的信息处理、存储和调用流程

2.3.3 智能网络层

智能网络层(cyber level)建设的目标是能够在多维条件下对不同目标的未来状态进行定量评价、关联分析、影响分析和预测,最终实现协同和自优化的目标。智能网络层需要做的是对赛博—实体系统的需求,针对设备、环境、活动构造的大数据环境进行建模和数据分析,挖掘、预测、优化获取的信息和知识,与设备的设计、测试和运行的特征相结合,最终整合产生了与实体空间深度融合、实时交互、相互耦合的赛博空间,并且在赛博空间中形成环境模型空间、个体机制模型空间、群体模型空间、知识推演空间,从而支持赛博空间知识对实体空间活动的定位。智能网络层的实现包括空间模型的建立和知识发现体系的创建。

(1)空间模型的建立。对环境空间、个体空间、群体空间、知识推演空间建立有效的模型,形成一个完整的智能网络系统和面向对象的空间。

(2)知识发现体系的创建。通过实体空间中所记录的各种数据及信息在赛博空间建立完整的、可自学的知识体系,结合建立的群体、活动、环境、推演等空间的模型库和知识库,创建"孪生模型",形成完整的赛博—实体系统知识应用与发现体系。知识发现的过程经历了自省知识的发现、预测知识的发现、检测知识的发现和信息到知识转化的完成。

2.3.4 智能认知层

智能认知层(cognition level)是对决策活动的进一步保证,是对获得的信息进行更深一步的分析和挖掘。与传统的认知手段不同,智能认知层是在获取设备和活动的动态信息时不像传统的认知手段只进行单一变量的分析,而是根据信息的关联性和相关性进行动态的分析,这对保证分析结果的全面性和准确性提供了进一步的保障,从而能实现监控系统的自动化和智能化。智能认知系统包括评估与决策两个过程,评估过程就是面对复杂多维的环境,针对不同的需求对多源化数据进行动态关联、评估预测,最终形成"自认知"(self-cognition)能力,达到物、环境、活动的关联。决策过程是根据有效信息和数据的分析,做出较为准确的活动目标决策,赛博—实体系统的智能认知层在进行决策时能够综合考虑多环节和多部门的因素,不会出现这个环节或部门做到了最优决策从而损坏其他环节或部门的相关利益。智能认知系统会同时考虑整体环境下的决策,做到决策对整体来说都有利而无害。

专栏 2-4:机智云

机智云:全球领先的 IoT 数据运营管理

伴随着 5G、物联网、AI 等新兴技术发展,市场精细化、智能化需求不断提升,基于物联网技术的无人值守、短时租赁(分时租赁)商业模式与各零售服务行业深度结合,形成兼具行业属性的物联网商用场景,具有典型的"互联网运营＋线下设备"组合经营特性,需要使用智能硬件设备在线下做渠道覆盖,而这些智能硬件设备进入运营渠道的门槛相对于互联网产品要高很多,因此物联网商用场景涌入非常多拥有渠道优势的传统设备运营商。这些设备运营商的单个体量不会很大,但是整体总量非常庞大,且往往面临大额的设备、人力、时间、研发等投入时非常谨慎,迫切需要高技术、高保障、高安全的成熟 IoT 平台方案商来提供一站式服务。而机智云是国内首个物联网开发平台、首家技术孵化平台。

一、公司简介

机智云是全球领先的物联网开发和云服务平台、新型研发机构、国家高新技术企业,也是全栈(综合)物联网平台服务的领导者。公司 2017 年入选广东省第一批工业互联网云平台服务商,2018 年通过工业互联网云平台可信评估，获审广东省工业互联网应用服务平台供应商资质。公司拥有完善的大数据、安全运维、技术研发和售后支撑团队，机智云采用微服务架构，聚焦云计算、物联网、人工智能和大数据产业，为有需求的企业提供IoT产品全生命周期管理运营系统，涵盖连接管理、应用开发、BI系统、数据分析、设备管理、智能决策、金融计费与第三方系统互联等功能，同时平台开放API口，帮助企业打通内外部经营管理系统（CRM、ERP等），已服务交通物流、新能源、工业互联、医疗健康、消费电子等众多行业，并在多个行业实现市场覆盖率领先。

二、看清行业现状，提出优质解决方案

机智云在物联网领域以其丰富的经验和领先的技术，对行业现状有清晰的认知，并针对行业不足快速对症下药。机智云解决方案选配流程如图2-14所示。

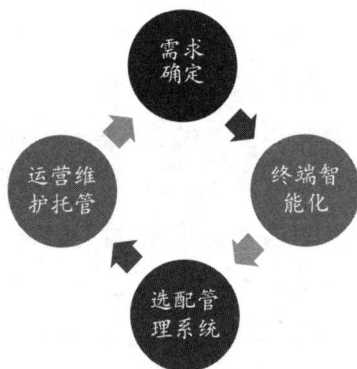

图2-14　机智云解决方案选配流程

第一，实现移动支付，保护资金安全。商用设备运营产生持续的现金交易，需确保资金安全。如投币式无人设备在不联网时，设备运营商需要花费大量人力清点维护硬币，存在被一线作业人员"顺藤摸瓜"却无从查证的资金安全风险。通过物联网远程操控和移动支付技术能彻底解决资金安全问题，同时由于移动支付的便捷性，还可有效提升客单价,继而提升营业收入。

第二,实时监控设备,确保稳定运营。商用设备运营需要确保设备持续在线,以创造稳定的营业收入。机器故障维修受制于场地分散、零配件不能及时送达等会直接影响营业收入。通过机智云可以帮助设备运营商实现设备数据实时上传到云端,自动完成实时数据分析和设备监测,设备故障报警功能在设备出现异常时会主动报警,提前发现异常运行情况,及时实现预测性维护,确保运营稳定,减少设备故障带来的收入损失,且不受地域限制,全国设备在一套后台统一管理。

第三,利用数据分析,优化运营策略。伴随着5G、IoT、AI等新兴技术发展,市场精细化、智能化需求不断提升,设备运营商对大数据赋予的增值收入需求增加,机智云提供的平台解决方案能够通过对投放设备进行监控、对设备数据和用户数据进行分析预测,可帮助设备运营商有效调整运营策略,分析最佳客户构成和区域,得出最佳运营策略,从而轻松获客及增加新的盈利方式,获得附加价值。

三、优势云集,锐不可当

通过物联网、大数据和移动支付技术,以软硬一体化SaaS平台技术切入,依托机智云的全栈PaaS云平台技术支撑能力,提供自助支付、设备管理、数据运营、分时租赁等软硬件一体化解决方案,能够助力商用设备实现物联网第三方支付集成、营收统计及运营分析、智能化数据采集与设备控制等服务能力,降低运营成本,提升运营服务水平,提高运营收入,助力传统零售服务、制造业转型升级。

机智云现已发展成物联网第三方云服务代表平台,处于整个产业链的核心位置。面向需要智能化转型的企业,机智云提供基于物联网、大数据和人工智能的技术,帮助企业简化开发和部署投入,提高生产效率,优化运营服务,降低经营成本,优化商业模式,为我国企业的智能化转型发挥了不可取代的作用。

资料来源:http://www.gizwits.com/

2.3.5 智能配置与执行层

智能配置与执行层(configuration level)能够打破以往设计的静态和应激性传统模式,将动态的、柔性的目标活动和感知决策体系进行一体化,在实体空间具有"自重构"(self-reconfiguration)的能力,进而变成"自成长"(self-growth)的生态环境体系。

把决策信息转化成各个执行机构行动的命令,实现决策到控制器的直接连接,智能配置与执行层实现的难度在于控制目标与不同控制器之间的通信与同步化的集成。智能配置与执行层包含自重构、实时控制、自免疫、鲁棒控制(robust control)与容错控制(fault tolerant control)、产业链协同平台等核心技术;包括自恢复系统、动态排程(dynamic scheduling)等关键技术;包含冗余设计(redundant design)、人机平台、控制优化、保障服务等相关技术。

从赛博—实体系统的 5C 技术构架中我们可以看出,从最底端的物理连接到数据信息的转化层,实现管理系统的自我配置、适应、优化。表 2-2 总结了赛博—实体系统每层的核心能力与技术。

表 2-2 赛博—实体系统的 5C 技术体系架构、技术、目标

目　　标	层级	技　　术
对决策的快速响应和执行,实现相同活动和环境中的个体之间密切配合和协同联动,以及资源高效分配	智能配置与执行层	核心技术、关键技术、相关技术、自免疫技术、动态排程、控制优化、冗余设计、实时控制技术、自恢复系统、人机平台、保障服务、产业链协同平台、状态切换

续表

目　标	层级	技　术
以目标结果最优化和价值最大化为导向,实现针对个体、群体和小区的协同优化	智能认知层	核心技术、关键技术、相关技术、决策链关联分析、参数优化、定制化服务、APP开发、动态目标、动态维度流程优化、信息可视化流程管理、分布式协同优化、策略优化、资产管理
实现多维条件下面向不同目标的定量评估、关联分析、影响分析和对未来状态的预测	智能网络层	核心技术、关键技术、相关技术、关联分析、数据挖掘、模式识别、影响分析、信息融合状态评估、线性/非线性回归、预测分析、机器学习、聚类分类、根原因分析
将抽象无序的数据转化成形象有序的信息,并根据信息的使用频率和相关性进行动态的智能排序、识记、重构和索引	智能分析层	核心技术、关键技术、相关技术、自适应优先级排序、信号处理、信息安全、数据压缩、智能动态链接索引、特征提取分布式存储信息编码、智能数据重构、聚类分类、数据库结构
基于任务需求和状态进行自适应和应激性的数据采集、汇聚、同步和传输	智能连接层	核心技术、关键技术、相关技术、应激式自适应、数据环网、数据传输、数据采集控制技术、自意识传输、数据编译、抗干扰

2.4 知识转化成生产力的动力——智能化

智能化一直都是人们讨论和思考的话题,在工业变革的热浪下智能化成为推动工业发展的关键因素。智能化是指在物联网、大数据、人工智能等新兴技术的支持下,技术所具有的能满足人的各种需求的属性。智能化的发展是社会发展的必然趋势,现在智能化技术应用的领域极其广泛，例如住宅智能系统、家居智能系统、医院智能系统等等，现在智能化在工业上的应用是人们努力的方向。

智能化是在信息化的基础之上，借助数据挖掘、分析等智能化技术对获取的信息进行更深程度的挖掘与分析，从而让得到的信息转化成更具有价值的知识，简单来说，智能化的过程就是"数据—信息—知识—价值"转化的过程，智能化的本质就是知识化。工业智能化是一个跨学科、多个领域知识结合，并在实践中不断检验的过程，数据技术（data technology，DT）、平台技术（platform technology，PT）、分析技术（analytic technology，AT）、人机交互技术（human-machine technology，HT）和运营技术（operation technology，OT）是工业智能的五大核心技术，见图 2-15。

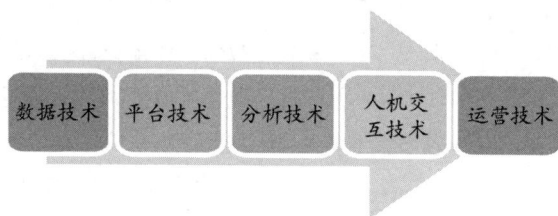

图 2-15　工业智能五大核心技术

（1）数据技术。数据技术解决工业数据品质差、情景性强和碎片化三个问题，这些问题对应的是赛博—实体系统中的智能感知层。数据技术一边进行不同数据源的收集，一边进行有效率的获取，从而提升建模质量，达到数据语境的同步。

（2）平台技术。平台技术是经由各种硬件技术来实现信号采集和计算，通过拓展边缘端的协同能力来支持生产线的自配置、设备集群和生产线的自组织的技术。云端平台的构建让人们担心的网络安全问题得到了一定程度的保障。平台技术主要支撑的是赛博—实体系统中的智能感知层、智能分析层到网络层的功能。

（3）分析技术。分析技术包括云端高阶分析和边缘（雾）端的管线式分析,对应的是赛博—实体系统中的智能分析层。边缘端的数据处理和储存能力有限,故对于云端分析来说,使用小数据量的数据流推理技术成为技术突破的关键。

(4)人机交互技术。未来的工作场所将进一步促进制造系统和人交互,未来的工厂将会面临大量的数据信息需要处理,这时就需要大量的机器帮助生产者进行更高效的信息筛选。

(5)运营技术。运营技术的优化是通过赛博—实体系统中的智能决策层来实现的,核心在于运营管理方法的升级,实现经验驱动生产向数据驱动生产转变。

专栏 2-5:和利时公司

和利时:用自动化改善人们的工作、生活和环境

近日北京大兴机场国际机场线引起了国内外各行业人们的高度关注,和利时公司也被更多的人关注。该机场道路项目采用和利时自主研发的 MACS·SCADA V4 软件系统平台,实现列车全自动驾驶、自动唤醒、自检、运行、清洗、休眠等全功能。该项目还首次采用 27.5kV 交流牵引供电,使得车辆最高时速可达 160km/h,实现城市轨道与大兴国际机场之间无缝换乘。这一项目正是和利时公司无数工作人员努力的结晶。这一工作的顺利完工,被誉为"北京市轨道交通建设新里程碑"。

一、公司简介

和利时在技术与商业模式上不断进取,坚持管理改进,提供自主技术、高品质自动化平台及解决方案,始终坚持以创新为本。在国内率先成功应用于核电站、大型火电机组、铁路提速和城市轨道交通等多种关键装备及重要工程,公司自主开发制造的信号系统和综合自动化系统在高速铁路和城市轨道交通方面获得广泛应用,公司核心产品 DCS 及 PLC 在核电、火电、石化、化工、轨道交通、风电、水处理、水利水电、煤炭、环保、建材、冶金、造纸、制药、机械制造等行业成功

实施的工程项目超过 10000 个，PLC 与驱动产品相继获得 CE、UL 认证，发展良好。集团产品通过直销、代理和分销网络遍及世界各地。这些业绩印证了公司的产品和技术在多行业应用的广泛性、可靠性以及多种领先优势。

二、数字工厂的三层构架

和利时公司的数据化建设基于 HolliCube 平台。HolliCube 拥有边缘计算、工业 PaaS、工业 SaaS 三层构架，如图 2-16 所示。

第一，边缘计算（HolliCube-edge）。具有连接各类工业现场设备，并支持多种物理连接方式和多种网络协议、将现场数据传输到云端的功能；同时还具备在网络边缘处或数据源头附近，将网络、计算、存储、应用核心能力融为一体的功能，实现现场数据的采集、控制、分析和优化，减少与云端间来回传输数据的时间与资源开销。

第二，工业 PaaS（HolliCube-PaaS）。为行业定制化应用开发提供一套可视化应用开发工具和组态工具；同时为平台运营者提供一套运营管理工具，大大降低运营管理成本。

第三，工业 SaaS（HolliCube-App）。提供给客户的典型应用，如面向装备制造商的设备云等应用，面向工厂生产过程的机器人管理、卓越运营等云应用。

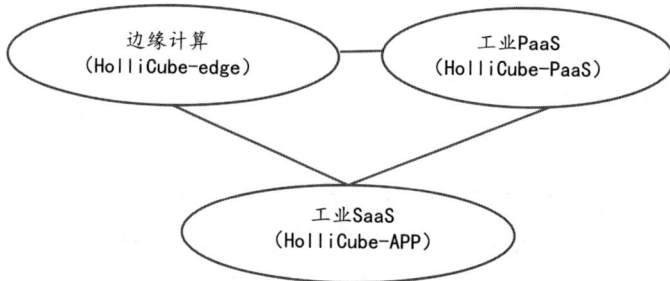

图 2-16　数字工厂三层构架

三、迈向智能制造从精益生产扎实做起

当今,中国工业正在从制造业向智造转型升级的路上,必须建立在高效的生产模式之上,而精益生产是第一步。现代化生产高度自动化、智能化,哪怕每个生产环节效率提高 1 秒钟,都能带来巨大的经济效益。和利时公司通过 MES(制造执行系统),实现对产品全生产过程的质量追溯和工厂全生产流程的智能化管理。公司现拥有多条 SMT、THT、FAT 及三防涂覆生产线,并配备立体库、芯片烧录、激光等自动化设备,以及 SPI 3D 检测仪、X-RAY 射线检测仪等先进的检测设备;生产制造能力达到行业内领先水平,年产各类别工控类模块近 100 万个。多年来,公司一直为一流的工业自动化厂商、铁路及核电安全系统厂商提供优质可靠的产品及服务。

资料来源:http://www.hollysys.com/index.html

2.5 智能工厂

无论是因为人口结构的变化,还是市场需求的变化,智能工厂的出现都将会是未来工业发展的必然趋势。未来的工厂必须以高效、敏捷和节能的方式来面对外部环境的不确定性变化,当制造业完成全部的数字化转型,即智能制造将得到实现,这时工作性质具有重复性的工作岗位将会由机器人来取代。智能工厂中将会分布大量的智能机器来支持各种生产任务,以非结构化的方式做出决策,将生产流程变得更具自主性。智能工厂是在数字化工厂的基础上,利用监控技术和物联网技术来加强信息管理服务,提高生产过程的可控性,合理计划排程和减少生产线工人干预;同时集初步智能手段和智能系统等新兴技术于一体,构建高效、绿色、舒适、环保等的人性化工厂。

2.5.1 智能工厂的三集成

横向集成、纵向集成、端与端集成是智能工厂的三集成，如图 2-17
所示。横向集成是避免供应链中出现"牛鞭"效应的基础，指的是企业
从上游到下游之间的供应需求信息的双向沟通，主要是由 SRM、
CRM、SCM、数字化营销渠道等系统间的集成实现的。纵向集成指的
是企业与行业所在的价值链中，计划、组织、决策、执行、控制、反馈的相
互交流沟通，主要是由 SCADA、ERP、SCM、MES（MOM）等系统间的
集成来得以实现的。端到端集成起于市场，止于市场产品研发和制造
服务体系，整个产品链和资产链中，产品信息和资产信息的双向传递，
确保在正确的时间，给合适的人提供合适的产品或资产信息，主要是由
MES、PLM、ERP、BOM 等系统间的集成来实现的。

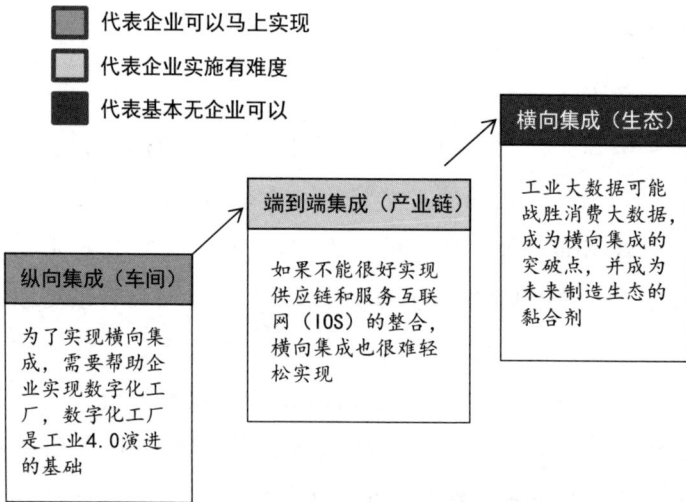

代表企业可以马上实现
代表企业实施有难度
代表基本无企业可以

横向集成（生态）

工业大数据可能
战胜消费大数据，
成为横向集成的
突破点，并成为
未来制造生态的
黏合剂

端到端集成（产业链）

如果不能很好实现
供应链和服务互联
网（IOS）的整合，
横向集成也很难轻
松实现

纵向集成（车间）

为了实现横向集
成，需要帮助企
业实现数字化工
厂，数字化工厂
是工业4.0演进
的基础

图 2-17 智能工厂的三集成

资料来源：工业 4.0 研究院

专栏 2-6 : 尚品宅配

尚品宅配：客户定制自己的家具

现在人们都在追求着个性化的东西,希望自己所拥有的东西能够体现自己独特的个性。以前科技不发达的时候,人们对商品只能是被动接受,而现在却不一样了,现在制造商必须把客户的需求放在第一位,必须考虑到不同的消费者对产品不一样的需求。尚品宅配就是一家在家具方面能够满足不同的消费者需求的家具定制公司。

一、公司简介

尚品宅配成立于 2004 年,是国内第一家采用数码科技,为用户提供定制化家具服务的公司。尚品宅配是从成立开始就依托于高科技创新迅速发展的家具企业,是家具行业内服务知名的企业。尚品宅配以"打造中国整体定制家具品牌"的企业愿景,不断推出时尚的、有品位的,适合东方人家居生活的新产品,始终践行用"崇尚品质,时尚品位"的方针引导整体定制家具,力求为广大消费者提供满意的、有个性的整体家具定制产品和为投资者提供具有竞争性的加盟创业平台。尚品宅配拥有不同风情的设计风格、良好的定制家具服务,每一种方案展示都有其独特性。家具所用的材料总是选择最优质的板料,防潮效果和隔音效果也是比较好的。尚品宅配拥有良好的售前服务,前期的上门量尺寸,出设计图都是免费的。

二、实现真正的定制化

尚品宅配对于一家宅配公司而言,要卖给用户家具,必须站在顾客角度思考,其真正的价值需求不仅仅是家具,而是家具所带来的居家生活的幸福感受与品位。尚品宅配通过分析家居龙头企业——宜家,总结出经验:宜家把家具卖场设计成家里房间的样子,使顾客在购买家具的时候仿佛置身于自己未来的家中。因此,宜家展示给用户的和卖给用户的就不再是家具,而是居家的体验。但是宜家这样的方式依然不是完全的定制化。首先,展示的空间并不与顾客的居家空间完全契合;其次,在卖场的有限空间里给顾客展示的设计也很有限。因此,很多人到朋友家做客的时候会发现朋友家的家具样式和摆设非常熟悉，因为他们刚好参照了相同的宜家展示方案，所以同质化比较严重。而尚品宅配将实体的卖场搬到了网上，并且通过数码技术将顾客家的空间也搬到了网上，用户可以在高度仿真的三维成像技术的帮助下选择不同的家具摆放在"虚拟的家"中，挑选符合自己生活哲学和品位的搭配风格。尚品宅配的创新矩阵如表 2-3 所示。

表 2-3　尚品宅配的创新矩阵

需求	不可见	未满足	定制的居家感受	定制化、可视化的设计和安装程序	基于网络与数码技术的在线虚拟装修体验
	可见		与健康和舒适程度相关的质量	定制的家具	居家体验分析与社交网络
		已满足		丰富的样式设计	C2B 和 B2B 的体验门店
		已服务		未服务	
			可见	不可见	
			用户/市场		

三、服务方式的多样化

尚品宅配为用户提供服务的方式也是多种多样的，这样能够满足不同消费者的时间安排，做到真正地为客户着想。

第一，用户预约，服务人员上门定制。设计人员会在用户网上预约之后上门量尺寸，根据所采集的数据建立房屋空间的立体模型。顾客随后可以到体验门店在自己的房屋模型中放入虚拟的家具，从而感受不同风格和不同布置下的效果；顾客也可以选择设计师推荐的设计方案。在完成在线的设计后，顾客可以立即在线下单，订单立刻传送到工厂开始生产。用户还可以在线跟踪生产进度和修改订单，是真正的从测量、设计、生产到布置的完全定制化解决方案。

第二,"我家我设计"APP,做到自主设计。下载之后利用手机APP测量房间尺寸后快速绘制出自家的平面户型图,软件随后自动生成家居的三维立体环境,用户可以轻松选用海量家具建材,在立体环境中进行虚拟装修和在线下单。如果还想偷懒,尚品宅配还提供上百个房间的经典户型图供选择。

第三,线上寻找设计师帮助完成新家的定制。用户可在尚品宅配平台上线上预约设计师,在报名成功后将自动生成需求点,用户可以解说需要的设计要求并上传户型图,然后设计师会在线与顾客沟通,共同制定设计方案。三个工作日后,一个完整的方案就会提供给用户,待用户确认后即可由设计师完成网上下单。

尚品宅配的运营模式既能够满足大众化需要,也能够使客户体验自主设计的快感,从数据、平台入手,真正做到线上线下同步进行,为客户提供精准服务。

资料来源:http://jiancai.homekoo.com/news-4307

2.5.2 智能工厂的新架构

智能工厂需要实现信息技术、操作技术、设备技术、自动化技术的融汇,并以工业大数据分析作为核心的全周期服务,以工业互联和智能作为核心的产业协同。基于SupOS工业操作系统形成的智能工厂建设的新架构(以炼化行业为例)如图2-18所示。工业操作系统SupOS是智能工厂建设新架构的核心,它帮助企业实现信息全部集成,搭建全集成的工业大数据平台,以数字化、智能化、集成化等先进技术手段解决生产的控制管理和企业经营等综合性的问题。

智能工厂集工业云平台、工业大数据平台、工业控制平台和工业模型平台等为一体,工业云平台在云端提供远程诊断、生产物流跟踪、生产操作与控制优化和产品质量认知追溯等服务,工业云平台方便用户以低成本获取高价值服务和优化建议,帮企业提供经济可行的智能化转型;工业大数据平台主要利用智能设备、自动化系统和信息管理软件等进行数据的储存,工业云平台可实现一个多元数据混合和信息融合平台的快速建设;工业控制平台将会真正发挥企业在自动化层面的协同、优化作用,实现自动化基础系统之间的互相联通和控制,实现过程控制、生产管理、环境监测、消防安全等的一体化;工业模型平台作为智能工厂建设的核心,是智能工厂运行优化的中枢系统,单从生产管控来看就包含生产计划模型、能源平衡模型、生产计量模型等等,它支撑了工厂各层管理业务的协同优化。

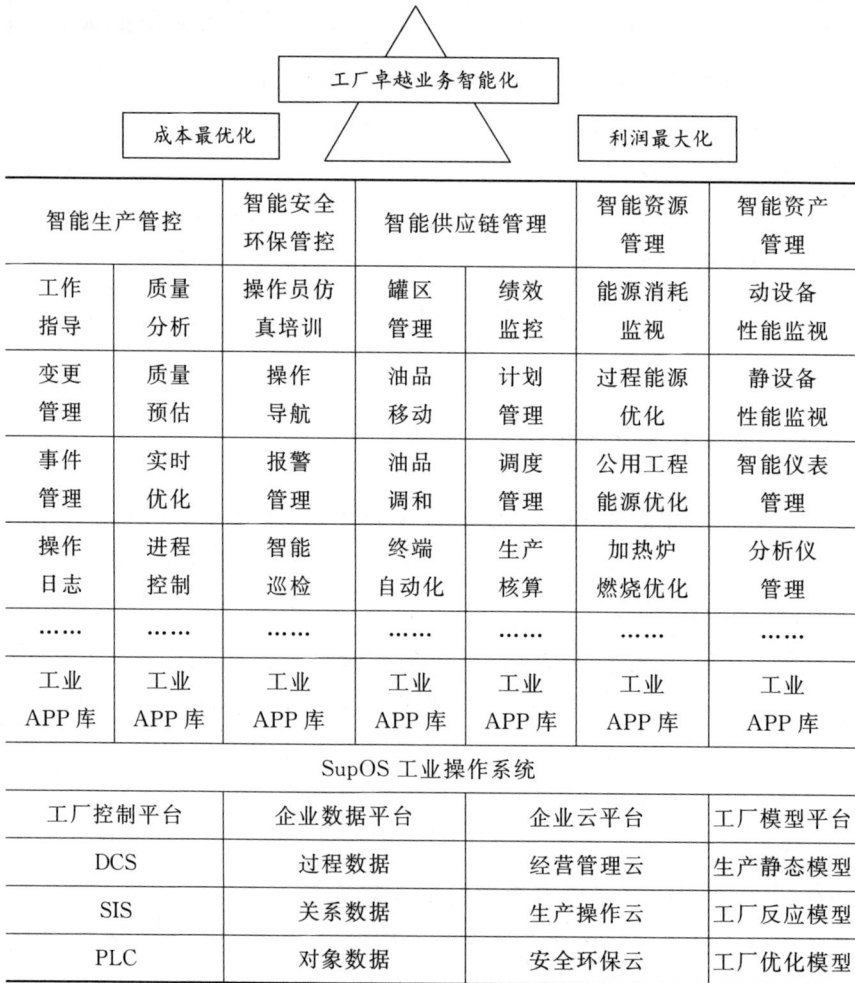

工厂卓越业务智能化

成本最优化   利润最大化

智能生产管控		智能安全环保管控	智能供应链管理		智能资源管理	智能资产管理
工作指导	质量分析	操作员仿真培训	罐区管理	绩效监控	能源消耗监视	动设备性能监视
变更管理	质量预估	操作导航	油品移动	计划管理	过程能源优化	静设备性能监视
事件管理	实时优化	报警管理	油品调和	调度管理	公用工程能源优化	智能仪表管理
操作日志	进程控制	智能巡检	终端自动化	生产核算	加热炉燃烧优化	分析仪管理
……	……	……	……	……	……	……
工业APP库	工业APP库	工业APP库	工业APP库	工业APP库	工业APP库	工业APP库

SupOS 工业操作系统

工厂控制平台	企业数据平台	企业云平台	工厂模型平台
DCS	过程数据	经营管理云	生产静态模型
SIS	关系数据	生产操作云	工厂反应模型
PLC	对象数据	安全环保云	工厂优化模型

图 2-18　工业智能工厂建设的新构架

资料来源:https://www.iyiou.com/p/93289.html

```
章末案例
```

陕西航空硬质合金工具公司：机床刀具的预测性维护

刀具的剩余寿命和磨损情况是不可见的信息，在过去，操作员只能凭借经验规定一个统一的切削时间，或者通过观察切削火光和声音来判断刀具状态。这样很有可能会出现对刀具剩余寿命做出不准确的判断，一旦做出误判就会带来一定的损失，而且往往会需要大量的人工进行监控，使人力资源产生了极大的浪费。随着技术的发展，出现了无忧刀具，节省了资源的浪费，也提高了工作效率。而陕西航空硬质合金工具公司就是运用互联网技术进行无忧刀具的预测维护。

一、公司简介

陕西航空硬质合金工具公司是隶属中国航空工业，将科研、生产、贸易融为一体的专业化企业。公司致力于硬质合金制品、硬质合金刀具、精密量具系列产品的生产。公司从成立至今四十多年来，专注于为航空、航天、汽车、重型机械等行业设计、研制、生产多种专门切削难加工材料、复杂型面和高精度加工表面的硬质合金特种刀具及高速钢复杂刀具。公司新型技术的研发填补了国内焊接式硬质合金螺旋立铣刀的生产空白，减少了上百种数控加工刀具的进口，为我国的刀具加工企业的智能化做出了不可忽略的奉献。自20世纪80年代以来，公司就拥有长远的目光，花费上亿元引进了数控工具磨床、数控外圆磨床、数控加工中心、数控光学曲线磨床、超硬刀具磨床、低压真空烧结炉、真空碳化炉、喷雾制粒机等几十台具有国际先进水平的加工设备，更新数百台先进的加工机床和检测设备，建立了计算机辅助设计系统和计算机管理网络。公司研发团队和技术团队始终尽心尽力工作在科技开发、生产制造、质量保证及市场服务等各个环节，充分发挥企业的科技、生产、贸易实力，以满足客户需求。

二、机床刀具的重要性

机床加工的核心部件是用来切削工件的刀具,其直接影响加工工件的质量。在加工的过程中,刀具会随着切削工件的量而逐渐磨损,造成加工效率和质量的下降;当磨损达到一定程度后需要更换,否则会导致生产事故,严重的会导致主轴故障,造成更大的损失。影响刀具寿命和稳定性的因素很多,如刀具的材料、结构、涂层,加工机床的性能、工件的材料、结构、加工冷却效果,以及场地环境等,这些因素在加工的过程中十分复杂且在管控上具有难度,进而影响刀具寿命或平均寿命波动异常。传统刀具寿命管理的痛点和瓶颈在于无法精确预测刀具加工过程中的正常磨损、崩刃、断刀等状况,只是通过加工者的经验,掌握刀具的加工时间或切削长度来进行刀具寿命管理,然而过早淘汰刀具将会造成成本的增加,过晚淘汰刀具又可能造成品质异常,甚至可能造成重大损失。

在传统的机械加工行业中,刀具的健康状态是通过人员针对切削的颜色、加工时长以及加工过程中产生的噪声与线下测量等方法判断,需要大量的检测时间和人力资源成本。另外,传统的数学分析模型在高频数据的来源与多种影响因素的状况下难以满足实际的需求。企业需要一定的人力进行品质的检测和监控,并承担异常品的损失。因此,工厂需要刀具寿命监控及预测的机制来提高切削加工的效率及品质,这时无忧刀具产生了。无忧刀具的技术实现路径如表2-4所示。

表 2-4　无忧刀具的技术实现路径

		无忧刀具:零宕机、零次品、零浪费
前后对比	刀具:提前预设寿命但造成浪费,事后诸葛亮	加工过程可监测、可量化,减少不确定性,基于数据指导换刀,使用寿命最优化
解决	刀具:管理凭经验法则、统计,加工过程主要靠人员监测,人工判断	无忧刀具:切削过程可监测、可量化,刀具过快的健康衰退仍然可通过特征捕捉到,避免异常断刀

三、无忧刀具的实现路径

刀具作为切削过程中的直接执行者,在工件的切削加工的过程中不可避免地会出现磨损、崩缺、断刀等现象,刀具状态的变化直接导致切削力增加、切削温度升高、工件表面粗糙度上升、工件尺寸超差、切削颜色变化以及切削震动的产生等。因此,需要利用工业智能技术对庞大数据进行分析建模,解决刀具寿命监控和预测的问题。为了有效地进行刀具寿命监控和预测,首先需要在数据技术(DT)方面部署边缘端智能硬件于目标机床,对采集的原始数据进行信号处理和特征提取后传送至拥有高运算能力的专业云计算平台。依托边缘计算技术,提取能够表征刀具衰退状态的400多个关键特征,极大地压缩了传输的数据,有效减轻了数据传输和计算的负担,降低了通信等基础设施的投资成本。数据采集完毕后,在建立模型前先评价数据可用性,使用有效的信息建立数学模型和参数训练,避免质量低劣的数据影响预测模型。

四、建立数据分析模型

陕西航空硬质合金工具公司通过采集传感器与控制器的高频数据以及 PLC 低频数据,包含振动信号、电流信号、加工单节、加工时间等数据,进行数据的前处理、分割、特征提取后,取出不同种类的时域和频率特征集,并使用不同的自动化特征筛选方法进行特征选择,建立刀具的磨损量评估模型,并基于刀具磨损量的评价结果建立刀具剩余寿命预测模型。最后将该模型部署于服务平台,进行上层应用的定制化界面开发,提供接口供指定刀具传输实时数据,实现刀具剩余寿命监控及预测功能。刀具寿命监控及预测技术架构包含数据技术(DT)、分析技术(AT)、平台技术(PT)、运营技术(OT)等领域内容,如表 2-5 所示。

表 2-5　刀具寿命监控及预测之技术架构

DT	AT
部署边缘端智能硬件,通过总线通信方式采集机床的 PLC 低频数据,同时通过外接传感器采集主轴电流和振动的高频数据	评价数据的可用性,为后续建模提供性能保障; 建立刀具的磨损量评估模型,提供刀具磨损量评价功能; 基于磨损量的评价,建立刀具剩余寿命预测模型
OT	PT
在线监测与预测性维护系统,可协助人员监控刀具状况,能有效地运用平台管理刀具订购及生产规划,且提升人员的工作效率。	建立刀具在线监测与预测性维护系统,将模型部署于平台上,实现刀具衰退的实时监控

五、结论与启示

第一,拥抱技术,降低成本。公司通过刀具寿命监控及预测维护系统,可以最大限度地降低维护成本,同时优化产品品质。根据初步统计,所带来的效益为降低 60% 的意外停机时间、减少 50% 巡视监控机台状态所需的人力,并且质量缺陷率从 0.6% 降至 0.3%,每年节约 16% 的刀具成本。

第二,升级研发,走自主创新的道路。公司注重对新技术的研发,坚信新技术的研发会给公司带来效率的提升。只有拥有过硬的技术,才不会被这个复杂多变的市场淘汰。把核心技术掌控在自己的手里,这才是发展的硬道理。公司始终坚持自主创新,走在行业的前沿,为客户提供满意的产品。

第三,始终以满足客户需求为目标。公司以满足客户要求建立了计算机辅助设计系统和计算机管理网络,新建和改造了十多条生产线。

公司拥有数百名专业技术人员和近千名技术工人,员工尽心尽力工作,为产品质量、科技、生产提供保障,努力研发和创造出令用户满意的产品和服务。

资料来源:陕西航空硬质合金工具公司 https://sytools.d17.cc/

第三章

工业互联网平台与工业 APP

新一轮的全球技术创新和工业变革正在蓬勃发展，制造业再次成为全球经济竞争的焦点。世界主要发达国家正在大力推动制造业转型，德国正在基于丰富的自动化基础设施促进工业4.0。在实施先进制造战略的同时，美国正在积极开发工业互联网。同时，法国、日本、韩国、瑞典等也制订了制造业振兴计划。各国新制造业战略的核心是通过建立新的建造方法和发展模型来促进传统制造业的转型，并重建制造业强国的新优势。数字经济浪潮统治着世界，加速了传统产业的转型与升级。互联网的发展极大地改变了人们的生活方式，建立了新的信息产业系统，通过技术和模式的创新，不断渗透到传统领域，为世界经济的增长增添了新引擎。随着数字经济与实体经济加速融合，互联网技术、理念和模式将向更多的实体经济领域渗透，为传统产业变革带来巨大机遇。制造业转型和数字经济浪潮融合在一起，云计算、数据信息技术和制造技术、工业知识的集成创新不断发展，工业互联网平台和工业应用程序应运而生。

在互联网这个产业链，谁掌握用户，谁得天下。

——360公司董事长　周鸿祎

开章案例

"海尔 COSMO Plat"：构建工业大规模定制平台

随着互联网使用范围的扩大，世界正逐渐向着不可见的世界延展，在人们生活、工业发展看不见的地方，互联网却能够到达。现如今工业物联网快速发展，逐渐向制造领域加速渗透，驱动工业系统从物理空间向信息空间延伸。由此，制造数据的规模、类型和速度以指数方式增长，企业需要依靠数据进行大量的生产、制造、研发、运营等，而工业领域极其复杂，工业知识也极具特性，大型企业推动的常规应用创新模型很难满足大规模制造公司的精度和异化需求。数据集成、业务交互和开放式创新就成为工业互联网平台快速发展的关键驱动力。

一、公司简介

海尔数字科技（上海）有限公司成立于 2017 年，公司的业务范围涉及数字科技以及互联网技术等，其所推出的 COSMOPlat 平台成为2018 年工业互联网平台的一大亮点。此平台的最大特点就是用户可以参与整个生产制造流程。此外，COSMOPlat 平台还打破了传统的行业领域限制，通过整合海量数据实现了跨行业、跨领域的业务融合。更值得注意的是，COSMOPlat 平台的生产制造模式是首个中国企业自主研发制定的工业模式，在全球范围内打造了具备中国特色的商业模式。据悉，目前海尔正在全球建立大型互联网工厂，为中国各大制造企业转型升级提供重要的支撑力量。

二、乘风破浪，构建工业大规模定制平台

当涉及平台技术时，用户越多，生态系统越大、越完整，平台的生存能力、可持续性和创新能力就越大。海尔 COSMOPlat 不仅使用户参与了大规模定制的全过程，而且使体验迭代成为可能。作为一个开放

平台，海尔 COSMOPlat 能够提供社会化服务，使用外部接口将硬件和软件资源集成到平台中，使所有旨在进行企业转型的公司都可以享受到这种制造服务，为客户创造最佳的可复制体验，以便接入公司可以更快速、更准确地深入供应链和生产流程中的大规模定制，建立"规模＋个性化"的工业形式，减少试错成本，提高生产效率，减少库存压力。与其他工业互联网平台相比，海尔 COSMOPlat 还支持用户通过社交互动为产品构想、研发和制造添加完整周期，实现供需并行和大规模定制，解决批量生产和个性化需求的矛盾；结合"主平台＋子平台"的平台体系结构、平台内外的应用程序，将主平台的通用功能和子平台定制服务功能联合起来，为工业互联网应用提供有效手段，以此形成垂直行业的产业生态。

此外，海尔 COSMOPlat 平台利用"解决方案业务＋应用程序开发人员＋用户"创新资源，采用"双重创意"方法，将海尔的员工、合作伙伴、社交资源、最终用户和全球资源聚集在一起，在此平台上开展业务，并吸引了越来越多的制造商、资源和开发人员。通过 COSMOPlat，海尔公司实现了不同领域业务的深度融合，将资源、企业和用户三者有效连接在一起，如图 3-1 所示。

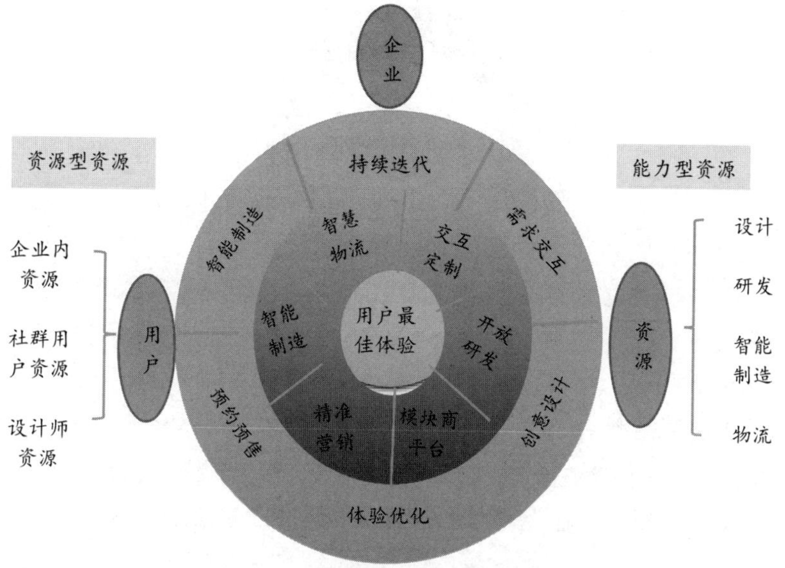

图 3-1　海尔 COSMOPlat 规模定制模式

对于用户而言,海尔 COSMOPlat 涵盖定制的整个过程,所有资源都可以直接相互连接,每个节点都可以实时接受自己的意见,并且可以很好地满足产品定制需求。在大规模定制过程和交互过程中,用户通过持续的用户交互提出产品需求和想法,将其作为资源类型的资源,并将用户需求设计和商业化为能力类型的资源,以进行设计和研发。

三、深挖技术创新,增强企业核心竞争力

技术是平台开发的动力。近年来,新兴信息技术与工业互联网平台的深度融合已成为未来制造业发展的趋势,海尔集团充分利用信息技术实现制造模式的转型升级,其功能模块如图 3-2 所示。

图 3-2　海尔企业功能模块示意

　　在建立和传播工业互联网平台这一技术密集且复杂的新兴产业的过程中,有必要积极整合各种新兴技术。这是一个探索工业互联网平台和技术利用的时期,新技术和平台的融合将越来越紧密。海尔COSMOPlat 平台目前正在引领这样的趋势,在融合新兴技术和平台方面取得了重大突破。海尔工业情报研究院的科学技术创新团队已经建立了从联合研发到技术验证、产业落地和闭环的技术研发体系,重点研究工业互联网的重要通关技术,旨在通过支持对海尔 COSMOPlat工业互联网平台的持续升级,使海尔智能实验室成为行业研究合作的创新组织。2018 年海尔 COSMOPlat 技术创新团队承担了 10 个技术攻关和国家项目。科技创新小组依托大型研究中心,重点研究机器人技术和系统工程、数字工程、物联网和人工智能技术,为企业升级提供技术支持。同时,平台还要求模块商与供应商满足 5 种能力,如图 3-3所示。

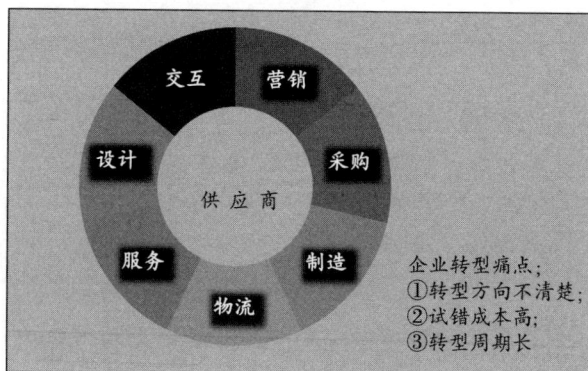

图 3-3 海尔企业供应商转型方式

四、结论与启示

第一,实现了共创共赢生态圈。海尔将自己的核心工业互联网模型和资源上传,然后通过 COSMOPlat 共享海尔模型和资源,同时为数千家公司提供使用该平台的服务,可用于在智能制造行业内部和外部之间进行企业升级,实现共创共赢新生态体系。

第二,形成了用户、资源、企业的三元结构。目前,诸多企业采用海尔 COSMOPlat 平台提升了制造效率。平台利用所收集的海量资源实现了资源、用户和企业的一体化。同时,海尔 COSMOPlat 还有助于电子领域和汽车制造领域等的产业转型与升级。

第三,赋能产业升级。面向服务的制造业是世界一流制造业转型发展的重要趋势,它促进了制造业的技术创新和管理创新。作为工业和信息化部第一个服务型制造业示范企业榜单的候选人,这表明海尔多年来一直致力于改变制造业。此外,面向服务的制造业将帮助公司建立覆盖用户和产品整个生命周期的生态圈,并实现共同创造、共同繁荣和协作创新,从而为中国制造业增加新的开发价值和收益。

资料来源:

1. COSMOPlat 官网

https://www.cosmoplat.com

2.《服务型制造之供应链管理：海尔 COSMOPlat 模式》

https://www.sohu.com/a/227570540_185201

3.《全国首家！海尔 COSMOPlat 获批国家级工业互联网示范平台！》

http://www.sohu.com/a/224449853_180284

4.《海尔 COSMOPlat：乘风破浪 赋能国家产业转型升级》

https://b2b.haier.com/information/12906.html

3.1 工业互联网平台

3.1.1 工业互联网平台的内涵

（1）工业互联网平台的定义

工业互联网最初是由美国提出的，数字经济时代的到来使得工业互联网逐渐进入人们的视野。工业互联网通常由网络、平台和安全三大体系构成，在这一体系中，网络是基础，平台是核心，安全是保障[18]。那么，处于工业互联网核心位置的工业互联网平台到底指的是什么呢？根据工业和信息化部的定义，工业互联网平台是指为实现制造业的数字化和智能化的转变而建立的一个基于大量数据收集和分析的服务系统，是促进资源的有效配置，推动制造业高质量发展的工业云平台[18]。工业互联网平台是优化制造资源配置的核心，平台的本质是在对海量工业数据的收集、分析和处理的基础上，开发出覆盖产品全生命周期的创新性应用，优化制造产业，推动工业领域产业转型升级。

（2）工业互联网平台之三大核心层、四大功能

首先，工业互联网平台包括边缘层、平台层（PaaS）和应用层（SaaS）三大核心层[18]。其中，应用层是关键，其作用机制是为不同行业、不同场景的企业开发工业 APP，形成工业互联网平台的最终价值，为企业创造价值。平台层是核心，其作用机制是通过（PaaS）与大数据处理、数据分析、工业微服务等多种创新功能的结合将传统工业软件和既有工业技术知识相融合，实现数据的深度分析。边缘层是平台的基础，其作用机制是通过大规模和深度的数据收集为构建工业互联网平台的数据库建立基础[18]。

其次,工业互联网平台包括连接性、云服务、知识积累和应用程序创新等四个功能[18]。其中,连接性是指平台能够将设备资源和人员的数据收集并有效连接在一起。云服务以云计算结构为基础,完成数据的存储和处理。知识积累即通过数据分析能力实现工业知识的积累和复用。应用创新提供开放的工业 APP 开发环境,并开发工业 APP。工业互联网平台功能架构图如图 3-4 所示。

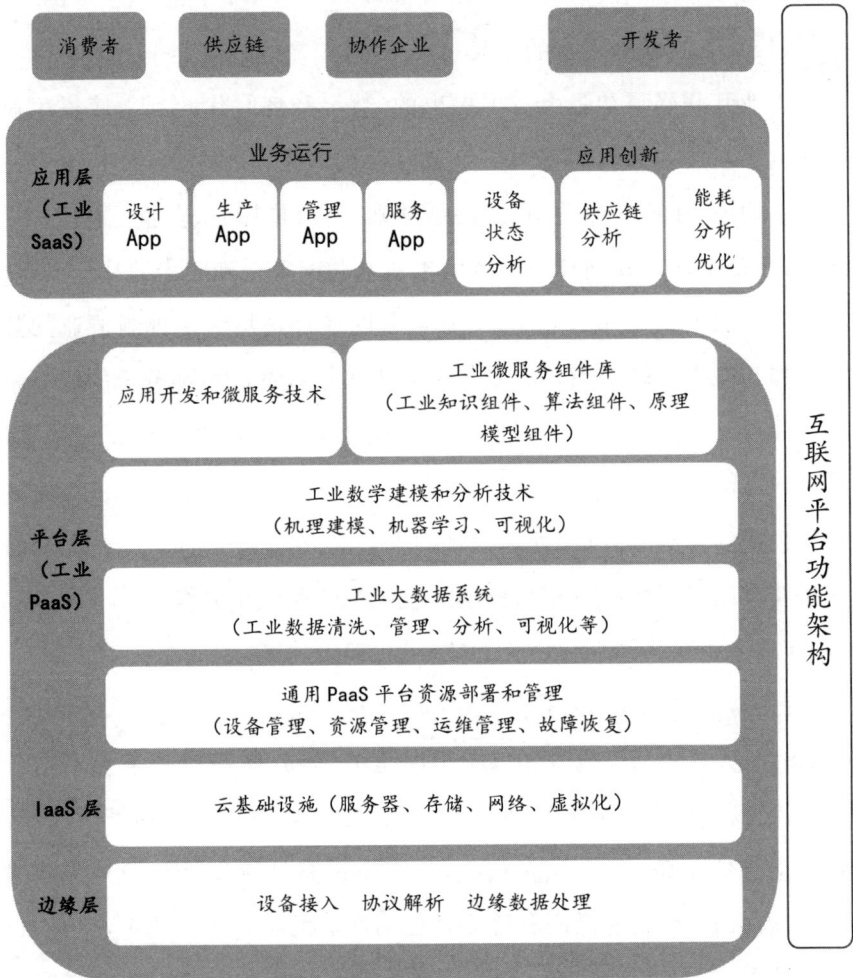

图 3-4 工业互联网平台功能架构图

资料来源:《工业互联网白皮书 2017 年》

专栏 3-1:兰光创新

兰光创新:构建物联网产业生态圈

云计算、AI 和软件技术的进步已将传统的软件系统转变为云计算系统或其他小程序智能系统。据统计,2018 年中国的 IT 专利同比增长 10.8%,数字经济规模为 31 万亿元,占中国 GDP 的 1/3。软件创新技术逐渐成为促进中国信息化产业发展的重要驱动力。而兰光创新正是走在了软件创新技术领域的前端,为我国软件创新技术的发展贡献了一份力量。

一、公司简介

北京兰光创新科技有限公司成立于 2002 年,总部位于北京中关村软件园,在成都、西安和杭州设有子公司和分支机构。公司的使命是秉承"真诚、尊重、创新、合作"的真诚价值观,"致力于制造信息化,共同创造大国的梦想",公司一直在努力帮助建立国际智能工厂。作为一家专业技术公司,兰光创新为众多制造企业提供智能工厂解决方案,产品包括制造执行系统、设备系统等,其社会服务涉及航天军工和机械制造等领域。兰光创新的 MES 拥有海量用户资源,是目前国内智能制造领域的龙头产业,其市场占有率在物联网领域遥遥领先。公司于 2018 年被授予"智能制造系统解决方案供应商"称号,并获得"北京市软件认定企业""北京市高新企业""海淀区创新企业"称号,先后荣获"中国制造业信息化优秀推荐产品""中国工业软件优秀产品奖"等荣誉。

二、完善 IoT 布局,构建物联网产业圈

设备物联系统作为产业数字化升级的基础,在工业互联网领域和 CPS 赛博物理系统中应用得尤为广泛。兰光创新的 MES 与智能设备的通信正是通过设备物联网系统来进行的,运行过程如图 3-5 所示。

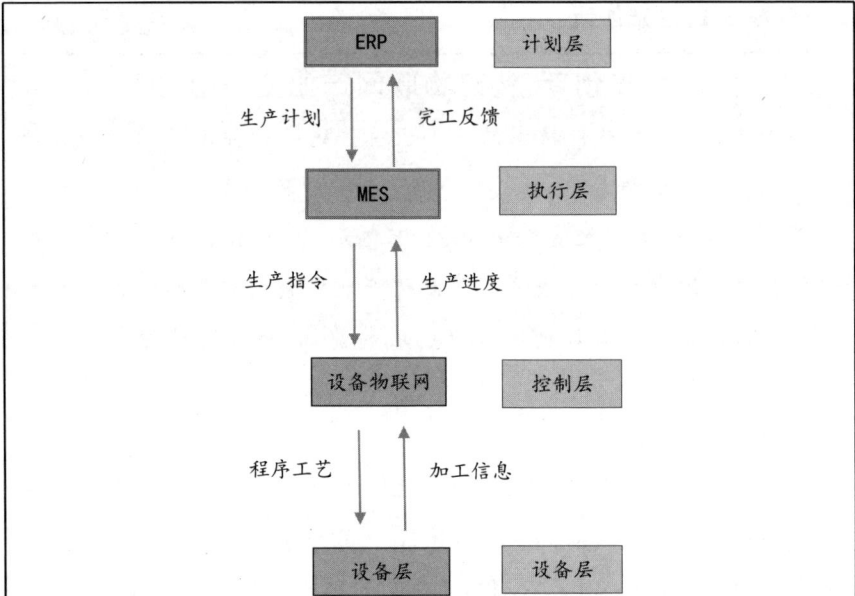

图 3-5　设备物联网在智能工厂中的位置

　　兰光设备物联网系统是企业实现智能制造中心的桥梁。该系统从主机系统接收测量指令，并将诸如生产指令和数控程序之类的信息传达给车间现场和设备，同时传输和获取有关设备和生产的实时信息，并通过计算和分析反馈给 MES 之类的系统，成为 MES 和 ERP 之类的系统决策的基础。

　　兰光设备物联网系统是兰光创新在智能制造方面的十余年研发和实施经验，以"德国工业 4.0"和美国通用工业互联网等先进概念为基础，为中国制造商提供智能设施的互联网系统。该系统具有传统意义上的诸如 DNC（机床网络）、MDC（机床监视/数据收集）之类的功能，以及各种数字机器，例如热处理设备、机器人、汽车和自动化的垂直仓库。在工业大数据分析的基础上，可以为处理智能管理和工业数据分析的用户提供智能决策支持系统。

第一,兼容性强,传输稳定。在设备数据收集中,除数据收集外,该系统还支持各种数字设备,例如热处理设备(压铸、热处理、涂层等)、机器人、生产线、自动化生产线以及各种 PLC(例如三菱和OMRON)设备,能够适用多个应用场景。该系统具有长时间连续运行的稳定性和可靠性,可防止中继,确保 365 天无故障运行,程序传输稳定可靠,有效地提高传输效率且容错率低,为客户的数据采集、传输与分析需要带来极大的助力。

第二,采集功能强大。一台计算机可以同时采集多台计算机的实时状态,并以标牌的形式实时检查所有计算机的状态、运行状态和故障状态等信息,实时了解机器工作表和设备处理时间。

第三,提高编程效率,避免程序错误。系统配备了程序编辑,数值计算、文件比较、程序模拟等功能,极大地提高编程效率,迅速发现错误并避免程序错误。多年来兰光创新一直倡导自主创新,在智能制造和工业互联网领域取得了重大突破。未来,兰光创新将利用专业的技术实力和丰富的制造经验,为用户提供更完善的产品和服务,为中国的智能制造和工业互联网转型升级贡献自己的力量。

资料来源:北京兰光创新科技有限公司官网 http://www.lgcx.com/

3.1.2 工业互联网平台之核心技术

一般来说,工业互联网平台涉及四个方面的七类核心技术,这七类技术主要包括数据集成和边缘处理技术、IaaS 技术、平台赋能技术、数据管理技术、应用开发和微服务技术、工业数据建模和分析技术、安全技术等[18]。在这七大核心技术中,数据集成和边缘处理技术、IaaS 技术、平台赋能技术共同构成了为平台提供云基础设施和运行环境的基础支撑技术。数据管理、工业数据建模和分析两类技术是支撑平台大量数据流分析和处理的数据挖掘技术。应用开发和微服务技术则是为平台提供微服务、开发环境以及开发应用的技术。安全保障技术则是支撑平台安全健康运行的技术。平台核心技术体系如图3-6所示。

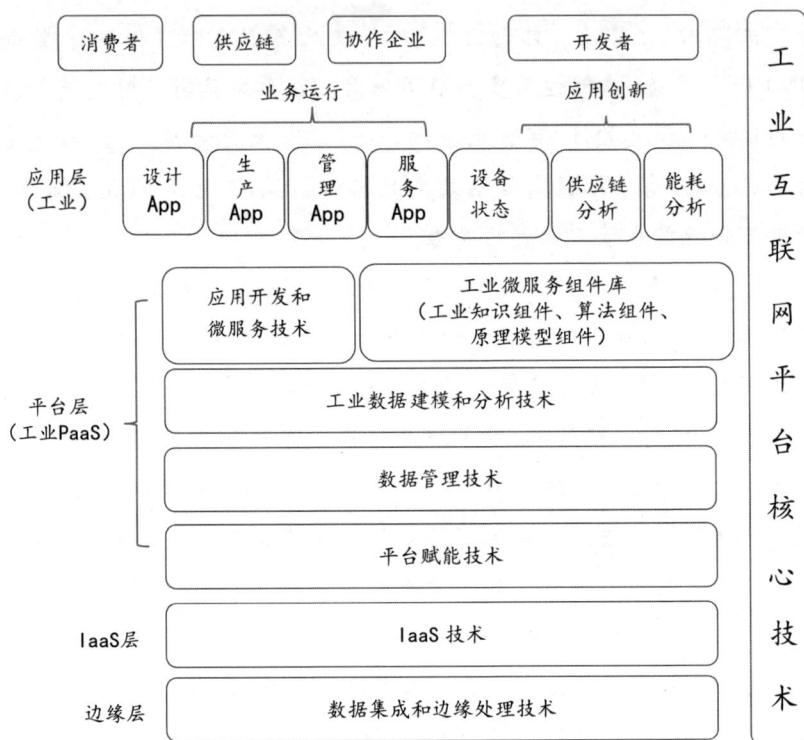

图 3-6 工业互联网平台关键技术体系图

资料来源：《工业互联网白皮书 2017 年》

第一，数据集成和边缘处理技术。这一技术主要包括设备接入、协议转换和边缘数据处理三个方面的内容。

第二，IaaS 技术。IaaS 技术是指以虚拟化、分布式存储、并行计算、负载调度等技术为基础的，为用户提供完善的云基础架构服务的技术。

第三，平台赋能技术。平台赋能技术包括资源调度和多租户管理两方面内容。资源调度主要负责分配与应用从属资源，而多租户管理则负责分离用户的应用程序与服务。

第四,数据管理技术。数据管理技术由数据处理框架、数据预处理和数据存储与管理等内容共同构成。

第五,应用开发和微服务技术。应用开发和微服务技术支持多语言编程环境,并提供多种开发工具,主要包括微服务体系结构和图片化编程两方面内容。

第六,工业数据建模和分析技术。这一技术包括两方面内容:数据分析算法和机制建模。

第七,安全技术。安全技术包括数据接入安全以及访问安全[18]。

专栏 3-2:金蝶

金蝶:立足创新,打造企业微服务平台

在传统的 IT 行业中,软件由独立的系统组成,但是这些系统的问题是缺乏可伸缩性和可靠性以及维护成本较高。微服务是一种新兴的软件体系结构,其定义是将应用程序划分为多个较小的完全独立的组件,这些组件可提供更大的敏捷性、可伸缩性和可用性。微服务战略可以使工作更轻松,扩展单个组件而不是整个应用程序,从而满足服务级别协议。金蝶作为远近闻名的企业微服务专家,一路来领先于其他微服务企业,同时致力于改革创新,时刻走在科技前沿。

一、公司简介

金蝶国际软件有限公司(以下简称"金蝶")是一家香港联交所主板上市公司,成立于 1993 年,总部位于中国深圳。该公司以为用户提供云服务为宗旨,牢牢把握市场主导地位。根据国际研究机构 IDC 的数据,金蝶已连续 14 年成为基于公司的应用程序市场份额增长最快的企业,在企业 SaaS ERM 的市场份额连续多年蝉联冠军。

金蝶作为入选 Gartner 全球市场指南的中国 SaaS 云服务制造商,旗下包括多种典型的云服务产品,例如金蝶云·苍穹(大企业数字

化企业共生平台）、金蝶云·星空（中大及成长型企业创新云服务平台）、金蝶精斗云（小微企业云服务平台）、云之家（智能协同办公云服务）、管易云（电商云服务平台）、车商悦（汽车经销行业云）及我家云（物业行业云）等。金蝶通过管理软件和云服务为全球多个领域多家公司提供服务。

二、立足创新，打造企业微服务平台

金蝶的微服务组件主要包括表单服务、报表服务、流程服务、消息服务、身份认证服务、会计引擎服务、单据转换服务、打印服务、安全日志服务等等，微服务平台功能如图 3-7 所示。

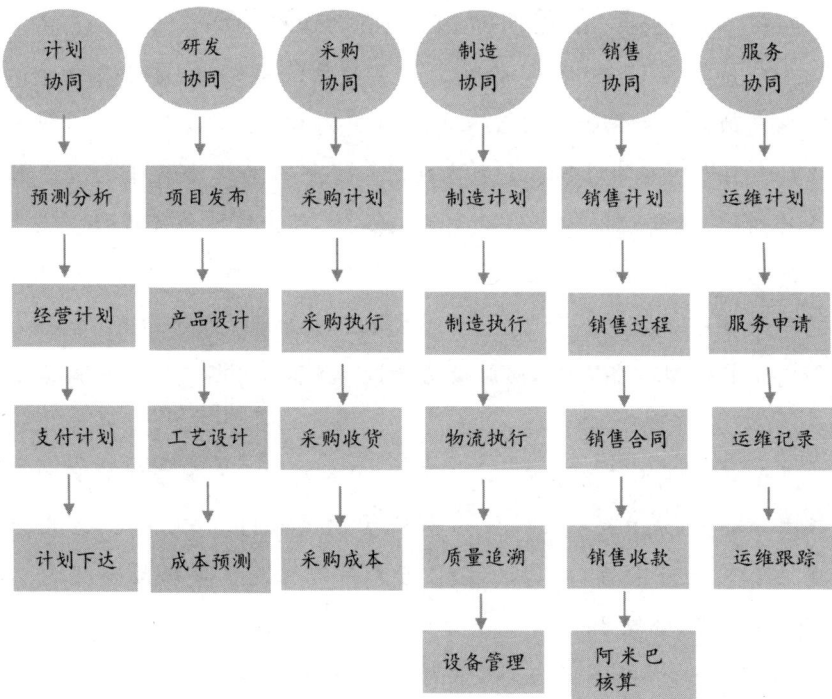

图 3-7　金蝶工业 APP 微服务

通过不断的科技创新,金蝶以阿米巴核算模块为基础,不断地对各个模块进行功能整合,开创完整化平台,在助力企业成功节约时间成本的同时提高企业运算效率。

三、夯实基石,积累价值

基于微服务架构的金蝶工业 APP,为应用开发提供更好的能力支持,在提供自身平台服务的同时,着力打造繁荣的第三方应用创新生态,取得了丰硕的阶段性成果。其工业 APP 具有如下特点:

第一,场景即价值。在订单协同、计划协同、设计协同、采购协同、制造协同、销售协同等方面,与传统制造模式相比,从集中控制制造走向分布式制造,最大限度地利用了共享的制造资源和服务,在每个具体的业务场景中实现了弹性计划、弹性生产、弹性交付,从而节约了成本,提升了效率。

第二,平台即商业。金蝶云平台支持企业建立持续创新的制造服务平台。基于制造云应用平台,企业可以随时为下属企业、产业链伙伴或其他制造企业打造制造云服务平台,同时对企业的制造云服务平台进行弹性化管理。金蝶云平台也支持任意产品通过平台开发其能力,通过标准的 API 面向其他产品和客户提供服务,实现人人互联、物物相联,构建起一个智能的商业系统。

第三,IT 即业务。金蝶云 ERP 应用服务平台是为金蝶云应用服务(SaaS 服务)的开发、部署、运行及运营提供支撑服务及管理工具,以高效、规范构建企业级云应用服务为核心,通过动态领域模型、微服务组件、开发服务、服务管理服务及服务运行服务等,快速构建企业级应用服务,满足企业基于互联网的企业信息化管理需求及个性化需求,IT 和业务高度融合。

第四,模型＋数据。金蝶云动态领域模型主要包括数据模型、报表模型、表单模型及流程模型等四大类模型的动态建模工作。这四大类模型将平台内数据信息进行资源整合,一步一步收集、分析与完善数据网络。客户的个性化需求正是通过动态模型满足的。

第五，数据即资产。金蝶数据采集服务是面向互联网时代大数据采集的需求，针对拟采集数据数量多、速度快和多样化等特点，提供的一款数据采集云服务。采集后的数据存储在金蝶云平台，并能够利用云平台上的其他服务进行存储和处理。

未来，金蝶公司将继续全心全意地为企业服务，以成为世界上最先进的云服务提供商之一为目标，在全球范围内打造具有中国特色的商业模式。

资料来源：金蝶国际软件有限公司官网 http://www.kingdee.com/

3.1.3 工业互联网平台之内容体系

（1）平台数据建模之真正出路——工业机理与数据科学的融合

工业机理与数据科学的深度融合是工业数据建模的真正出路。一般来说，工业机理是在长期工业发展过程中得出的一系列经验与知识，对跨行业、跨领域、跨学科的工业机理的总结和提炼是对生产现象进行精确阐述和分析的重要前提，它在很大程度上优化了传统工业的生产与管理流程。工业机理解决的是建模过程中的定性问题，而数据科学则主要解决定量问题。二者不可迁移、不可替代、不可复制。缺乏机理则会难以判断模型的正确与否，从而降低模型的精确性；缺乏数据，则难以得出定量的结果。工业机理与数据科学的深度融合主要体现在以下几个方面：

第一，工业数据分析和处理以对制造业实践过程中的工业机理的深刻理解为前提。新兴数据科学的产生为工业机理有效指导工业实践提供了参数选择和算法选择，使其更加贴合工业生产特点[18]。

第二，工业机理与数据科学的结合推动数字孪生的产生与发展。目前，数据分析方法和工业机理的融合正通过工业互联网平台实现海量工业数据的深度挖掘，从而为制造商提供精准预测。工业机理与数据科学的深入结合使得数字孪生得到了迅速发展,从而有助于全面洞察工业对象和工业过程[18]。

(2)工业互联网平台创新式发展——边缘计算与云端互连

实际上,物联网中的设备会生成大量数据并将其上传至云端,这使得云端承受了巨大的压力。由于边缘计算节点可以负责一部分数据的存储和处理,这为中心云节点分担了不少压力。边缘计算与云端之间相互依存,相互依赖。边缘计算与云端互联的平台创新式发展主要表现在:

第一,边缘多协议转换与云端互联的跨越式提升。为实现来自设备、传感器、PLC、控制系统、管理软件等不同来源的海量数据在云端的集成和聚合,大多数平台都提出了基于云协作技术解决方案的协议转换框。近年来,以网关为基础的多协议转换得到广泛的应用[18]。

第二,边缘数据存储和预处理技术极大地缓解了平台的压力。在实际的生产制造过程中,海量数据的采集往往会加大数据传输、存储和处理等的压力。因此,在边缘层对数据进行预处理和缓存已经成为主流平台公司的基本做法[18]。

(3)工业互联网平台之现实意义

工业互联网平台对包括设计、开发、管理和服务方式等一系列内容在内的价值流程进行了重新定义和优化,其主要表现在:

第一,推动了产品创新。平台通过多种渠道的深入交互精准地洞察用户需求,同时利用智能先进生产工具和网络创新资源组织打造智能新产品。诸多服装及汽车领域企业利用该平台深入洞察客户的个性化需求,并利用大数据分析为产品销售提供精准的市场预测,通过平台众包、众创等方式加速产品的创新。

第二,推动了商业模式的变革。平台通过加速物流、农业、金融等行业与制造业的融合创新,促进传统产品体系和服务方式的转变升级。例如金蝶等国内外工业软件企业通过提供产品云服务,加快推动客户的订阅服务,这既降低了客户成本又实现了企业的持续营收。

第三，推动了企业管理体系的优化。平台推动了企业从传统的高耸型组织向扁平型组织转变，实现了人力资源的高效配置。例如航天科工、华能、大唐电力等一些大型集团企业用平台实时监控各地分工厂的运行状态，打破了地域限制，减少了企业在人力资源方面的开支。

3.2 工业 4.0——软件定义一切

3.2.1 软件定义智能制造

（1）工业软件的内涵

软件作为计算机的无形组件，是按照一定规律组织的计算机指令。纵观历史，衡量一个国家的工业发展水平的主要标志之一无疑是如何对工业机理（在工业发展进程中形成的一系列知识、经验）进行提炼、沉淀、积累和复用。工业软件作为工业领域的典型产物，是人们理解工业研发、生产、运行和维护服务的整个生命周期规律的模型和工具，同时也是一种赋能体系。工业软件一般被划分为编程语言、系统软件、应用软件以及中间件四种类型。其中，系统软件为用户提供基础功能，而应用软件则根据服务对象的不同提供不同的专业服务。工业软件中的嵌入式软件被广泛地应用于军工电子和工业控制等领域。

社会的进步以及科技的发展使得软件变得复杂，因此，对于软件的研发、应用以及维护提出了更高要求。与电气和机械相比，软件在机电一体化系统中所占的比例逐年升高，由 1980 年的 10％增长到 2010 年的 40％，如图 3-8 所示。

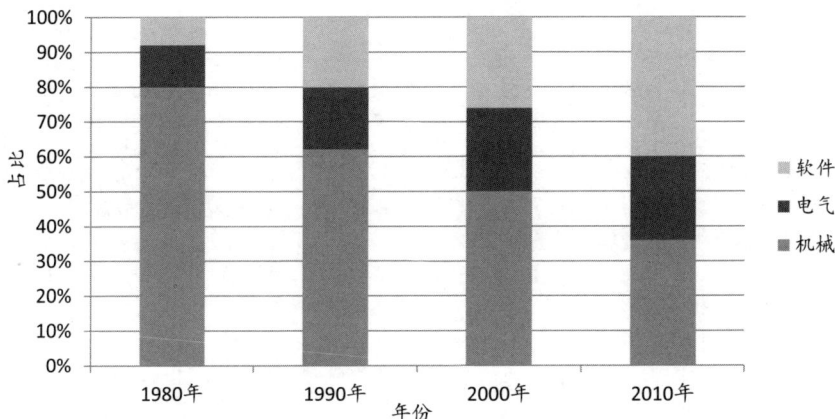

图 3-8　在机电一体化系统开发过程中软件、电气、机械的成本占比

　　然而，对于工业软件是一种高端工业产品这一观点，人们尚未达成共识。当前，全球工业互联网发展处于前所未有的历史交汇期，打造高端智能的工业软件，研发健康良好的工业互联网发展平台，构建安全高效的工业互联网发展体系，形成协同联动的工业互联网发展生态成为世界各国打造制造业强国的重要任务。工业软件作为第四次工业革命与传统制造业相融合的产物，是我国工业互联网发展的重要基础，对于我国打造健康良好的工业互联网生态体系具有重要的意义。

　　（2）智能制造到底是什么

　　制造就是把原材料加工成某种产品的过程。也就是用各种原材料制成一堆零件，然后将它们组装在一起，生产出人们所期望并且能够为企业带来经济效益的产品。当前，有着 300 年历史的传统制造在互联网的冲击下，逐渐演变为现代制造，并进一步升级为智能制造。现如今，智能制造正在引领制造业的创新与发展。然而，智能制造究竟指什么呢？智能制造，从定义上来说，是指由智能设备和人类专家共同构成的人机智能系统，该系统在制造过程中以柔性化、智能化、高度集成化的方式进行智能活动。智能制造一般包括两方面内容：智能制造技术和智能制造系统。近年来，数控技术与工业机器人的结合将智能制造推向高潮,使得"无人工厂"成为发展趋势(数控技术发展历程如图 3-9 所示)。

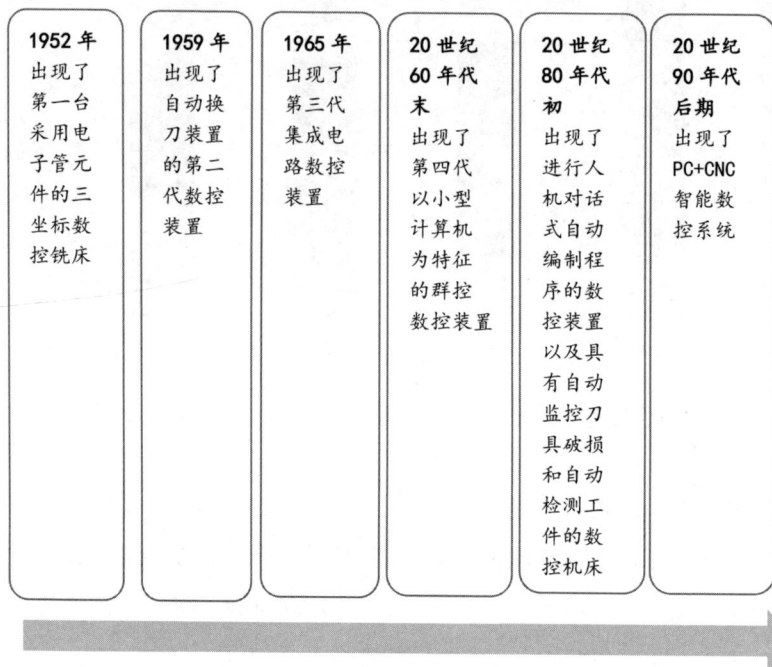

| 1952 年出现了第一台采用电子管元件的三坐标数控铣床 | 1959 年出现了自动换刀装置的第二代数控装置 | 1965 年出现了第三代集成电路数控装置 | 20 世纪 60 年代末出现了第四代以小型计算机为特征的群控数控装置 | 20 世纪 80 年代初出现了进行人机对话式自动编制程序的数控装置以及具有自动监控刀具破损和自动检测工件的数控机床 | 20 世纪 90 年代后期出现了 PC+CNC 智能数控系统 |

图 3-9　数控技术的发展过程

智能制造不同于传统的制造过程,其创新点主要体现在以下几个方面:

第一,智能制造的设备具备实时分析、自主决策、准确执行等特点。

第二,虽然智能制造的所有环节都是在同一时点进行的,但各环节可以根据工业场景的实际情况灵活变动,环节之间协同合作。

第三,智能制造强调高速、有序和自动流动的数据流,在此数据基础上生产的产品是完全满足客户需求的定制产品。

第四,智能制造关注的是软件开发和软硬件在整个生产制造过程中的一体化应用。企业在智能制造过程中,充分利用工业软件的"定义"为产品的生命周期增添新的活力。

(3)智能制造与工业软件

未来,我国要想打造制造业强国,必然要以工业软件为依托,加强工业软件对制造过程的"定义"是当前我国实现制造业升级的重点任务之一,也是全球制造业发展的一个重要方向。软件定义作为智能制造的核心,无时无刻不在影响着企业的生产制造活动。要想实现真正意义上的智能制造,就必须让软件渗透到各个制造领域。智能制造是人机一体化的智能系统,未来会出现"无人工厂","无人工厂"的所有系统都需要软件作为支撑,所有的制造活动都需要软件来完成,所有的一切都需要工业软件的支持和定义来实现。由此,软件给工业制造带来的发展正经历着最深刻的变化。

专栏 3-3:华天软件

华天软件:助力企业信息化发展

工业自动化级别应用程序的需求,制造业计算机化发展,以及对企业软件自动化的需求增长使得工业软件的作用越来越突出。未来的竞争以商业软件的实用能力为核心,旨在为所有软件开发提供解决方案。对于机器制造商而言,智能行业软件正成为未来竞技场获胜的关键。而华天软件通过几十年如一日的精进,在自动化领域已经达到了先进的水平,位于我国 PLM 领域的核心地位。

一、公司简介

山东山大华天软件有限公司(以下简称"华天软件")成立于 1993 年。作为以 3D 为中心的智能制造软件服务提供商,华天软件拥有完整的产品阵容,其产品涉及 CAD、CAPP、PDM、PLM、MPM、WMS、SRM。华天软件代表了国内 PLM 研究领域的先进水平。公司被评为"中国软件服务公司信用 AAA 级信用公司",连续多年被国内权威信息化专业咨询机构 e-works 及 AMT 评价为"PLM 十大优秀本土供应商"及"PLM 领域十强软件商",是 PLM 领域的核心厂商。

二、赋能企业进入智能时代

华天软件平台集中管理企业内部的所有产品数据,从而形成一个公开知识库。通过使用高效的数据共享信道,微调或复用,形成设

计资源的良性循环,大大提高了设计效率。该平台实时监测企业项目,逐步发现和解决目前项目管理过程中存在的问题,有效地提高项目执行效率,缩短项目周期,提高企业的总体效率,推动中国企业智能化发展。

第一,专利加持,智能高效。公司研发了多种制造平台和管理软件,可为制造业信息化提供全面的解决方案。华天软件全面强调企业技术创新的独特性与个性化,强调自主创新,同时重视版权意识,通过自身独特的技术优势在市场中占据领先地位。

第二,技术领先,全面扩展。华天软件已在全国范围内培训了上千名用户,形成了多种行业解决方案,例如汽车、模具、轴承、专用设备等。模具、机械设计和制造中使用的 3D 技术对于实现工业创新非常重要,因为它在 3D 打印、数字疗法、机器人、建筑、珠宝等领域中起着重要的作用。福田汽车、奇瑞汽车、华晨汽车、东风模具等行业领先的制造商都在使用 3D 技术。华天软件代表了中国工业基础软件的先进水平,同时也是支持我国智能制造发展的核心制造商。

(资料来源:华天软件官网 http://www.hoteamsoft.com/)

3.2.2 软件定义数据中心

(1)何为软件定义数据中心?

在工业 4.0 时代,我们必须承认,无处不在的软件着实推动了社会生产方式和人类生活方式的转变。然而,对于与工业相关的诸多问题,人类仍然存在知识盲区,例如:何为软件的定义以及软件的本质?除了定义制造,软件还定义工业领域的哪些方面?爆炸式的数据增长是否对目前信息通信技术提出了更高的要求?新一代信息技术不断以迭代的方式更新人类的生产工具,推动工业体系转型升级,软件赋能产业发展的时代悄然来临,如图 3-10 所示。

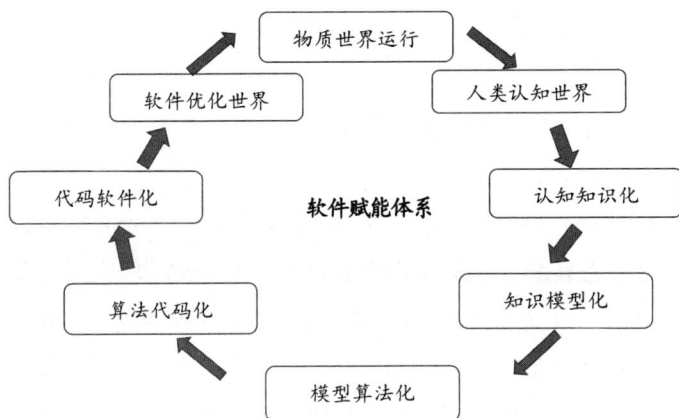

图 3-10 软件赋能过程

近年来,云计算和虚拟化技术等新兴信息技术成为人们处理业务的得力工具。过去十几年,虚拟服务器重新组合、分配、管理、处理海量计算资源,将数据中心升级为一个更加高效灵活的业务运用平台,在很大程度上减少了企业的运营成本,但数据爆炸式增长,数据中心和存储资产统筹管理不当,数据中心业务运营管理对灵活性和自动化的更高要求对云计算和虚拟化技术提出了新的挑战。软件定义数据中心正是在这一背景下产生的。

软件定义数据中心(SDDC)这一概念最初是由 VMware 公司提出的,这一理念旨在通过软件实现基础资源的抽象化和池化管理,自动按需提供云服务[19]。软件定义数据中心为用户提供了独立的虚拟数据库,用户可以自助管理虚拟数据库里的资源。

(2)软件定义数据中心技术特征

软件定义数据中心的技术特征通常包括三个方面:计算、存储和网络等所有基础架构都能够被虚拟化;IT 作为一种服务提供给使用软件定义数据中心技术的用户;通过软件实现数据中心的网络化和自动化[19]。

（3）软件定义数据中心五大核心技术

软件定义数据中心通常包括五大核心技术，即软件定义网络（SDN）、软件定义计算（SDC）、软件定义存储（SDS）、云操作系统、IT基础设施。

第一，软件定义网络。通过SDN技术可将内部网络控制设备向外部网络控制设备转移，分离网络控制和底层基础结构，从而简化底层结构。SDN从总体上来说以数据中心叠加网络技术为主流，用户可根据业务需要调整网络策略。

第二，软件定义计算。服务器虚拟化技术作为SDC的核心技术之一，可以在很大程度上优化网络资源，降低企业运营成本，提升基础设施的利用率，更好地为企业用户服务。

第三，软件定义存储。SDS技术将各种存储资源以抽象化的形式提供给用户，满足自动化的存储需求。SDS技术实质上是通过虚拟化软件将计算机中的实体存储资源转化为虚拟存储资源，从而优化资源的配置效率。

第四，云操作系统。根据划分对象的不同，云操作系统可划分为不同的种类。从功能上来说，云操作系统可分为资源管理、服务管理和运营管理三大类；从技术实现上来说，可分为商业化云操作系统和开源云操作系统。

第五，IT基础设施。IT基础设施是指包括服务器、存储和网络在内的一系列硬件。软件定义数据中心技术高效配置了IT设施，使之变得更为灵活，促进了服务器、存储和网络的一体化运作。

专栏3-4：树根互联

树根互联——工业软件服务国家智能制造

作为国家级工业互联网授权平台公司，树根互联为行业龙头企业提供了支持，同时它也已经适应了中国的制造业需求，而云技术可以为更多的制造业公司消除障碍，支持中国公司为全球提供服务。利用新一代信息技术，树根互联大大地提升了苏州、西安等地的制造业发展水平。此外,树根互联还实现了跨领域和跨行业的业务交互,为中国新一代信息技术产业高速稳定发展提供了重要的支撑力量。

一、公司简介

树根互联作为全球知名的工业互联网公司,获得了海量用户资源和客户的良好评价。树根互联基于 11 年的技术积累,于 2017 年获得中国智造"金长城"奖之最具成长性工业互联网平台和第十九届中国国际高新技术成果交易会优秀产品奖。迄今为止,树根互联累计投资超过 15 亿元人民币,旗下的工业互联网平台已与全球众多工业机器连接,为全球用户提供物联网和大数据服务;成功辅助行业龙头企业创建了 14 个云平台,包括铸造产业链、塑料产业链、纺织产业链等,并提供设备市场服务、能源管理、融资租赁等业务。

二、工业软件服务国家智能制造

以服务智能制造为原则,树根互联建立了一个适用于多领域的工业互联网平台——"根云"。"根云"以机器为核心,将机器和利益相关者连接在一起,从而构建用于机器关系管理的生态服务系统,此系统以用于所有生命周期管理的高价操作设备为聚焦点,提供机器关系管理和目标数据分析基础架构;并基于数据 AI,集成了机器、数据、流程、人员和其他创新,为行业部门的各个企业创建系统解决方案,并实施设备制造商、服务商和运营商的设备创新、设备优化、资产管理和智能操作平台支持,如图 3-11 所示。

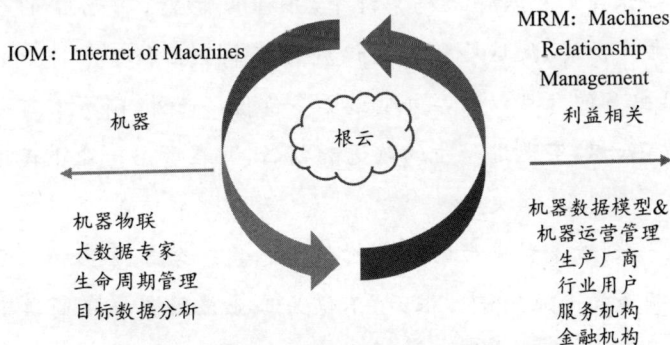

图 3-11　"根云"平台运作模式

三、工业微服务，推进国家工业软件开发运行

工业微服务是工业互联网平台的载体，实现机制模型算法的模块化和软件化，支持工业互联网平台 APP 的开发和运营，在工业互联网平台中起着重要作用。

一方面，工业微服务方法集成了基于不同行业、不同部门的经验知识绘制的各种原始机制算法模型，同时也提供了一个功能或服务模块，可随时对目标软件进行调试，从而提高了可用性和可维护性。另一方面，工业服务模块为工业应用开发工业互联网平台，不仅能够借助工业微服务并行开发和分布式操作的特点，同时还有效发挥平台开发者的访问、资源高效配置和云部署操作等优势。

第一，推翻了传统的工业软件开发方法。工业互联网平台是建立在传统工业应用（如 CAD、DSC、MES、ERP、SCM）基础上的工业微服务方法。微服务组件可以分为功能模块，也可以分为常规生产系统，然后在平台上构建包含各种功能和服务的微服务组件池，并根据需要响应实际需求。"根云"通过为用户开发高效且个性化的工业应用程序，可以大大降低所有软件开发的技术障碍和投入成本，使得原来需要专业团队和丰富资金的精英软件的开发开始向大众化研发转变。

第二，打破了封闭的行业知识转移体系。一些资深专家将他们的经验知识固定在软件代码系统中，并将其变成了平台中的微服务后开放共享功能，使这些经验知识成为整个企业和整个行业的宝贵资产，让更多的人可以共享并创造更多价值。此外，新专家可以充分吸收现有知识，实现进一步的改进和创新，并在整个行业中促进知识关系的延续、重复和更新。

第三，创造了新平台的开放价值生态。结合工业互联网平台与制造业领域的专业知识，"根云"不仅为工业微服务提供简单高效的基础技术支撑，同时为研发新型的工业生态平台、构建健康良好的平台应用生态提供了重要保障。

未来,树根互联会做好国内领先工业互联网平台的榜样,不断强化自身实力,满足全行业的制造需求,打造具备中国特色的工业互联网服务模式。

资料来源:《"根云"工业互联平网台及应用——最具客户价值的工业互联网平台》https://www.sohu.com/a/227569577_185201

3.2.3 软件定义组织结构

所谓组织结构是指以实现有效分工与合作为目的,在组织中划分、组合、协调人们的活动和任务的一种正式框架。组织结构体现了组织各个组成部分的联系方式和相互关系。数字经济时代的组织结构由传统的高耸型组织逐渐向扁平型组织演化,"企业＋员工"这一基本结构已逐渐受到了"平台＋个人"这一结构的挑战,"平台＋个人"这一经济社会结构将会从全新的角度阐述和深化政治、法律、文化的含义。工业时代组织结构的变革主要体现在以下几个方面:

第一,纵向控制和横向协同。如何实现与外部需求的无缝链接是当今企业发展的一个重大难题。工业互联网的发展为这一难题提供了新的解决方法:以后端的云服务平台和云业务平台推动前端的灵活创新。这种"大平台＋小前端"的组织运营结构成为各大领域龙头企业的首要做法,其主要特征是自助化管理和服务,如海尔的自主经营模式、淘宝的网络零售平台等。

第二,个人替代公司逐渐成为经济主体。近年来,微型企业的崛起在很大程度上阐明了互联网时代下企业模式的转变。以往很多极具特色的微型企业由于市场结构的限制并不能顺利建立,如今互联网的发展在很大程度上为这些微型企业减少了市场进入障碍,经济社会的发展使得这种社会化的自发协作推动个人逐步替代企业成为经济主体。

3.3 工业 APP

人类的智能通过工业 APP 赋予机器，这意味着未来不再是人使用知识，而是机器使用知识，这主要表现在以下三个方面：一是工业 APP将封装的工业知识赋能给机器，机器不再是人的附属物，而是智能机器；二是机器代替了劳动力，机器成为物质的生产者，人转化为知识的生产者；三是突破人体知识应用的时空局限，在网络空间形成强大数字劳动力，极大地促进生产力的发展。

3.3.1 工业技术软件化的结果——工业 APP 的研发

（1）何为工业 APP？

当提到 APP 时，人们会自然地联想到与智能手机有关的移动互联网 APP。移动电话实现了传统的手机模式向智能手机的颠覆式转化。智能手机极大地满足了人们对信息通信技术的基本需求，同样地，作为新形式的应用软件，以智能手机为载体的诸多手机 APP 由于具备成本低和操作简易等特点正被人们广泛使用。

近年来，物联网 APP 的出现将应用程序软件的发展再一次推向高潮。与易于操作的移动互联网 APP 不同，物联网 APP 增加了多维度和多层次等特征。此外，移动互联网 APP 的运作模式只是简单的前端和后端的连接，"物联网 APP"的运行代码通常在网关、云平台、远程终端设备上。

目前，我国处于制造产业转型升级的关键时期，巨大的工业市场发展空间要求我们必须最大限度地满足对于工业软件和网络信息技术的需求。实现工业软件与工业产业的深度融合，推动软件产业高质量发展成为我国软件产业发展的首要任务。工业 APP 作为物联网 APP 在制造业领域的体现,是推动工业软件与工业场景深度融合的得力工具,必将成为拓展软件在工业市场的空间、带动制造业发展的重要手段。

那么,在工业领域中占据关键地位的工业 APP 究竟指什么呢?工业 APP 是在工业互联网的基础上建立起来的封装着工业知识和经验的应用软件。工业 APP 旨在满足用户的个性化需求,是工业软件技术化的重要成果[20]。工业应用程序(工业 APP)是工业技术应用的再一次升级,如图 3-12 所示。

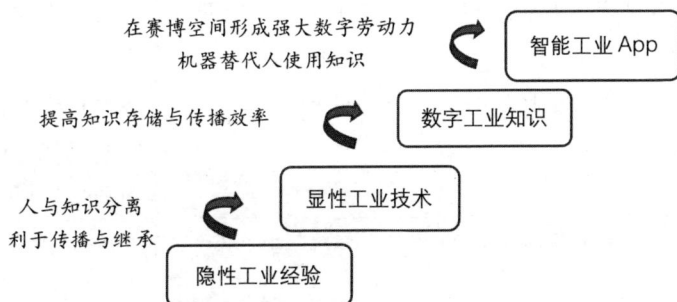

在赛博空间形成强大数字劳动力
机器替代人使用知识　　　　　　智能工业 App

提高知识存储与传播效率　　　　数字工业知识

人与知识分离　　　　显性工业技术
利于传播与继承

隐性工业经验

图 3-12　工业技术应用范式的升级过程

资料来源:《工业互联网 APP 发展白皮书 2018 年》

与传统的工业软件不同,工业 APP 通常具有如下六个特征:通过一个或多个特定功能解决特定的问题;集成了特殊的工业技术,是工业技术的载体;可灵活组合和复用;是对结构化的海量数据、专业知识和经验等的显性表达,同时通过图形化的形式定义工业软件和软件之间的相互关系;工业 APP 的开发主体可方便快速地积累工业知识,由此工业 APP 具备了轻代码化特征;可移植化,工业 APP 可在不同的环境中运行,不依赖单一的特定环境[20]。传统工业软件、工业 APP、工业互联网 APP 的异同如表 3-1 所示。

表 3-1　传统工业软件、工业 APP、工业互联网 APP 比较

不同点	传统工业软件	工业 APP	工业互联网 APP
部署方式	本地部署	本地局域网部署	云端部署
系统层级	ISA95,五层架构	ISA95,五层架构	扁平化
软件架构	紧耦合单体架构	松耦合多体化架构	微服务架构
开发定位	面向流程或服务的软件系统	面向过程或对象的应用软件	面向角色的 APP
开发方式	基于单一系统开发	基于单一系统开发并兼容多系统	基于 PaaS 平台多语言开发
开发主体	软件企业为主	制造企业为主	各类相关组织与个体的海量开发者为主
系统集成颗粒度	大系统与大系统	小系统与小系统	微系统与微系统
系统集成技术路线	通过专用接口或中间件集成	通过中间件集成	基于 API 调用
系统集成程度	大系统高度集成	小系统局部集成	全局集成

资料来源:《工业互联网 APP 发展白皮书 2018 年》

（2）工业 APP 与工业互联网平台

从某种程度上来说工业 APP 既属于软件,但又不是软件。之所以说它是软件,是因为它以工业互联网为纽带,是一系列工业知识和工业经验的载体,是工业机理的数字化表达;从另一个角度来说,由于工业 APP 的研发者是"工业人员"而非软件工程师,工业 APP 主要以"工业人员"的专业知识和经验为依托,而不全依靠软件知识,因此,工业 APP 又不属于软件。工业互联网平台的爆发式增长使得工业 APP 日益成为众多制造业大国进行工业发展的主流工具。例如西门子以MindSphere 物联网操作系统为基础,研发出了约 50 种工业 APP,这些APP 具备降低风险、提升设备和工厂利用率等功能,为西门子进军工

业数字化服务领域奠定了坚实基础。美国 GE 公司以高端装备产品为核心打造产品全生命周期管理服务体系,研发了一个名为 GE 工业 APP 商店的线上知识与技术资源共享平台。GE 工业 APP 以跨领域技术为核心,为各行业、各领域的用户提供知识共享和技术共享。2017 年,GE 公司通过与苹果公司合作,发布了众多工业 APP,旨在为全球用户提供应用程序软件开发和服务,构建以开发者平台和工业 APP 为核心的产业生态。

工业 APP 与工业互联网平台之间存在着这样一种关系:一方面,工业互联网平台决定工业 APP,缺乏工业互联网平台,工业 APP 就如同缺乏 iOS 操作系统的苹果手机,工业互联网平台的水平决定 APP 的服务能力;另一方面,工业互联网平台通过工业 APP 得以应用,由于工业互联网平台的使用条件较多,用户在使用时会有极大的不便,而 APP 具有轻巧便利以及可操作性等特点,人们仅需一部移动设备就可使用。二者之间的关系如图 3-13 所示。

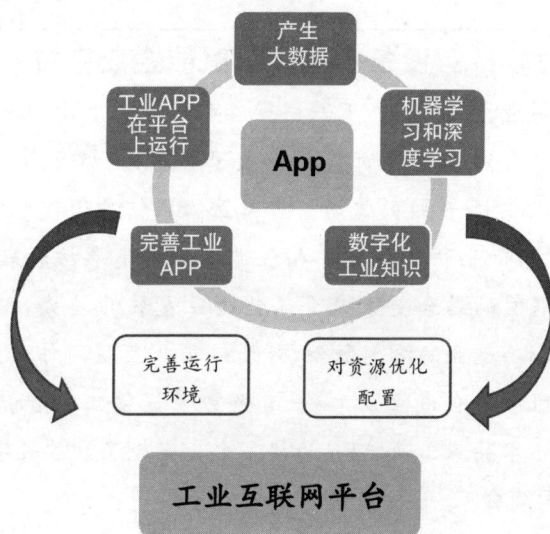

图 3-13 工业 APP 与工业互联网平台

工业应用开发工具以及微服务组件构建工业互联网平台的应用开发环境,工业 APP 则通过工业互联网平台完成各种应用。一方面,工业互联网生态体系以工业互联网平台和工业 APP 为主要代表,工业 APP 作为生态体系的重要组成部分,是工业 4.0 时代下实现工业互联网最终价值的关键一步。工业 APP 的发展将推动工业互联网平台的升级,如同移动 APP 为移动互联网带来的爆发式增长态势那样,工业 APP 也推动着工业互联网的高速稳定发展。另一方面,工业互联网平台为工业 APP 实现最终价值提供了全新的舞台,平台将继续作为工业操作系统支持工业 APP 的运行。在工业互联网平台上生成并汇总的海量数据可以通过机器学习进行深入分析和处理,与此同时,也可以对工业场景中的技术、知识、经验等进行分析、提炼、总结,最后对这些数据和知识进行封装,形成并进一步完善工业 APP。工业 APP 通过工业互联网平台实现数字化的资源共享与技术共享,促进传统制造业向智能制造转变,提高工业智能研发、设计、生产等一系列流程服务水平,实现创新型运用,高效配置工业资源。

专栏 3-5:鼎捷软件

鼎捷软件:"设备水晶球",赋能企业精益制造

正如新制造、智能制造、互联网等各种名词所表示的那样,中国的制造业实现了升级并通过新技术完成了转换,进口已转移至内部销售,从而抓住了消费升级的机遇。中国互联网信息通信研究院总工程师、工业互联网行业联合会负责人余晓晖在接受采访时表示,人工智能与工业互联网的结合是未来全球制造业发展的趋势。要想真正实现人工智能和制造业的深度融合,必须以工业互联网作为载体。鼎捷软件股份有限公司自成立以来,一直致力于提供工厂智能化服务,其所推出的设备水晶球工业 APP 为诸多企业实现了设备数字化管理。

一、公司简介

鼎捷软件(鼎新电脑)自 1982 年成立以来,以创新、尊重、专业的管理和发展贯穿于公司制造、分销等各阶段,通过创新的程序和服务来创新信息技术,持续为制造业提供多样性服务,不断满足企业增长的需求。2002 年,通过两岸产业资源整合,公司成立了鼎新电脑和神

舟数码管理系统公司；2009 年,神舟数码管理系统公司正式更名为鼎捷软件有限公司。

目前,鼎捷软件已经覆盖了越南、马来西亚等许多国家和地区,已发展成为一个拥有 365 家集团子公司和 335 家国内分支机构的国际管理集团。该公司自成立以来已有 30 多年的历史,拥有超过 1000 名研发人员和超过 1500 名实施及服务人员。客户累计数量超过 5000。其在大陆地区用于生产和智能制造的 ERP 产品在国内制造商市场中保持着最大份额。

二、"设备水晶球",赋能企业精益制造

在企业制造业实际管理中,通常有六种因素导致 OEE(设备综合效率)的损失,例如换线时间、计划外停机以及生产效率损耗等。由于缺乏量化工具和量化方法,企业并未找到导致 OEE 损失的根本原因。技术经济的发展使得自动化与信息化高度融合,鼎捷软件利用其 30 多年的企业制造管理经验所研发的设备水晶球 APP 的出现很好地解决了这一问题。

第一,实时监测,及时反馈。若生产设备出现计划外停机,工作人员或设备维修人员可直接提供反馈,例如当前设备是处于换模阶段还是计划外停机,或在待料等信息。根据信息,设备维修人员可在开始和结束时分别在 APP 上点一下,APP 即可自动采集所有信息,并通过图表为精益归因提供决策参考。"设备水晶球"APP 在一定程度上赋能了企业由传统制造业向数字化生产转变,实现了企业的最优决策,如图 3-14 所示。

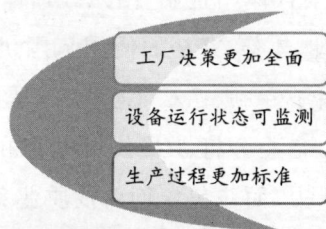

工厂决策更加全面

设备运行状态可监测

生产过程更加标准

图 3-14 "设备水晶球"APP 优势一览

第二，智能数据收集与分析。"设备水晶球"APP 在实现 SaaS 应用方面具有至关重要的作用，APP 能够收集工业网关设备的稼动状态、产量、警报等生产数据，使企业不必进行重复硬件设备投资而实现质量追溯及质量分析等。

鼎捷软件运用智能互联技术将工业与数据完美结合，实现工业生产中数据的顺畅流通，对企业工业互联网化转型升级来说至关重要。

资料来源：鼎捷软件官网 https://www.digiwin.com

3.3.2 工业 APP 的形式及体系框架

（1）根据发展阶段和使用对象的不同，可将工业 APP 划分为三种不同的模式：个体自有模式、企业自有模式和商用公有模式[20]。

第一，个体自有形式 APP 是工业技术软件化早期发展的典型表现形式。它通常建立在私人化的基础之上。也就是说，个体自有化的工业 APP 的服务对象不是大众，而是个人或者少数人。个体自由模式 APP 的开发主体常常以本人或者小团体的知识复用为目的。当前，工业互联网平台的爆发式增长为 APP 研发主题提供了开发共享环境，个体或者少数人可以通过开发共享环境研发私有工业 APP。

第二，企业自有模式工业 APP 是工业技术软件化、规模化的结果，是在个体自有的基础上发展起来，即企业自有模式工业 APP 是一定数量的个体自有 APP 的集合体。企业自有 APP 解决了软件所有权以及利润归属等问题，但企业自有 APP 的使用范围仍未拓展至大众，仅限于企业内部局域网。由于专利、产权、竞争等问题，企业会对自己研发的工业 APP 严加管理，企业会将涉及公司机密和敏感业务的 APP 置于企业内部网或私有云上，而对包含创新性质业务的 APP 则部署到企业外部网上。

第三，商用公有模式是工业技术软件化发展的高级阶段。与前两种模式不同,商用公有模式具有公有性质,是外部企业可以付费或免费使用的应用平台,此种性质的工业 APP 的服务对象拓展至社会大众,所有使用工业互联网的用户都可以使用。商用公有模式的发展水平在一定程度上体现了工业 APP 的发展水平,因此,在工业技术软件化发展初期,商用公有模式 APP 的数量会比较少。制造业发展过程中,应用在不同工业场景的工业 APP 如图 3-15 所示。

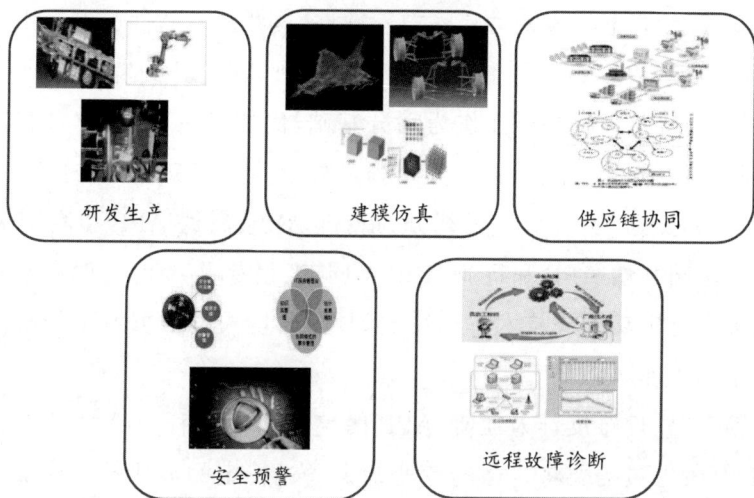

研发生产　　　　　建模仿真　　　　　供应链协同

安全预警　　　　　远程故障诊断

图 3-15　工业 APP 的应用场景

（2）工业 APP 体系框架

工业 APP 作为工业技术软件化的重要成果,自身就是复杂且庞大的框架体系。在面对不同的行业、不同的领域以及不同的用户需求时,工业 APP 的应用场景也各不相同。总的来说,工业 APP 的体系框架一般包括三个维度——工业维、技术维以及软件维,这三个维度集中体现了"工业＋技术＋软件化"的核心内容[20]。

第一,工业维度一般存在于研发、生产、运营、管理四大工业过程中,这些过程均可细分为若干活动,所有的活动可以开发并运用到工业 APP 的不同技术层次。其中,研发 APP 包括设计 APP、仿真 APP 以及工艺设计 APP。生产 APP 主要包括生产过程管控 APP 和生产系统管理 APP。运营 APP 包含对外服务 APP、安全预警 APP 和远程系统诊断 APP。管理 APP 包括供应链协同 APP 和产业链管理 APP。以上 APP 在运行过程中需要统筹规划，合理分配，才能保证企业生产经营活动有序进行[20]。

第二，技术维度通常包括基础共性 APP、行业通用 APP 以及工程专用 APP。基础共性 APP 是指一般以自然科学与社会科学等科学理论为基础，为企业开发的通用性技术软件，这些技术软件可以运用到不同的生产活动中，例如带传动 APP、链传动 APP 以及齿轮传动 APP 等。行业 APP 以顶层行业作为划分基础，例如机械 APP 或者交通工具 APP 等。除了按照顶层行业划分之外，行业 APP 还可按照子行业划分，例如交通工具 APP 可划分为飞机 APP、高铁 APP 和汽车 APP 等。与基础共性 APP 和行业 APP 不同，工程专用 APP 一般是利用一个或多个特定功能或技术解决特定问题，研发人员根据特定的技术研发特定的工业 APP[20]。

第三，软件维度涉及工业 APP 的整个研发过程。研发工业 APP 之前，开发人员需要将自己的专业知识通过特定的形式转换成显性知识封装在工业 APP 中，工业 APP 研发完成后，还需根据工业领域的发展不断更新和升级工业 APP，从而满足用户不断增长的需求。因此，软件维度一般包括体系规划、技术建模、开发测评和应用改进等方面[20]。

工业互联网平台的爆发式增长使得工业 APP 被广泛应用于各大工业领域，未来，工业互联网会继续高速发展，这对工业 APP 的研发与后期改进提出了更高的要求，为了满足行业和企业的产品发展需求，工业 APP 体系需进行不定期的改进和完善。

专栏 3-6：华为

华为：打造中国 IoT 领军企业

万物互联，一切都连接到互联网，人、物、数据和程序得到合理优化，并智能连接，成为网络的一部分。目的是通过人对人、人对机器以及机器对机器的连接来优化各种活动，从而丰富我们的生活。华为作为我国技术领先企业，不仅在通信设备领域有着卓越的贡献，同时它始终走在科研技术的前列，是全球最先进的信息通信技术解决方案供应商，其拥有先进的企业文化、先进的创新思维与技术，未来 5G 的覆盖，华为也必将引领。

一、公司简介

华为技术有限公司（以下简称"华为"）是一家从事生产和销售通信设备的民营通信技术公司，于 1987 年成立，总部位于中国广东省深圳市，经营范围包括 IT、无线通信设备、计算机及配套设备、终端设备及相关通信信息产品等。华为是全球最先进的信息通信技术（ICT）解决方案供应商，专门从事 ICT 分销，坚持稳固运营，不断进行创新和开放式协作，并建立云计算等端到端解决方案优势，为商业客户、企业客户和消费者提供有竞争力的 ICT 解决方案、产品和服务。2013 年，《财富》杂志公布的世界 500 强企业中，华为位列第 315 名。2018 年 2 月，沃达丰和华为完成首次 5G 通话测试；2019 年 8 月，华为正式发布鸿蒙系统；2019 年 8 月 22 日，2019 中国民营企业 500 强发布，华为投资控股有限公司以 7212 亿元营收位列第一。

二、"华为 OceanConnect"：打造中国物联网领军企业

"OceanConnect"基于华为物联网架构，连接起华为希望连接的万物，如图 3-16 所示。

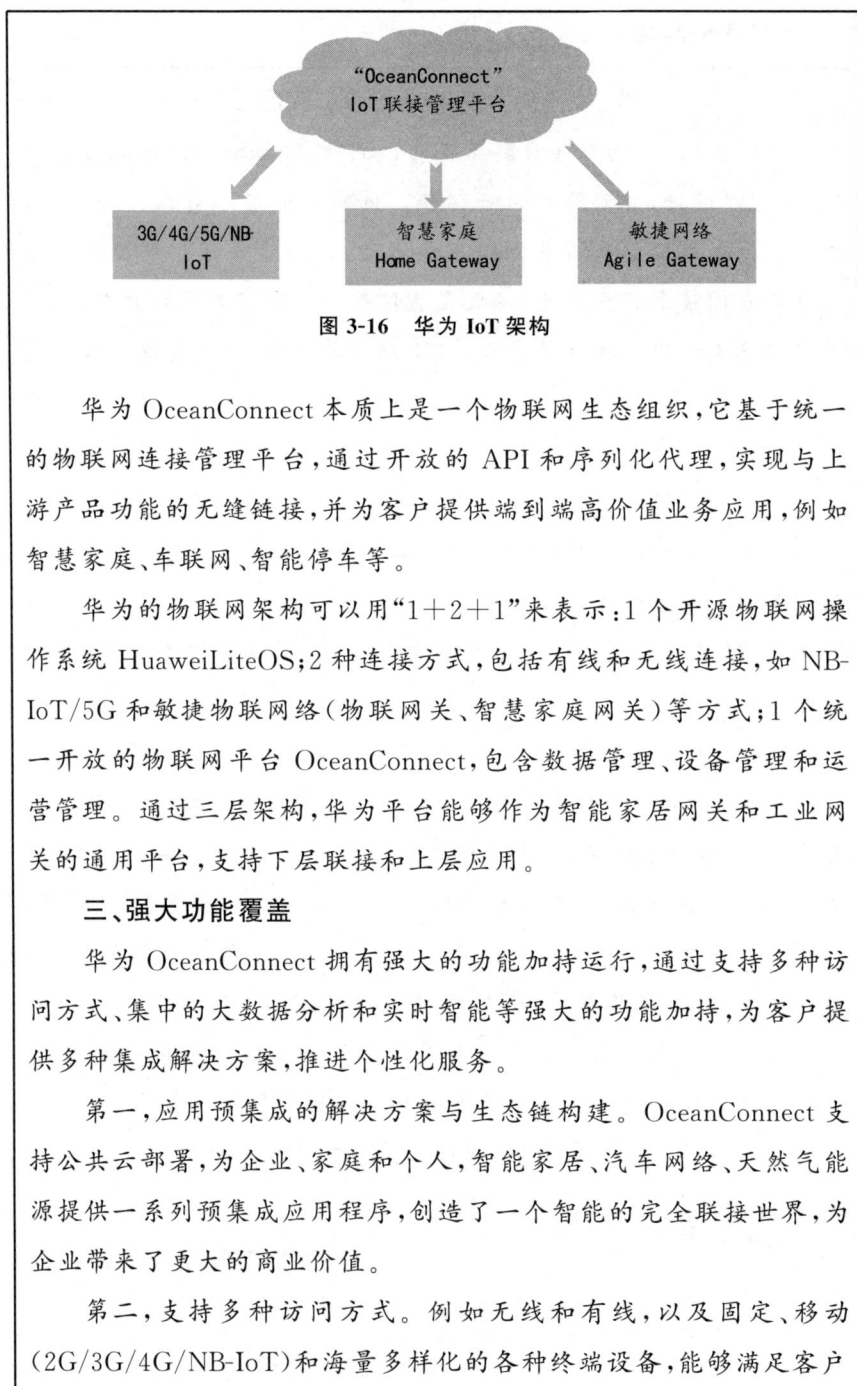

图 3-16　华为 IoT 架构

华为 OceanConnect 本质上是一个物联网生态组织，它基于统一的物联网连接管理平台，通过开放的 API 和序列化化代理，实现与上游产品功能的无缝链接，并为客户提供端到端高价值业务应用，例如智慧家庭、车联网、智能停车等。

华为的物联网架构可以用"1＋2＋1"来表示：1 个开源物联网操作系统 HuaweiLiteOS；2 种连接方式，包括有线和无线连接，如 NB-IoT/5G 和敏捷物联网络（物联网关、智慧家庭网关）等方式；1 个统一开放的物联网平台 OceanConnect，包含数据管理、设备管理和运营管理。通过三层架构，华为平台能够作为智能家居网关和工业网关的通用平台，支持下层联接和上层应用。

三、强大功能覆盖

华为 OceanConnect 拥有强大的功能加持运行，通过支持多种访问方式、集中的大数据分析和实时智能等强大的功能加持，为客户提供多种集成解决方案，推进个性化服务。

第一，应用预集成的解决方案与生态链构建。OceanConnect 支持公共云部署，为企业、家庭和个人，智能家居、汽车网络、天然气能源提供一系列预集成应用程序，创造了一个智能的完全联接世界，为企业带来了更大的商业价值。

第二，支持多种访问方式。例如无线和有线，以及固定、移动（2G/3G/4G/NB-IoT）和海量多样化的各种终端设备，能够满足客户多种接入需求,大众化赋能整体服务。

第三,大数据分析与实时智能。实现了云端平台、边缘网关、分层情报和智能终端控制,同时提供例如规则引擎等智能分析工具。通过大数据分析和实时智能,华为公司可以更有效地满足用户的个性化需求。

第四,支持全球主流物联网标准。华为的物联网管理平台支持世界一流的顶级协议和功能实践,例如全球领先的平台规范oneM2M 和 ETSI。

资料来源:《华为的 OceanConnect—IoT 平台学习》
https://blog.csdn.net/lihongzhai/article/details/80447311

3.3.3 工业 APP 核心技术

工业 APP 是各种工业元素的集合体,工业 APP 可以将企业生产过程中的各种智能设备连接起来。传统的工业软件在处理海量数据时都是将数据全部推送到云端,而工业 APP 在未来的发展中可以更智能地处理数据。未来,工业互联网的发展将会推动使用工业互联网平台的用户由个体向生态系统转化,在这个生态系统中,企业可以根据客户的个性化需求和多变的组织环境灵活变动产品战略,利用物联网实现产品与客户的对接,推动我国制造产业的高质量发展。

工业 APP 一般包括四大类的核心技术——建模技术、封装技术、数据管理技术以及技术对象集成技术[20],如图 3-17 所示。

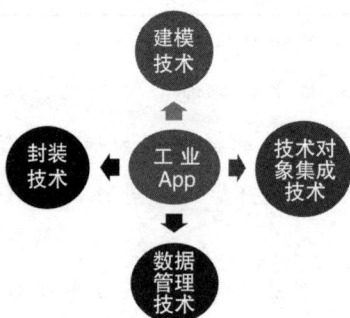

图 3-17　工业 APP 核心技术体系

(1)建模技术

工业技术通常包含众多更为具体的工业技术和科学理论,为了满足不同行业和不同企业的产品战略需求,这些细化的工业技术需要一定的方式和方法组合成系统的工业技术,从而达到研发、生产和管理等目的。这些方式和方法的联结就是工业 APP 的建模过程,也即技术流程建模。技术流程建模可以将存储于不同技术中的数据有序组合起来,同时也可以根据每个技术流程使用方法的不同实现不同的驱动形式。

(2)封装技术

附属于技术流程的技术方法是工业技术的重要组成部分。从理论上来说,由于工业技术的复杂性和使用方法的不同,某一项特定的工业技术通常可以细分为若干技术,进一步地,将这些细分的特定工业技术与通用工业技术合并在一起,形成工业 APP。目前,众多工业领域的龙头企业都采用了"特定工业技术＋通用工业技术"这种做法,既可以提升技术资源的使用效率,又可以封装出新的工业 APP。常见的封装方法包括代码、脚本以及技术流程等。

(3)数据管理技术

工业软件的功能之一就是对获取的海量数据进行系统管理,工业APP 就是通过收集技术数据供流程模块使用。首先,工业 APP 数据管理需要根据工业技术的不同对收集到的数据分类建模,定义不同的数据模型并组合模型间的关系。进一步地,需要依靠材料和型号等数据建立基础数据库。建立好基础数据库后,工业 APP 在运行中又会产生新的数据,这时就需要对这些数据重新分类管理。

（4）技术对象集成技术

工业 APP 需要大量的运行环境,这些运行环境包括工业软件和硬件以及具备数据重合特点的其他对象。工业 APP 的成功封装必然涉及上述对象的集成。适配器通常作为技术对象集成的工具,在封装过程中,有时会遇到如研发设计适配器的问题,此时如果已有国际标准,就可以按照国际标准研发适配器;如果无国际标准作为参考,就需要按照不同工业软件的特点设计生产适配器。

3.3.4 工业 APP 未来发展趋势

从工业 APP 的发展形势来看,未来工业 APP 发展将呈现以下趋势（见图 3-18）:

第一,具备较高的技术软件化水平的企业将引领工业 APP 的发展。随着智能制造意识的加强,制造业领域开始逐渐运用庞大的制造知识体系培育具备软件研发能力的智能化团队,这是企业自主研发工业 APP 的重要一步。企业将工业知识和实践经验封装进软件,再运用到未来的生产制造过程,为中国的工业互联网发展提供支撑力量。

第二,工业 APP 与大数据的密切结合推动工业互联网的高速发展。人工智能的爆发式增长会加深机器对工业行为的学习深度,将学习过程中所获取的数据和知识封装在工业 APP 中,使工业 APP 具备一定的人工智能,实现工业领域真正的智能化生产和运营。

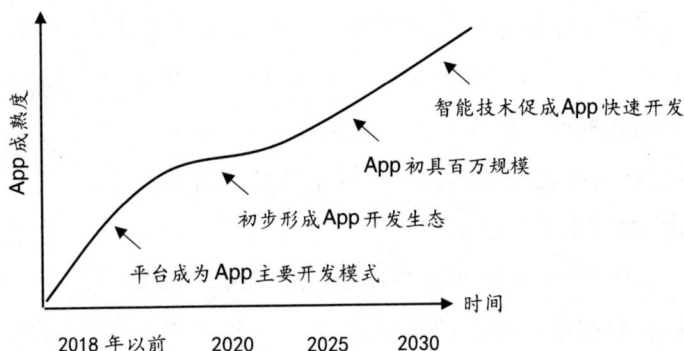

图 3-18 工业 App 的发展展望

资料来源:《工业互联网 APP 发展白皮书 2018 年》

目前,工业 APP 仍处于初级阶段,尚未形成完整的模式和框架体系,工业 APP 仍存在缺乏生产安全保障、开发通用性较低、缺乏分发渠道与质量评测依据等问题。尽管如此,作为工业知识和经验的新载体,工业 APP 也逐渐成为我国打造制造业强国、推动技术软件化发展的突破口。在云计算、大数据以及人工智能等先进技术的驱动下,工业互联网领域和先进企业应当巩固工业 APP 的发展基础,在积极借鉴国外 APP 发展模式的基础上,将技术、应用、生态作为切入点,发挥制造业领域种类齐全和规模庞大等优势,充分利用工业 APP 核心技术优化研发和应用环境,实现工业 APP 真正意义上的"赋值、赋能、赋智",使创业者能够发挥主观能动性。

章末案例

沃德智能:为工业心脏注入强心剂

近年来国际贸易摩擦不断加剧,制造业作为立国之本、兴国之器、强国之基被提到了前所未有的高度,一时间让工业互联网成为世界主要国家争夺未来产业发展制高点的重要领域。工业互联网将整合两大革命之优势:一是工业革命,在工业革命时代背景下,诞生了机器、设备、机组和工作站;二是在计算和信息通信系统的影响下的网络革命。沃德智能自 2010 年成立以来,一直致力于传统行业的智能转变,其所研究的工业设备智能健康管理受到工业领域的大力追捧。沃德智能凭借国际专家组成的研发团队,积极探索工业智能化,已成功拥有国家专利 192 项。

一、公司简介

沃德智能技术有限公司(以下简称"沃德智能")成立于 2010 年,是一家致力于开发智能设备技术、开发计算机软件和传感器技术、制造和销售工业设备,并对设备进行广泛的维护和智能健康管理的工业互联网公司,目前已拥有软件著作权 5 项,发明专利 31 项,国家专利 192 项,装配工艺 863 项,图纸 63 万张。2017 年,沃德智能已成功上线沃德电商平台,并成功研发智能化第二代产品。

沃德智能集成了智能服务和工业服务的尖端技术,例如物联网、现代传感器技术和无线通信技术等,实时收集设备运行数据,并利用沃德多年来积累的传输故障数据进行数据分析,从而实时监视设备状况,及早检测到设备故障。对于发现问题的设备,沃德智能提供高端传动设备以及零件定制和再制造服务。沃德智能目前在 18 个国家和地区中再制造 38 个品牌的变速器,实现 63 张设计图纸,掌握市面上 90% 以上传输设施的结构数据,并积累丰富的故障特征数据资源,监视传输设备的运行状况。

二、沃德智能：让智能健康管理为工业心脏注入强心剂

作为物联网的直接应用领域，工业如今已是国民经济的命脉，特别是在与国民生产总值息息相关的支柱产业中，如煤炭、化学工业、电力、水泥和钢铁等工业的生产线不能与传输分开。工业智能管理能够基于现有管理模块，通过集成现代信息技术和人工智能技术来进行智能规划、智能执行和智能控制，并以智能决策为依据，智能地分配公司的资源，建立和维护公司的管理顺序，实现公司管理中各个元素之间的有效集成以及"人机和谐"的管理系统；同时能够在制造过程中获取最新数据库，自动执行故障诊断、排除和维护。沃德智能正是基于这样的模块功能在大数据时代下实现万物互联。因此，传动设备如同工业心脏，设备运行的实时信息将直接影响国民经济。沃德智能的设备智能健康管理云平台如图 3-19 所示。

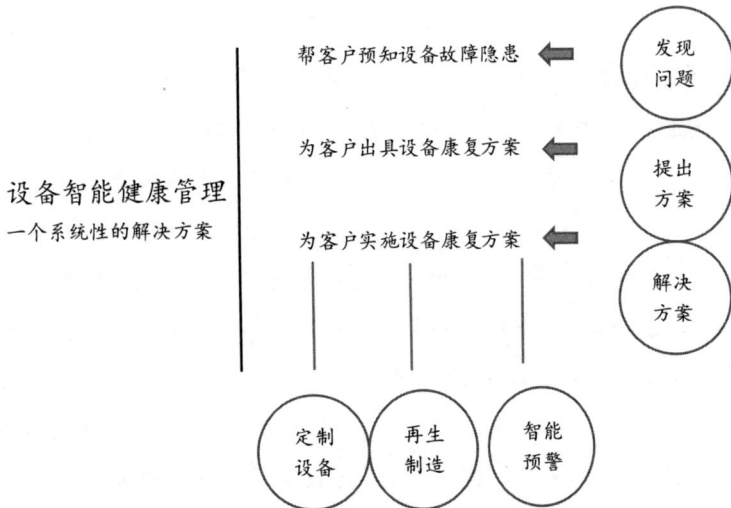

图 3-19　设备智能健康管理云平台

沃德智能健康管理旨在数字化生产的基础上，利用物联网技术和设备监控技术加强设备管理和服务，结合智能手段和智能系统等新技术，帮客户预知设备故障隐患，为客户出具设备康复方案和实施设备康复方案。沃德智能已经从事减速机生产多年，目前为 90% 以上的品牌

和国家或地区品牌变速器提供回收制造服务。沃德智能以设备在生产制造过程中的故障数据为基础,结合物联网等新一代信息技术打造了"设备智能健康管理云平台",设备智能健康管理的运行模式如图 3-20 所示。

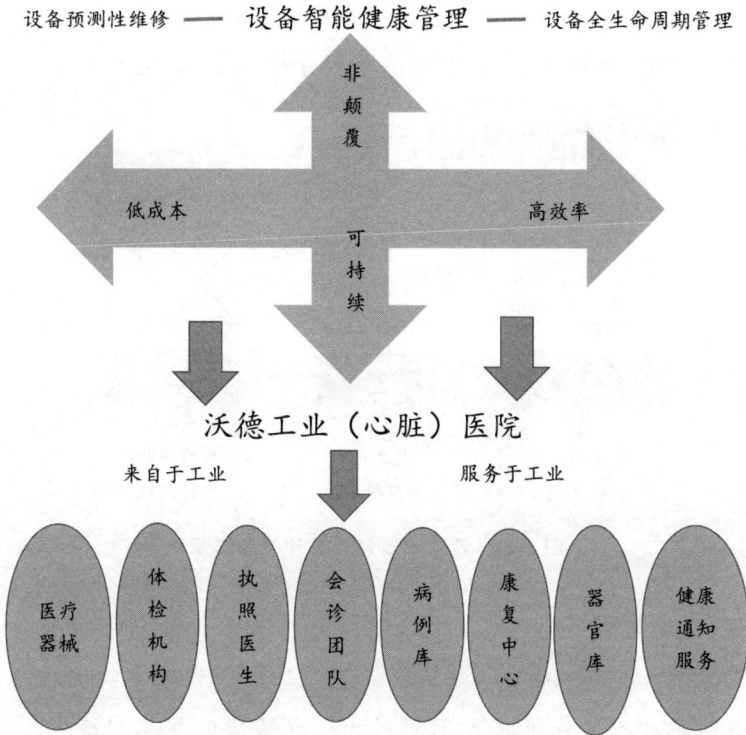

图 3-20　设备智能健康管理运行模式

三、沃德智能技术团队优势

沃德智能成功创建了一支具有创造力和团队精神的技术团队,这确保了公司产品和服务的不断改进。自成立以来,公司聚集了国内外一流的技术和管理精英,研发了沃德设备健康管理服务体系(如图 3-21 所示),吸引了国内外无数知名投资机构,有效激励员工不断地进行创新创造。这一切主要受益于公司自身独特的管理理念及管理机制,包括:一是安全是重中之重;二是正确的行为是员工的基本职业素养。

技术团队主要由沃德智能首席科学家、美国工程机械师学会院士、国际制造工程师学会院士、国家"千人计划"专家梁越昇教授领衔研发;由齿轮技术首席专家、教授、博士生导师朱孝禄和首席设计师、国家标准委员会委员孙洪利组成的国际化专家研发队伍。沃德智能包括三个研发中心:佐治亚研发中心、天津研发中心和北京研发中心,分别包括算法的开发、平台建设、大数据的挖掘分析、云计算等各方面。

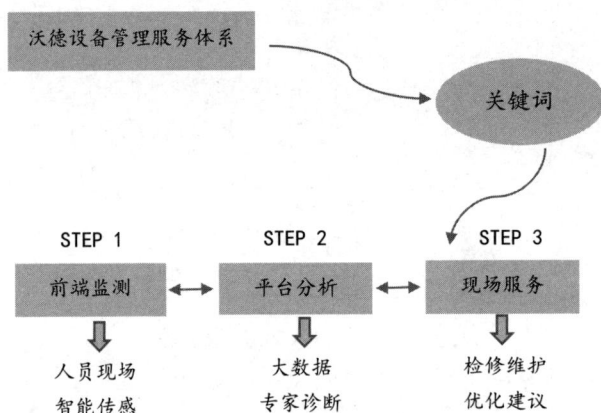

图 3-21　沃德设备健康管理服务体系

四、结论与启示

21 世纪,组织中最有价值的资产将是知识工作者及其生产力。知识工作者的生产力保证是人工智能和企业集团的智慧的结合。21 世纪企业中的每个员工都应该是一名知识工作者,公司最重要的资源是知识,而最重要的能力就是人机结合智能和企业群体智能。

第一,技术的潜力为智能管理成为现实提供了重要保证。信息技术的发展,使得企业管理进入了信息时代。企业生存和发展的必要性、信息管理的发展、人工智能理念和技术的发展以及企业的扩展,为企业智能管理发展提供了基础条件。沃德智能不仅将智能化用于建设企业平台和对外的解决方案上,同时将其引入企业的管理中,企业智能管理发展也极大地刺激了人工智能和技术的发展。

第二,智能管理的核心是智能决策。智能决策的主要内容是分配公司资源并建立和维护公司运营秩序。根据管理大师西蒙的决策理论,管理的核心是决策,因此,智能管理的核心是智能决策。目前,企业之间正在使用的集成计算机制造系统(CIMS)、企业资源计划系统(ERP)、供应链管理系统(SCM)、客户关系管理系统(CRM)等正由传统发展向智能化发展转变。

第三,智能管理作为一种集成管理系统,旨在以各项管理为基础,有效地集成人为因素并实现人机协调。智能管理是一种思想、一个模型和一个系统,企业信息管理和商业智能失败大多是人为因素和人机不协调造成的。智能管理的目的不是要击败已经成熟的管理模块,而是要以一种智能的方式改进管理系统,实现人为因素在企业管理中的有效整合,实现人机协调。沃德智能管理系统帮助企业在生产运营过程中有效管理企业上下游流程与设备监控,极大地提高了企业的运行优度和降低了企业的生产不良率。

第四,智能管理追求的最终目标是人工智能与企业智能相结合。在物联网时代,为了生成大量数据,手机、汽车以及日用品等所有东西都被连接在一起。数据是信息革命的首要资源。智能管理、信息管理和知识管理之间的最大区别是创建了"人与计算机的智能结合"和"智能企业集团"。德鲁克(1999)认为:20 世纪,公司最有价值的资产是生产设备。沃德智能管理系统正是为这样的资产保驾护航。

资料来源:沃德智能技术有限公司官网 http://www.world—ai.net/

第四章

工业互联网——为制造业转型升级赋能

从近现代的历史看，国家经济实力的兴衰和工业化程度有着很大的关系。改革开放 40 多年来，中国经济之所以获得奇迹般的增长，根本原因仍然是中国确立了适合国情的、比较成功的制造业战略。正是因为中国制造在全球范围内参与了国际分工和崛起，从而使得中国的整体国力和经济的竞争力得到提升。2008 年中国超过美国成为全球第一制造业大国，结束了美国从 1895 年以来一直保持的制造业生产规模第一的历史。我们必须清醒地认识到，过去 40 多年，如果没有制造业，中国不会成为全球第一贸易大国、第一出口大国和第二经济规模大国，中国目前的国际竞争力和中国的制造业休戚相关。未来中国在国际上的地位如何，仍然取决于中国制造业能否从大变强。

中国要踏踏实实在数学、物理学、化学、神经学、脑科学……各方面努力去改变，我们才可能改变这个世界。

——华为创始人　任正非

"INDICS＋CMSS"平台：赋能国家产业升级

制造业已进入全球平台竞争的时代，工业互联网平台在促进工业价值链的高端升级中发挥着作用，成为国家富强的关键。在这种背景下，基于环保平台的工业互联网应用程序也很重要，鼓励发展工业互联网应用程序的政策不断出台。在这种大趋势下，航天科工增长战略焦点在于推进工业互联网平台的建设和运营，实现智能制造、协同制造和云制造的联合发展，旨在促进未来企业转型，提升公司生产管理水平。

一、公司简介

航天云网科技发展有限责任公司（以下简称"航天云网"，缩写为CASI Cloud)，是由中国航天科工集团公司联合所属单位共同出资成立的高科技互联网企业。公司于2015年5月19日在北京市工商行政管理局登记成立，并于2015年6月15日由中国航天科工集团公司正式挂牌。其经营范围包括技术开发、技术咨询、计算机系统与服务等，航天云网专注于平台研发、智能评论、工业应用、企业云等核心业务和功能，形成了"建设＋运营"的两轮驱动商业模式，公司专注于平台产品服务和智能制造，关注市场和用户，旨在构建平台服务能力和垂直业务解决方案能力，并于2017年6月15日和2018年6月15日先后发布"INDICS"云平台和"CMSS"云平台，这意味着中国互联网平台建设日益走向完善。

二、深入研发，走自主创新道路

工业大数据作为工业互联网的核心支持，对企业和机构来说，像空气一样不可或缺。中国航空科工集团有限公司和航天云网科技发展有限责任公司高度重视工业大数据产业的发展，将其视为数字经济时代下中国应大力发展的产业之一。航天云网工业大数据发展的主要任务是通过密集共享制造资源来组建新的云制造产业生态，建立源自工业大数据技术的业务模型。

航天云网工业互联网服务平台是世界领先的自主控制国内工业互联网技术系统、标准系统和工业系统的建设平台，为中国构建制造强国和网络强国提供了重要支持。以"INDICS＋CMSS"工业互联网平台为基础，航天云网正在努力开发一个以平台的整体架构、平台产品和服务、大数据、工业数据网络和信息安全为主要内容的开发系统。为企业提供"一脑一舱两室两站一淘金"服务，构建自主生产的工业互联网安全生态环境和云端产业集群生态，建立一个与互联网发展相适应的制造产业。目前，航天云网已拥有复杂产品智能化制造系统技术的重点实验室，以及工业大数据应用技术的国家工程实验室。企业拥有包括企业情报的变革、信息系统安全级别的保护水平、信息系统的集成以及产品质量认证等在内的53种专业资格证书。带头制定了《智能制造服务平台资源和功能访问的集成要求》，为世界智能制造服务提供国际标准。

二、"INDICS＋CMSS"——赋能国家产业升级

INDICS定义为智能云系统，智能云系统是一个工业互联网开放平台，以面向区块链、边缘计算和数据智能的下一代人工智能技术为中心，同时面向全球开发商、设备制造商和设备，为整个生命周期工业应用程序提供开发、部署和运营环境。

第一，"INDICS＋CMSS"协同共创。CMSS指为工业应用提供一套标准、开放、统一的集成和协同环境的云制造支持系统，与INDICS云平台共同打造INDICS＋CMSS＋APPs整体解决方案。INDICS定位为支持智能制造、协作制造、云制造模型和生态系统的工业操作系统，能够实现对工业机械、工业服务和工业产品的感知，与物联网共享与协作。CMSS通过INDICS平台提供工业应用集成和协作环境，实现企业/工业应用在业务云制造模型中的应用服务动态集成和协调，从而支持不同价值的工业软件和模块的快速组合。

第二，"INDICS＋CMSS"层层互联。INDICS＋CMSS平台包括资

源层、访问层、平台层和 APP 层。其中,资源层包括工业服务(例如研发服务、制造服务和售后服务)和工业设备(例如传感器和机器人设备)以及工业产品(例如智能产品和互联网产品)。访问层支持通信,提供的具有知识产权的产品和软件访问界面支持"云计算＋边缘计算"的混合计算模式。而"INDICS"云平台,则包括微服务和边缘计算,大数据智能驱动以及新兴 AI 等核心内容。基于主流的 PaaS 云平台 Cloud Foundry 基础架构,提供应用程序支持和运营环境,支持业务云容量扩展,在内部建立数据中心,帮助目标企业实现数据集成,如图 4-1 所示。

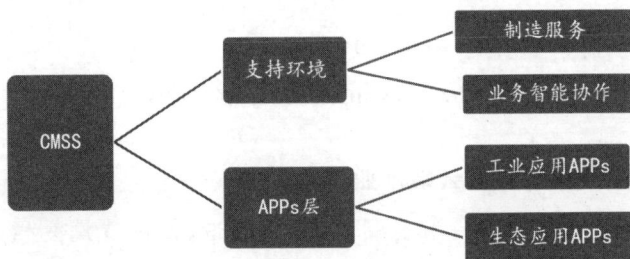

图 4-1　CMSS 架构体系

第三,"INDICS＋CMSS"客户价值。"INDICS＋CMSS"以客户为中心,打造"INDICS＋CMSS＋APPs"整体解决方案,实现工业服务、工业设备和工业产品的社会化集成共享、优化配置和业务协同,重塑行业边界及产业结构,实现价值链转型,构建新的制造模式和制造生态,如图 4-2 所示。

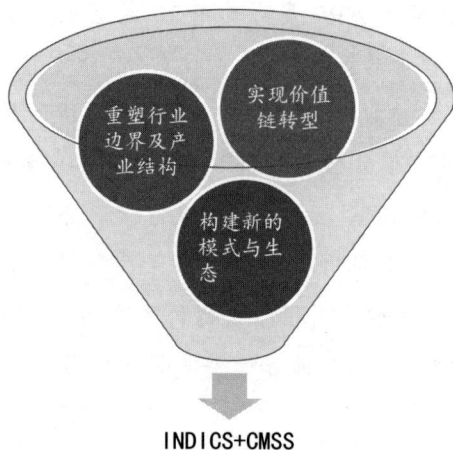

图 4-2 "INDICS＋CMSS"客户价值

三、创新领跑，打造云端产业集群生态

INDICS 定位为支持智能制造、协作制造、云制造模型和生态系统的工业操作系统，物联网实现对工业机械、工业服务和工业产品的感知、共享和协作、培训决策、调度，CMSS 是云制造运营的动态集成和智能。

"INDICS＋CMSS"的结合正在建立基于工业互联网的云制造产业集群经济，目标是实现三种现代制造形式——智能制造、协同制造、云制造、运用大数据和人工智能技术以及第三方商业和金融资源，将制造业的技术创新、商业模式创新和公司管理创新联系起来，以促进公司转型和产业升级，如图 4-3 所示。

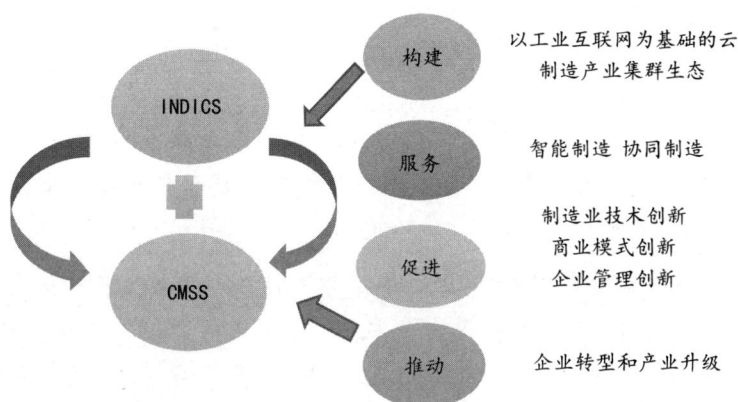

图 4-3　"INDICS＋CMSS"云制造产业模式

第一，INDICS 是 CMSS 的平台基础。对下，INDICS 提供针对 CMSS 的设备资源管理功能，提供标识类、执行类、故障类、安全类接口服务，支持工业设备、工业产品、智能产品资源访问。对上，"INDICS" 提供针对"CMSS"的平台应用程序服务功能，提供微服务、机制模型、建模和开发工具、应用程序开发和操作所需的公共服务组件。

第二，CMSS 推动创新。CMSS 设备支持生产线层中的设备制造和监视类应用程序以及数据驱动的设备操作类应用程序的边缘智能应用程序。在 INDICS 的支持下，CMSS 构建、服务、促进、推动面向企业流程化的生产线，推动企业转型升级。

四、工业应用与生态应用双管齐下

在航天云网中，它搭建的双重网络架构能够根据不同的价值快速组合工业软件和模块支持应用程序层，主要包括工业 APP 层和生态 APP 层。其中工业 APP 层提供了工业应用程序，例如智能研发、精益生产、智能服务、智能企业。智能研发是着重基础；精益生产能够在此基础上让企业通过应用程序控制企业生产进程，有效提高效率和降低企业生产隐性成本，同时企业对外能够为客户提供精准服务，对内实现精益化管理。生态应用 APP 提供企业智能化改造应用、企业云端协作应用以及企业生态应用等 APP，从两个角度为企业打造符合企业发展的改造方案。

五、结论与启示

航天云网搭建的云制造平台对于企业生产实现智能化、精益化具有重大影响和促进作用，这也正是其为什么能够在日益激烈的竞争环境中屹立而不倒。

第一，平台特色，切合实际。航天科工打造的丰富的云制造支持系统能够为广大的制造企业提供丰富、庞大的制造支持部署解决方案。针对企业生产出现的供应问题、工序问题、流程问题、衔接问题等种种使得企业效率低下和隐性成本增加的情况，航天科工能够通过系统算法给予企业个性化解决服务，切实满足广大客户需要。

第二，资源整合，集成优势。通过资源的社会集成、部署，协作建立系统化的运营结构，实现企业制造业战略的转变，形成新的竞争结构和新的业务利润模型。同时消除单一产品和流程中的生产障碍，重组价值链的研发、制造和客户服务等活动，促进价值链的转型，构建新的模式与生态，为客户打造全新的产品价值体系。这就是航天科工打造的云制造"王国"。

航天科工将在未来三年继续提供丰富的云制造支持系统，建立国际先进的工业应用生态系统，为企业提供产线上云，致力于实现研发设备上工业和生态应用的详细研究，提高企业智能制造服务，推进企业的数字化转型。

资料来源：

1.航天云网官网：http://www.casicloud.com/

2.《INDICS＋CMSS双轮驱动构建云端生态》

https://www.jianshu.com/p/f42158d8c149

3.《权威解析｜航天科工最新发布的 CMSS 到底是个啥?》

http://www.sohu.com/a/236866601_241477

4.《INDICS＋CMSS白皮书》

http://wenku.casicloud.com/wk/doc/detail.ht? docId＝10000072600061

2013 年 4 月,备受瞩目的世界级展会——汉诺威工业博览会在德国如期举行,一共包括 65 个国家和地区的 5000 多家厂商参加展会。在此次展会中,"工业 4.0"概念正式推出。同时,汉诺威博览会负责人表示:在未来的 15 年内,制造业的发展将对全球经济发展产生巨大影响。这意味着第四次工业革命悄然来临。纵观历史,工业发展水平无疑是评判一个国家国际地位的主要标准之一,只有工业发达的国家才能在激烈的全球竞争中掌握主导权。如此一来,要想大力拓展工业领域的市场空间,就必须配备完善的工业系统,只有这样,才能保证工业能够在正确的轨道上运行和发展。

一般来说,工业系统主要由三部分构成,根据产业链的顺序,依次可分为设计者、制造与集成者、使用者三部分,如图 4-4 所示。在这个工业系统中,各个部分扮演着不同的角色。首先,设计者的基本作用是定义问题,即通过设计者自身掌握的设计原理和知识明确问题的内涵及类型;其次,制造与集成者通过收集到的工业数据提供工业技术和核心装备等;再次,使用者直接使用设计者和制造与集成者提供的工业产品与集成方案,获得最终价值后,进一步地提出反馈意见。

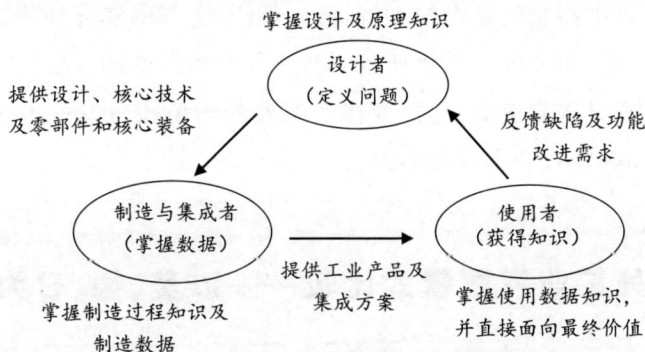

图 4-4　工业系统中三类角色的关系及优势

历史表明,美国、德国、日本等之所以迅速成为全球领先的发达国家,在很大程度上归因于工业发展。结合历史,可以看出美、德、日、中在工业系统中扮演着不同的角色,其中美国、德国、日本三国扮演的是设计者的角色,而扮演制造与集成者、使用者这两个角色的则是中国。回顾历史,正是第三次工业革命引领人类走向互联网,自此,人类社会发生了翻天覆地的变化。如今,我们必须清醒地认识到,第四次工业革命或许已经到来,而人类社会正处于这场变革的开端。2012 年,美国国家科学技术委员会发布《先进制造业国家战略技术》;之后的一年,在德国汉诺威工业博览会上,德国总理默克尔提出实施工业 4.0 战略;2015 年,日本在公布的《2015 年版制造业白皮书》中,将人工智能、软件技术、IT 等作为日本制造业发展的重点内容。比较美、德、日三国的工业互联网发展战略,不难发现,三国的工业发展模式存在较大差异。20世纪 60 年代,美国数字化设备公司研制出了人类历史上首个可编程逻辑控制器(PLC),从此,人类进入了自动化时代。对于德国而言,与政府一同发起"工业 4.0"战略的西门子公司利用 PLC 系统深扎工业基础,支持德国发展成为世界第一大机械制造强国。由此可知,美国在工业发展过程中注重的是虚拟经济,换句话说,美国的实体经济是不断向国外输送的。而德国则希望通过制造业与互联网的同步发展位居世界前列。对于日本制造商而言,专注于机器的增值比研发一个面向行业的工业互联网 APP 更有吸引力。

4.1 国外工业发展模式比较——以美、德、日为例

通过各国宣布的工业发展战略,我们完全有理由相信,未来,谁能在全球制造产业发展方面率先取得重大突破,谁就会是接下来全球经济增长新引擎的领导者。实际上,各国的工业发展战略都是通过深思熟虑,结合自身工业发展的优势和劣势后提出的。各国工业发展的优势、劣势比较具体如表 4-1 所示。

表 4-1　美、德、日、中四个国家的工业优劣势比较

国家	设计	核心部件	加工制造	集成	使用	后市场服务
美国	●	●	○	◑	◐	◑
德国	●	●	●	◑	◕	◑
日本	●	●	●	◐	◕	◑
中国	◐	○	●	◑	◑	○

注：●代表明显优势，○代表能力缺失，◑代表正常水平，◐代表相对劣势

4.1.1 美国工业发展论析

美国作为全球制造业大国,其工业化战略和工业发展模式对于其他国家来说具有极其重要的借鉴意义。18 世纪末,独立战争使得美国开始走向工业化。19 世纪 70 年代至 90 年代,美国的工业总产值成为全球第一。之后,在 100 多年的时间里,美国实现了工业产业的成功转型,超越英国成为全球领先大国。尽管近几年美国制造业开始衰落,但通过对美国制造业发展历史的解读,我们可以得知,美国之所以跃升成为工业超级大国,除了具备先天优势外,美国政府还通过结合本国自身情况,制定出了符合美国发展特点的工业战略,从而推动美国走向世界经济强国。

（1）美国工业发展的历史优势和特征

工业发展一般包括人力、自然和资本三个基本条件[21]。美国脱离英国的殖民统治后,通过大规模的土地扩张获得了充裕的土地资源,然而,由于当时劳动力数量的限制,这些土地资源却没有得到很好的利用。之后通过开放的移民政策,大量的欧洲移民者和亚洲移民者涌入美国,为美国提供了丰富的劳动力。而在金融资本方面,美国结合自身国情,制定相应的经济发展方针和产业战略,例如扩大国内市场、限制垄断、协调区域经济发展等方式,推动了工业化的顺利实现。

19 世纪 70 年代至 90 年代,美国超越世界各国,成为工业生产总值领先的国家。美国工业化的顺利实现除了具备丰富的自然资源和人

力条件以及金融资本之外,最重要的一个特征就是产业之间协调发展[22]。以轻工业和农业为例,轻工业和农业在美国现代社会的产业发展中的比例日益降低,然而,在美国工业化完成之前,轻工业和农业在产业发展中仍占有较大比重。

(2)美国工业发展体系

1889年,美国工业总产值占工农业总产值比例高达约78%,美国已从农业国顺利转变为工业国。19世纪,美国夺得工业总产值第一的称号,成为名副其实的工业大国。美国的工业发展道路符合大国经济发展模式,其工业化实践向世界展现了如何从一个后起的资本主义国家顺利转变为世界超级大国,为全球工业实现制造业转型升级提供了价值意义。

美国之所以能够发展成为世界第一工业强国,除了自身具备的土地资源和人力资源外,其完整的工业体系也为实现工业化提供了制度支撑。其中,美国的工业体系中,"6S"的生态体系最为著名,"6S"生态体系主要包括[23]:

(1)航天航空:美国拥有世界上最庞大的航天航空产业,其航空航天技术也是美国工业发展中最重要的产业赋能技术。据统计,2019年全球航空产业中,属于美国的航空产业就有40%,并且未来美国的航空航天产业比重出现持续递增的趋势。

(2)半导体:美国作为全球半导体产业的发源地,其半导体技术一直处于世界前列,尤其是在半导体行业中的PVD和CMP等设备方面,几乎垄断了全球市场,其他国家的PVD和CMP产品短期内较难超越美国产品。

(3)页岩气:美国的页岩气出口量在全球始终处于领先地位,这主要归因于美国的"页岩气革命",除了页岩气,美国在能源领域同样占据着主导地位。

(4)智能化服务增值经济:在智能发展方面,美国希望通过利用新型信息技术和智能软件等实现"再工业化",提升美国制造产业的产品质量、生产效率以及可持续性,打造美国制造的核心竞争力。

（5）创新精神：美国脱离英国殖民地后，在模仿英国工业技术的基础上，不断创新，从一个工业化后发的模仿者逐渐转变为技术创新者。美国在创新领域的突破以专利为典型代表，专利在工业领域方面的应用极大地加快了美国工业化进程。

（6）可持续人才资源：建国初期，人力资源的限制极大地阻碍了美国工业化进程，为了吸引更多的国外高素质人才，美国实行了开放的移民政策，这在很大程度上节省了美国在人才培养方面的开支，同时也为美国工业发展提供了源源不断的劳动力。

为了实现先进制造业的转型升级，美国在 2012 年和 2013 年分别发布了《美国先进制造业国家战略计划》和《制造业创新国家网络》，在他们看来，制造业是增强经济发展的重要驱动力，只有率先实现先进制造业的产业升级，美国才能保持超级大国的地位。目前，全球经济发展正处于增速期，只有不断进行知识的生产和技术的创新，美国才能在高水平的工业领域保持主导地位。从"6S"生态系统和制造战略计划得知，美国具备了工业领域的很多优势，例如战略开发、资源分配、创新思想、软件技术以及产品增值服务等。在整个制造业生产要素产业链中，美国将能源资源、信息技术等部署于产业链下游，通过掌握核心技术，牢牢抓住了产业链的顶端，在面对众多制造强国的挑战时，美国仍能够继续保持其核心竞争优势。

专栏 4-1：美云智数

美云智数：做全价值链企业云的领导者

随着数字经济时代的到来，依托信息化和数字化等新一代技术进行企业转型成为各大行业的必然选择。如今，怎样进行数字化转型成为现阶段工业发展的重大问题。美云智数将自主研发的智能制造、工业数据、五大产品系统、16 个"全价值链＋云系统＋数据智能"产品及解决方案等服务广泛应用于移动化和信息化多个领域，并致力于通过智造云、数据云、美信云和慧享云四大产品促进企业的数字化转型。

一、公司简介

深圳美云智数科技有限公司（以下简称"美云智数"）由全球知名企业——美的集团信息科技公司于 2016 年成立。美云智数通过大数据、云计算等通信技术为企业实现数字化转型，为企业提供不同工业场景的工业解决方案。

如今，美云智数使用信息技术为全球用户提供社会服务，支持了美的集团 1600 亿销售额。公司旗下智造云事业部是面向制造商的集成智能制造解决方案，包括智造云 MES、电子 MES、智造公有云、协作云、工业互联网平台等。公司的一整套解决方案还成功应用于玩具，零售商和鞋服等行业，帮助企业构建应用产品系统。公司成立半年以来，已与长安汽车、永辉超市、京信通信、金龙客车、华星光电等企业建立合作关系。

二、全价值链覆盖

工业互联网发展总是从低级发展阶段向高级发展阶段过渡。目前，我国工业互联网发展仍处于起步阶段，企业只需实现工厂外企业与上下游制造商、智能产品和用户之间的网络连接即可。然而，对于更先进的智能世界发展来说，我国仍有一段很长的距离。对此，作为美的集团旗下云服务商，美云智数推出了全价值链企业云——"MeiCloud"，推动我国工业智能制造产业发展，如图 4-5 所示。

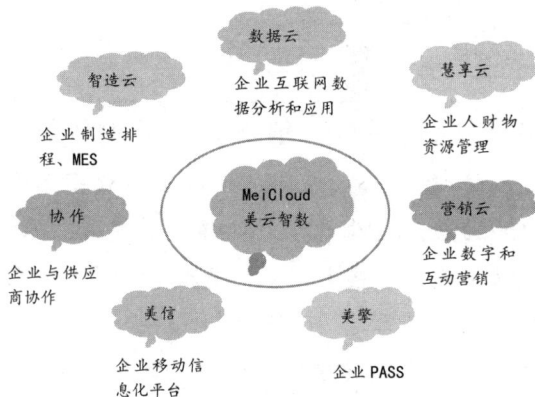

图 4-5　"MeiCloud"解决方案

美云智数拥有数据云、智造云、协作模块、美信、美擎、营销模块等多个功能模块,从上至下赋能企业全过程,包括人力、财力、资源管理、营销、供应、生产等全流程,从而有效实现其全部价值链。

三、核心优势,囊括万千

产品系统是 MeiCloud 的关键组成部分,涵盖了整个制造业的供应链,并在美的集团深度应用的基础上,结合中国传统制造业的特征提供智能制造信息化和工业以太网集成解决方案,以提高重点分配的准确性、效率及质量,使设备向数字化、透明化、自动化转变,从而实现透明生产、物流智能化、管理移动性及决策数据化,帮助企业迅速进入工业 4.0。美云智数的核心能够覆盖整合目标供应链、整合全方位资源展开分析,这正是其优势所在。

MeiCloud 通过新一代信息技术为企业提供全价值链云服务,以促进企业数字化转型以及智能制造的规划和实施,为全球范围内的制造商提供智能解决方案模式,促进工业 4.0 革命的顺利实现。

资料来源:美云智数官网 http://www.meicloud.com/

4.1.2 德国工业发展论析

作为全球制造强国,德国经历了 20 世纪 80 年代至 90 年代的工业产业转型之后,开始出现下滑趋势。2013 年,在全球著名的汉诺威工业博览会上,德国率先推出"工业 4.0"战略,旨在重新获取全球制造业发展的主导权。德国的工业发展转型经验为我国实现先进制造业的高质量发展提供了重要的指导意义。通过分析,德国的工业发展模式与美国截然不同,具体而言,德国的工业发展特点可概括为以下几方面:

(1)"隐形冠军"

事实上,德国之所以成为制造强国,在很大程度上归因于一批极具发展潜力的"隐形冠军"。美国着重发展大企业,而在德国,常常存在很多"隐形冠军"，据统计，德国"隐形冠军"的数量常常占到全球总量的50%。那么，如此具有发展潜力的"隐形冠军"到底指什么呢？根据著名管理学家西蒙对"隐形冠军"的定义，他认为："隐形冠军"通常是行业的领先者，在全行业中位列前三，同时，它还是不被大众熟知的中型企业。此外，西蒙认为"隐形冠军"之所以成为德国制造业的主要支撑力量，是因为他们执着于各自的细分市场，将所有的精力投入研发之中。"隐形冠军"企业都有着非常明确的目标，在实现目标的过程中往往会表现出专注和偏执，例如"我们只做市场第一，不做第二"等。

"隐形冠军"之所以获得巨大的成功，除了自身的实力外，还包括德国政府的扶持。"隐形冠军"在发展初期通常是一些小型企业，为了支持这些企业的发展，德国专门成立了为中小企业服务的中介机构，为这些初创企业提供全方位的指导和服务。"隐形冠军"企业的最大特点就是业务专一化和区域多元化相结合，例如，生产制造设备的企业会在全国甚至世界各地都有自己的子公司，但这些公司通常只生产制造设备，不涉及其他经营范围。此外，这些企业很少通过舆论宣传自己，只会专注于自己的分内之事，有些企业甚至不允许公司员工与新闻媒体打交道。这些独特的经营模式为"隐形冠军"成为德国工业发展的骨干力量奠定了坚实的基础。

(2)"工匠精神"的摇篮——"双元制"教育

人力资源向来是制造业发展的核心内容，德国对制造人才的培养主要是通过"双元制"教育来实现的，可以说"双元制"教育是德国制造发展的关键因素。"双元制"之所以可以为德国提供可持续的人力资源，主要的原因在于在双元教育模式下，学生的学习生涯由学校的理论教育和社会实践共同构成。换句话说，学生除了在学校接受教育外，还需要在实践岗位实习，不断地学习和培养专业技能。由于实习的学生很可能成为本企业的员工，因此德国企业在培训学生时通常比较严格，这就意味着学生可以接受最为专业的指导和培训，不断提高个人技能。此外，学生在"双元制"学习期间的费用由企业和国家共同承担，学生不承担学习费用。除了免除学费外,学生还可获得培训机构发放的津贴,这些津贴基本可以满足学生的生活所需,因此,学生可以有更充足的时间学习和钻研专业知识和技能,保证学校可以为人才市场输送合格的人力资源。

(3)创新传统

一直以来,德国都在引领欧盟的创新发展,在技术创新领域一直名列前茅。德国企业不仅拥有过硬的自身实力,在国家发展方面,一直体现着企业的社会责任感,例如西门子公司除了拥有专业的研发团队,还与政府或其他机构共同出资支持中小型企业的研发设计。这种大企业带动小企业的发展模式不仅有利于提升德国整体的工业发展水平,同时为中小企业提供了更多学习创新技术的机会。为增强市场主体的创新协同能力,德国政府通过推动产业技术创新联盟发展等方式为企业进行创新合作提供良好的产业环境。此外,联邦政府出台了一系列创新政策,将创新政策作为工业发展战略的重要内容,鼓励企业与高校合作,搭建纵横交互的资源和资源共享平台,推动德国率先实现制造产业高端化、制造智能化和生产集成化。

4.1.3 日本工业发展论析

日本制造——一个具有日本民族特色的词,也称为精益制造。精益制造是源于丰田公司的一种生产方式,精益的终极目标主要包括优化生产流程、消除无效、高效利用资源、降低成本等。日本制造的核心竞争力主要集中在生产过程与生产体系、光学仪器以及精密零组件等。日本制造为何如此强大?笔者认为,原因可以概括为以下几方面:

(1)重视自动化和智能化

日本企业极其注重要素投入与产出比。20世纪90年代末,日本就已经出现了工业自动化,机器在很大程度代替了人,但这并不意味着日本只会一味地追求机器智能,更多的是通过人机协作充分利用人的技能,在提高生产率的同时又可以降低员工对工作的枯燥感知度。在智能化这方面,中国至少比日本延迟了 20 年。生产不同数量的产品,日本企业会采取不同的生产方式。一方面,对于小批量产品,企业更注重产品的装配需求,以适应变化的工艺流程,例如雅马哈公司的船外机就属于小批量生产,且产品结构极其复杂,为了顺利完成船外机的装备,企业采取了零件自动配给系统,利用导轨装配船外机零部件,既提升了劳作效率,也降低了零件装配过程的失误。另一方面,对于大批生产的产品,则会采用连续型生产方式,通过自动化完成产品的制造,例如著名的涂料制造商 T&KTOKA 公司需要生产的标准产品就高达 10 万种,针对如此大批量的产品生产,T&KTOKA 公司引入了 Asprova 生产软件,提升了排产效率。

(2)坚持创新驱动

日本之所以成为制造大国,很大程度上取决于技术创新能力。例如,全球工程机械龙头企业小松集团提出的智能施工解决方案,将无人机勘测的工地数据生成的三维地理模型与地基模型比较,自动推算出所需使用的机械工具以及所需挖掘的土方量,极大地提升了施工效率。

著名的跨国企业东芝公司利用物联网、人工智能以及数字孪生等新兴信息技术研发了数字解决方案,在工业互联网和 AI 等方面实现了技术创新与数字化转型。

此外,全球汽车制造巨头丰田公司在 1992 年就开始研发氢能源,不仅把氢能源应用在汽车上,还将其研发成为移动电源。众所周知,日本所处的地理位置属于地震、海啸多发地区,由于地震和海啸的发生而导致停电时,利用移动氢能源电源就可恢复正常的电力供应。

(3)以文化传承为企业核心文化

组织文化代表了组织的核心价值观,良好的组织文化可以充分调动员工的积极性,使之为实现组织目标做出自觉的贡献。丰田公司就十分注重企业文化的传承。为了使全世界的民众了解丰田的发展历史,公司最大限度地利用丰田自动纺织机厂房的旧址,将其改造为丰田产业技术纪念馆,向来自世界各地的参观者充分地展示了纺织技术发展历程与汽车生产器械,将丰田公司的纺织工艺和汽车制造进程淋漓尽致地展现在人们面前。

在第二次世界大战之后,日本仅仅用了 30 年的时间就摇身一变成为世界第二大经济强国,其制造产业水平在全球更是首屈一指,这其中的关键就在于当日本企业察觉到自己在某一产业领域开始失去优势时,就会以最短的时间进攻其他产业。例如,松下集团意识到在电器领域的市场占有率开始减退时,迅速在汽车电子和住宅能源等领域找到新的市场突破口。索尼电子在失去家用电器的龙头地位之后在医疗领域取得了斐然的成绩,在全球医用内窥镜市场中占据高达 80% 的比例。

在企业发展过程中,环境的多变和未来的不确定性要求组织的内部条件必须与其相适应,企业需要根据外部变化不断调整发展战略。当企业进入成熟的组织生命周期时,调整一个重大战略计划或打入一个全新的产品市场是极具挑战性的,这时就要求企业必须对环境进行深入分析,对产品市场进行深入调研,这也是我国企业在面对制造产业转型升级时需要考虑的问题。

专栏 4-2:用友"精智"

用友"精智":赋能云时代工业企业

一、公司简介

用友网络科技有限公司(以下简称"用友公司")成立于 1988 年。自成立以来,用友公司一直为客户提供综合型、融合化、生态式的制造服务,公司一直秉承用户之友的核心价值观,致力于数字化转型和智能发展,为各类企业和公共组织提供服务,促进企业服务业的转型,用思想和技术促进商业和社会进步。用友公司形成了以用户云为核心的商业布局,促进了云服务、软件和金融服务的融合。用友云定位于数字企业智能服务,旨在开发创新服务,这是服务行业、金融和 IT 领域三位一体的创新发展,为企业提供各种集成服务(云计算、平台、应用程序、数据、业务、知识和信息服务)。

二、用友"精智":赋能云时代工业企业

从工业视角出发,用友云是基于下一代智能技术的工业互联网平台,遵循云模型进行社交化,可链接大量设备,承载大量数据,搭载大量工业 APP,同时提供安全性和访问规范,如图 4-6 所示。

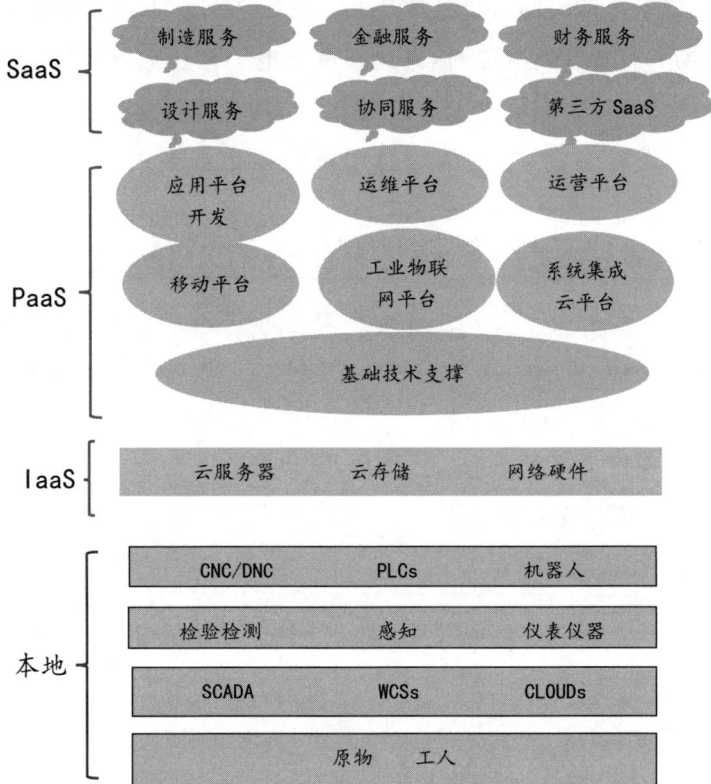

图 4-6 用友"精智"平台架构

"精智"作为一个开放的工业互联网平台,不仅为企业提供服务,支持企业数字化转型,还完善企业生产方法和商业模式(智能生产、定制、网络合作、服务扩展、数字化管理等)诸多新模式。用友"精智"

的整个体系结构包括设备层、IaaS 层、SaaS 层、云访问规范、安全规范、生态服务等。用友"精智"一方面推动企业内部数字化转型,另一方面实现企业与企业间的业务连接,促进社会资源的优化配置,推动国家产业信息化发展。

三、协力创新,共同发展

用友云作为数字化业务应用的基础架构,为 400 多家大型企业和小型企业提供了企业云服务,同时用友云还用作企业服务行业的共享平台。用友云将众多服务提供商聚集在一起,共同为数千家企业和公共组织的创新发展服务,促进中国数字经济和智慧社会的进步与发展。用友公司在推动工业互联网发展的同时,也遵循生态发展的道路。从网络通信和云计算等基本支持系统到数据采集、手持终端和智能硬件,再到工业机器人、智能存储、工厂自动化等业务,合作伙伴都将成为用友工业互联网大生态的重要组成部分。用友不仅局限于自身的发展,而且懂得如何化"他人之力"为"为我之用"。通过生态的力量,用友"精智"将全力支持企业工业化以及数字化转型。2019 年,用友公司获得"华为云生态合作最佳实践伙伴""鲲鹏生态合作最佳实践伙伴"两项殊荣。

资料来源:用友精智官网 https://jingzhi.yonyoucloud.com

4.2 国外制造哲学的差异——以美、德、日为例

在每一次工业革命进程中,各个国家在制定工业发展战略时考虑的第一因素均是本国国情。我们可以看到,21 世纪各国在第四次工业革命中实现产业转型升级时的着重点和发展模式各不相同,这主要是因为:首先,对知识的理解方式和传承方式的不同造就了各国在制造哲学方面的差异;其次,各国在近百年的制造业发展过程中已形成了自己的独特优势,因此,在制造产业链的上游和下游的竞争差异也不相同。

在制造哲学方面，人们在解决问题的过程中不断吸取经验，产生新问题之后又可以利用这些经验解决新的问题，这种反复进行的过程就是获取知识的过程。在这个过程中，解决问题的方式和方法决定了人们获取知识的方式，抽象知识的提炼方式又决定了知识的继承形式。人们可以通过数据和系统等方式来完成知识的获取和继承，这就决定了各国制造哲学必定会存在差异。

4.2.1 美国——以数据为核心的知识定义

在解决问题的过程中，美国十分注重工业数据的作用，在产品的全生命周期方面拥有大量的数据。因此，美国的制造系统常常选择以数据为基础的六西格玛体系。然而，对于中国来说，适合中国制造的是以日本为代表的精益生产体系，而非六西格玛体系，原因在于中国的文化和日本文化具有较大的相似性，更重要的是中国缺乏系统的数据库，因此，精益制造更适合中国制造业的发展[23]。美国的制造哲学如图 4-7 所示。

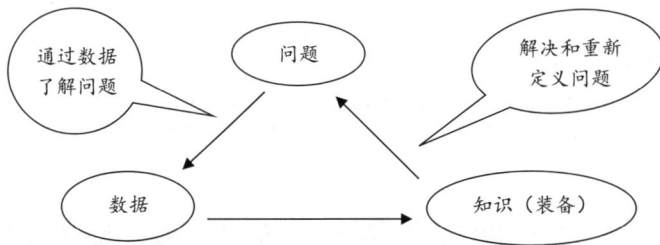

图 4-7 美国的制造哲学

资料来源：李杰《从大数据到智能制造》

在制造过程中，相比数据收集，美国更注重数据的分析和处理。在解决问题时，美国并不仅限于根据专业知识对问题进行传统定义，更多的是拓展知识，从新的角度看待问题，对问题进行创新定义。这一点与日本在打入新市场时十分相似，二者都不会因为传统理念固化自己的思维，而是试着从另一个角度出发，重新看待问题。19 世纪末至 20 世纪初,美国主导的技术发明在全世界掀起浪潮。世界无时无刻不在弥漫着观念创新、体制创新和技术创新的气息。在 1860 年至 1890 年这 30 年的时间里,美国申请通过的专利就高达 40 多万件。这些创新不仅极大地提高了美国的生产率,也为美国成为全球经济大国奠定了坚实的基础。例如全球著名的汽车制造商——福特公司,其所生产制造的 T 型车轻巧便利、车身坚固、价格便宜,售价只有当时其他汽车售价的四分之一,普通工人只需要花费一年的薪资就可购买一辆 T 型车,成为名副其实的"大众消费"。这种 T 型车使人们的生活方式发生了巨大的改变,极大地推动了以汽车为代表的新工业时代的来临。

　　T 型车销量的增加大幅拓展了福特公司的经济利润和市场份额,但与此同时,福特公司也遭受了前所未有的压力。为了满足民众对 T 型车的大批量需求,福特公司不得不从各方面来提升汽车生产效率,因此出现了名为"流水线装配模式"的制造方式。"流水线装配模式"运用连续型流程技术装配汽车,打破了传统装配流程的限制,为汽车制造业带来了技术方面的突破。自此,手工作坊制造又向机器工业制造迈进了一大步,并且福特公司创造的大众消费模式直到现在都还是美国经济发展的一个重大特点,汽车制造产业的技术创新逐渐形成现代化工业生产方式,这些生产方式将科学技术与工业发展结合在一起,让科学技术在工业实践应用中不断地得到完善和改进,极大地优化了美国的产业结构以及市场形态,为美国的经济腾飞安上了翅膀。

　　专栏 4-3:东方国信

东方国信:让数据改变科技与生活

　　东方国信基于大数据的核心功能和资源,成功地让数据改变了人们的生活,不仅加快了以"大数据+"为核心的企业战略的建立,提供通信、金融、工业、公共安全、智能智慧城市、大数据产品及解决方案,同时还充分利用大数据资源,引入专门的投资管理组织,与其他社会资本一起成立大数据产业基金，承担大数据企业的责任，促进大数据战略的实施以及行业升级，让大数据产业生态链更好地为政府、企业和地方人民服务。

一、公司简介

北京东方国信科技股份有限公司（以下简称"东方国信"）成立于1997年，是中国大型数据科技上市公司。自成立以来，东方国信致力于信息技术发展，顺应全球大数据趋势，致力于构建大数据收集、储存、分析、处理、挖掘、应用和管理布局并创建以大数据、云计算和移动互联网三大技术系统为一体的大数据产业体系，如图4-8所示。

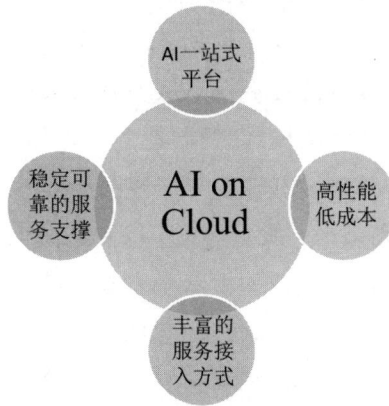

图4-8 "AI on Cloud"平台优势一览

二、云平台科技赋能生活

互联网渗透力正从消费互联网向工业互联网转变。东方国信推出Cloudiip工业互联网平台。Cloudiip平台为覆盖智能、工业数据建模分析、工业机械模型、微服务开发及工业应用创新提供完整的解决方案。同时Cloudiip涵盖了完整的工业应用场景，如设施管理优化、研发设计优化、运营管理优化、生产执行优化、产品生命周期管理优化及供应链合作优化，如图4-9所示。

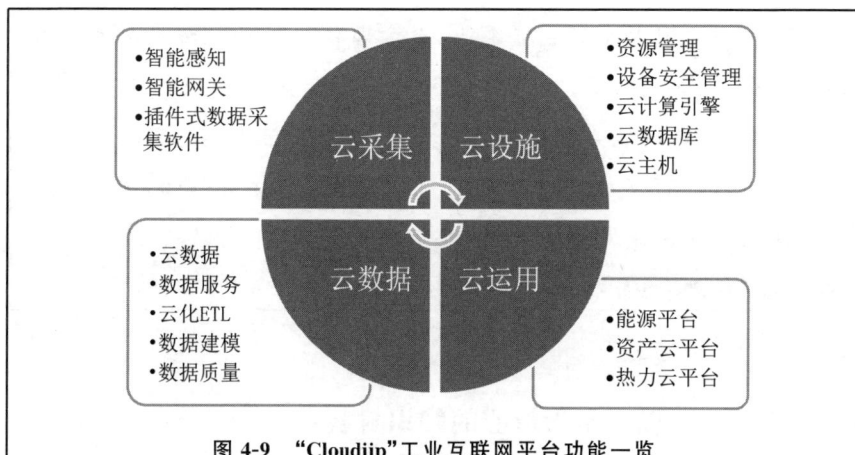

图 4-9　"Cloudiip"工业互联网平台功能一览

第一，AI 赋能服务。东方国信打造的云平台通过先进的人工智能技术提供完整的 AI 数据链，一站式全联接，促进企业智能化发展。将大数据、云计算、移动互联等新一代科技作为 AI 平台的技术支撑，为数百万企业提供大数据产品及解决方案。

第三，广阔接纳，提效降存。云平台拥有丰富的服务接入方式，有 Android、Linux、WebAPI、iOS、Java SDK 等接入方式以最低成本为用户提供 AI 服务。同时通过软件和硬件协作技术，提高了硬件利用率，简化了数据流程，提高了计算效率，降低了软件成本，并通过云服务为企业云化资源管理提供 AI 保障。

三、推进数据集成，技术指引

东方国信在人工智能领域也领先中国诸多企业，其所推出的人工智能云平台"AI on Cloud"对于打造具有国际竞争力的跨行业跨领域工业互联网起着极其重要的支撑作用。AI on Cloud 能够无缝集成大数据、区块链和 AI 技术，支持企业快速构建"智能＋产品＋服务""数据＋分析的统一"等各种应用程序，同时在云平台内帮助企业集成数据，释放公司的新业务和运营模式，降低企业数据分析等隐性成本，培育企业独有的竞争优势。

> 　　作为一家国内大型数据企业，东方国信将继续把握大数据开发的重要机遇，通过培育工业 APP 和微服务交易、解决方案服务交易和数据交易、制造能力交易等商业模式，为工业互联网进驻企业打通脉络，并在以 AI 为主导的技术创新浪潮中发挥主导作用，助力我国工业互联网的快速发展。
>
> 　　　　资料来源：东方国信官网 https://www.bonc.com.cn/

4.2.2 德国——以设备为核心的知识封装

　　有着欧洲经济"火车头"称号的德国一直是欧洲第一大经济体。据世界银行的统计，2018 年德国的经济总量占欧洲经济总量的 21%。德国为何能打败其他发达国家夺得欧洲第一大经济体的称号？这主要归因于德国强劲的工业实力。在制造业领域，德国制造与美国制造、日本制造一同成为全球制造业领域的翘楚。

　　在汽车以及零配件、机械设备制造、化工、制药等领域德国一直领先全球。德国独特的"双元制"教育造就了德国劳动者务实的工匠精神，将理论研究与工业实践的结合作用发挥到极致。然而，在工业发展初期，德国与美国一样，同样面临着一个重大问题：劳动力的短缺。在2015 年全国竞争力指数报告的各项指标中，德国的劳动力指标是唯一弱于创新驱动型国家平均水平的一项，在这种趋势下，研发或引进先进制造设备，实现生产自动化和智能化成为德国制造发展的首要任务。

　　与美国不同，德国在解决问题时并不总是强调工业数据的作用，更多的是注重装备的作用，即人在制造过程中不需要过多地干涉，更多的是利用装备自动解决问题。德国企业解决问题时总是遵循这样一个逻辑：问题产生之后，人利用自己具备的专业知识和已经收到的数据提出问题的解决方案，之后将解决方案固化或封装在设备，当下一次出现类似的问题时，可以利用封装在设备中的方案自动解决问题，如此反复，如图 4-10 所示。从某些程度上来说，这种方式更像是一种程序化的解决方案,在面对相同或类似性质的问题时都可以利用这一程序自动解决,这也是不熟悉生产流程的德国工人同样可以生产出高质量产品的原因。

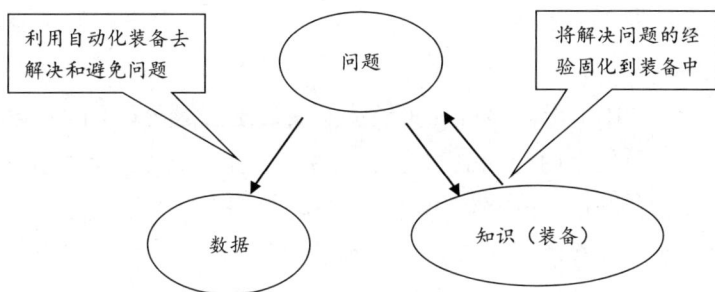

图 4-10　德国的制造哲学

资料来源:李杰《从大数据到智能制造》

德国以优良的产品质量和严谨的工业标准闻名全球,世界各国采用的工业标准大多是德国发布的。德国的制造文化总体上可以概括为以下几个方面:

第一,专注。专注是德国民众的行为方式。在各国,不论是工业还是其他行业的从业者,其所关注的只是实力,并非规模或名望等。例如德国默默无闻的"隐形冠军",他们只是专注于某一细分市场的中型企业,恰恰是这些默默无名的劳作者,创造了德国"制造帝国"的神话。

第二,严苛。不仅在工作领域中表现出严谨,在生活方面,德国人同样秉持严苛的态度,例如垃圾分类以及烹饪佐料的添加量等,德国人都会有一个严格的标准。这种将细微之事做到极致的态度使得德国成为一个离开标准就寸步难行的民族。全球机械的制造标准有一半以上都是参照德国的工业标准。

第三,精确。无论在工作还是生活上,德国人都很讲究精确。据报道,德国制衣业为了更精准的制衣尺寸,委托某一家研究所重新测量全国民众的身材。中国制造之所以和德国制造存在较大差异的原因就在于中国人更多使用的是"差不多""大致"等词,而不是"一定""完美"等词。

如果拥有这些精锐之师的德国都不能打造"制造帝国"，试问还有哪个国家能够打造"制造帝国"呢？德国依靠先进的制造设备和工业产品夺得了欧洲第一大经济体的头衔和极高的品牌声誉。然而，近年来，德国制造业发展却出现下滑趋势。据报道，2019年德国制造业 PMI（中文含义为采购经理指数，当 PMI 大于 50 时，说明经济发展处于上升阶段；当 PMI 小于 50 时，说明经济发展处于衰退阶段）下跌至41.4，以出口导向为代表的德国制造业正在逐年衰退。因此，为了重振德国制造业，德国政府于 2013 年提出了"工业 4.0"理念，旨在通过智能制造的方式建立一种智能化的产品生产模式。"工业 4.0"是一种革命性质的生产方法，即最大限度地发挥信息通信技术和虚拟系统的作用，从而实现制造业的数字化和智能化转型升级。"工业 4.0"包括智慧工厂、智能生产以及智能物流三大板块。在"工业 4.0"体系中，德国中小型企业为主要参与对象，希望通过将中小型企业培养成为先进工业生产技术的供应者来重新获取市场主导权，占据全球信息技术的制高点，持续保持德国在全球制造领域的领导地位。

专栏 4-4：浪潮云

浪潮云：引领中国信息产业发展

工业互联网实现了人、机、物的全面互联，促进制造资源高效供给及优化配置，从而推动制造业创新模式、生产方式和组织形式的完善，推动全球工业生态系统重构迭代和全面升级。浪潮作为我国大型 IT 企业之一，肩负着工业互联网推动企业转型升级的重大使命。

一、公司简介

浪潮集团有限公司（以下简称"浪潮"）于 1989 年成立，是中国大型 IT 企业之一，浪潮旗下拥有浪潮信息、浪潮软件、浪潮国际等众多子公司，为全球 100 多个国家和地区提供 IT 产品和服务，以满足政府和企业的需求。在"2018 中国企业 500 强"中，浪潮排名第 207 名；2019 年 9 月 1 日，"2019 中国战略性新兴产业领军企业 100 强"榜单在济南发布，浪潮排名第 11 位；2019 年 10 月 19 日，浪潮荣获 2019中国 VR 50 强企业。2018 年，浪潮与世界领先的云数据中心平台和云服务平台共同构建平台生态企业,并与诸多企业一同构建面向数据的企业生态,加速向云服务、大数据和智慧城市转型"三大主要新运营商",致力于成为拥有"云＋数字＋ AI"的新兴互联网公司。

二、"浪潮云"推进中国信息产业新浪潮

作为新一代信息技术与制造业深度融合的产物,工业互联网已成为全球性的竞争,并且有望成为新工业革命的战场。市场上已经有许多互联网企业,而作为中国大陆 IT 实力最强的企业之一的浪潮不仅拥有工业互联网的整体布局,而且依靠在智能制造领域的丰富经验,成为当今中国工业互联网行业的领导者。据悉,"浪潮云"将根据一个目标、两个布局、三个基础和四个计划共同推进中国工业互联网的发展。

三、为企业数字化转型助力

浪潮希望通过 2~3 年的努力,实现对 15 个行业、10 个领域、31 个省区直辖市的全面覆盖,推动百万家企业数字化转型。通过平台布局和生态布局,不断构建"公共云＋边缘云"服务功能;其次打造以物联网为核心的数据采集能力,提供包括敏捷的开发平台和框架等内容的大数据工具;最后创建开放的应用程序市场,促进生态和合作伙伴,共同创造开放的工业应用生态。""浪潮云"的平台布局如图4-11所示。

图 4-11 "浪潮云"平台布局

第一，自主创新，研发推进。目前"浪潮云"已跻身中国工业互联网平台前三，其云服务平台具有强大的支撑能力，作为中国大型IT企业之一，浪潮将继续利用自主研发的工业智造技能推动中国企业实现数字化转型，并不断地推进自主研发创新能力，开拓思维、集思广益，持续增强企业信息化服务能力。企业会利用30余年来在管理领域和制造业领域的丰富经验实现国家产业信息化发展。

第二，制定战略，落实计划。浪潮为了推进企业市场，展开了一系列战略部署。首先，浪潮云将为数百万企业提供5亿元的企业上云服务券，让企业感受到"浪潮云"为企业转型发展带来的巨大裨益。其次，浪潮集团会成立本地化运营公司，为用户提供设备互联咨询服务，全方位提高公司智能制造服务能力。再次，浪潮集团将深入研发，打造创新型生态集群，引领中国工业互联网合作生态发展。最后，在政府和诸多企业的带动下，建立工业互联网发展示范区，将先进企业和先进地区的工业互联网经验输出到更多区域，如图4-12所示。

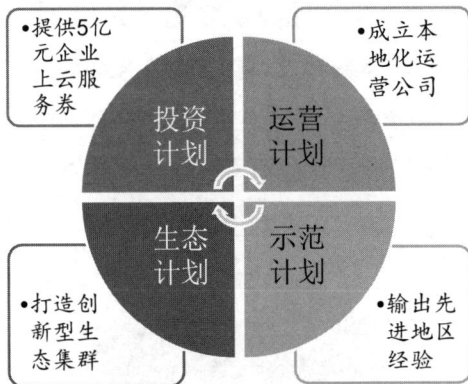

图4-12 "浪潮云"计划一览

未来，以浪潮集团为代表的IT企业将把更多、更丰富的制造业经验传送至诸多企业，全面支持大中小微企业上云，赋能国家产业升级。

资料来源：浪潮集团官网 http://www.inspur.com/

4.2.3 日本——以人为核心的知识传承

对于全球大多数制造企业来说,日本企业可以说是他们最大的竞争对手。二战之后,日本仅用了 30 年的时间就将自己打造成世界第二大经济强国,这可以说是当今世界发展史上的一个奇迹。日本制造之所以成为全球高质量品牌的代名词,最重要的一个因素就是日本的企业文化,日本的企业文化决定了日本企业的制造方式和管理特点。其中一个典型的例子就是 20 世纪 70 年代提出的 TPM(全员生产维护)管理系统,是一种强调全员参与的生产制造方式。TPM 系统以提高设备综合效率为最终目标,主要包括全员参与和生产制造两方面。TPM 强调五大要点:设备综合效率的提高;预防和维护机制的彻底建立;计划由公司的全体部门一同执行;全员参与(上至高层,下至基层);以自我管理为 TPM 系统的主要实现形式。

20 世纪 90 年代至今,日本一直以精益生产闻名于世。精益生产中所蕴含的制造哲学框架更是全球制造业的楷模,如图 4-13 所示。日本企业在解决问题时遵循这样一个过程:问题产生之后,工作人员即刻检查现场,分析问题产生的原因,之后利用已有的专业知识提出问题解决方案并总结经验,通过不断改进来减少问题的产生。在这个过程中,人们的专业知识起核心作用,解决和避免问题的水平取决于人们的技术水平,技术水平越高,解决问题的能力也越强。

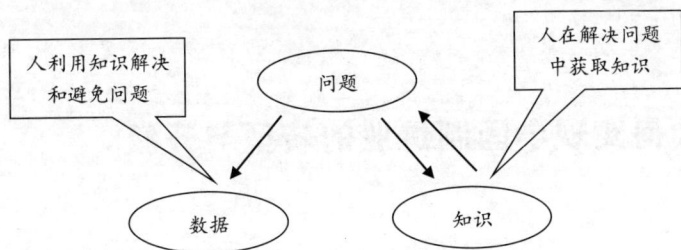

图 4-13　日本的制造哲学

资料来源:李杰《从大数据到智能制造》

除了提出 TPM 生产管理系统,日本还推出了一种独特的管理制度——"终身雇佣制",将员工与企业紧密联系在一起,相比其他的雇佣制度,"终身雇佣制"可以更好地培养员工对企业的忠诚度。事实上,日本企业之间还存在着这样一种关系:以某一领先企业为核心来构建产业链上的企业集群,产业链上的企业相互合作,相互监督,帮助对方更好地完善自身,这种方式可以让工业生产技术不断得到改进、完善、传承,提升制造业生产技术水平。在前述分析中,我们得知日本工业发展的一个显著特点就是对自动化和智能化的重视,但智能化设备的应用并不意味着所有的制造流程均由设备自动完成,在这一过程中,强调的是人机结合,设备的作用更多的是辅助作业人员完成工作目标,信息化建设也是以帮助人类为目的的。因此,对于日本企业来说,员工才是生产制造过程的核心,相比设备和系统等要素,企业更信任人,所以日本企业从未谈论过与无人工厂相关的话题。

然而,近年来,日本在产业转型升级过程中面临许多挑战,第一,缺乏数据和积累;第二,在信息系统和制造系统的转移过程中,对知识和经验的判断缺乏基本的标准;第三,日本企业的保守文化造成了相关工业领域的人才流失,例如软件和 IT 领域等。即使投入使用工业机器人,人口老龄化造成的日本制造业人力资源的匮乏问题仍然难以有效解决[24]。与德国和美国加速发展制造业软件相比,日本公司并不重视软件的使用。可以说,解决获取知识和继承知识等问题是日本战略变革的核心途径。

4.3 如何实现中国制造业的转型与升级

2010 年,在全球制造业总产值排名中,我国制造业的总产值在比例上就超过美国,夺得"世界第一大制造业大国"的称号,然而产能过剩、环境恶化等问题对我国制造业发展提出了严峻的挑战,要想在全球制造业中保持领先地位,就必须实现制造业的转型与升级。德国汉诺威工业博览会上提出的"工业4.0"概念意味着以智能化为代表的第四次工业革命悄然来临。因此,将我国从制造大国发展成为制造强国,不仅是我国制造业发展的终极目标,也是我国在激烈的全球竞争中保持核心竞争力的关键一步。

在前三次工业革命中,制造系统的更新与升级主要围绕材料、装备、工艺、测量和维护这五个核心要素来进行[23]。制造系统升级的最终目标是更好地为人类服务。因此,无论是在传统的生产制造系统还是智能制造系统中,工业活动总是围绕人展开的,人一直处于系统的核心位置。

4.3.1　传统制造向智能制造演变

要想实现制造业的数字化转型,企业的生产制造活动就必须以智能制造为核心。第四次工业革命的到来使得传统制造逐渐过渡为智能制造,回到3.2节,我们了解到,智能制造从定义上来说是指一切利用智能化设备完成的生产制造活动。智能制造包括两方面内容:智能制造技术和智能制造系统。智能制造不同于传统的制造过程,其创新点主要体现在以下几个方面:

第一,智能制造的设备具备实时分析、自主决策、准确执行等特点。

第二,虽然智能制造的所有环节都是在同一时点进行的,但各环节可以根据工业场景的实际情况灵活变动,环节之间协同合作。

第三,智能制造强调高速、有序和自动流动的数据流,在此数据基础上生产的产品是完全满足客户需求的定制产品。

第四,智能制造关注的是软件开发和软硬件的整个生产过程中的一体化应用。企业在智能制造过程中,充分利用工业软件的"定义"为产品的生命周期增添新的活力。

智能制造系统不仅包含传统制造的五个基本要素,还增加了一个要素——建模，通过工业数据进行的建模分析可以解决传统制造难以解决的问题。通过建立模型，智能制造系统可实现如下功能：出现问题—模型（或在人的帮助下）分析问题—模型（或在人的帮助下）调整 5 个要素—解决问题—模型积累经验并分析问题的根源—模型调整 5 个要素—避免问题[23]。以往的制造系统升级只是让生产活动更加贴近自动化，而智能制造系统除了实现生产制造的自动化之外，更重要的是利用工业数据对五大要素进行建模，并通过建模驱动五大生产要素。智能制造对知识的实现形式和传承方式可以说是制造哲学发展的高级阶段，如图 4-14 所示。

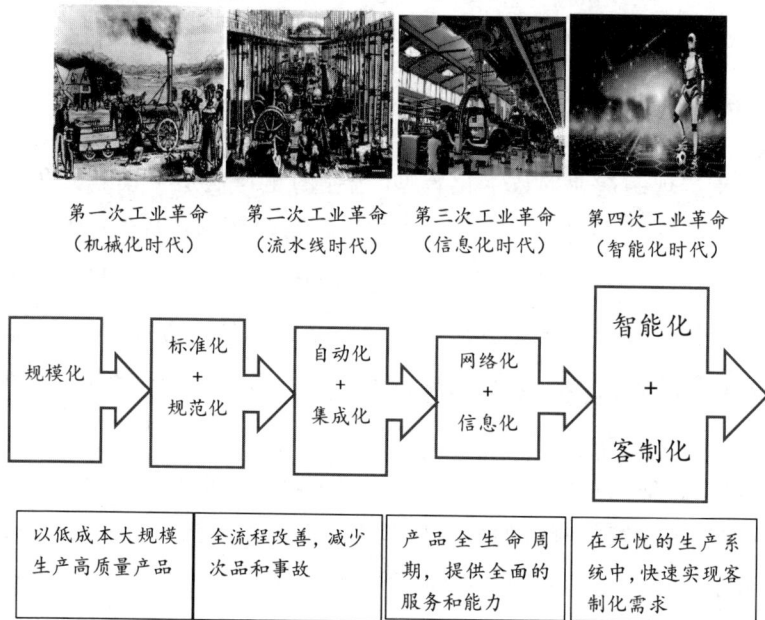

图 4-14　制造哲学的进步过程

资料来源：李杰《从大数据到智能制造》

　　智能制造系统尤为强调人工智能和虚拟技术。首先，这里的人工智能并不是单纯的人工智能系统，而是人机一体化的混合智能系统。人工智能作为人类的一种先进技术，无论从哪种角度来说都不可能完全替代人类进行生产活动,人工智能总是以人为核心,二者之间相辅相成,相互依靠。缺乏智能设备的辅助,人类的工作效率会受到极大的限制;缺乏人类的指导,智能设备就如同传统设备,智能时代的柔性化生产和个性化需求等就不会被满足。其次,虚拟技术同样是实现智能制造的关键技术。虚拟技术是一种以计算机为基础的,借助动画技术以及仿真等虚拟展现现实生活的技术。虚拟技术可以模仿实际生产制造过程,让人们在视觉上感受这种过程。虚拟技术可以根据人们的需求而改变,这也是新一代智能发展的特征之一。此外,智能制造系统还强调深度学习和自我维护能力,这些特征保证了智能制造系统能够不断地进行自我优化,提升了系统对环境的适应能力。

　　虽然我们一直在强调实现智能制造,但从目前情况来看,中国的制造业仍然以传统制造为主。世界各国在逐项竞争先进制造业发展的主导权,以智能制造为代表的先进制造业必然是未来我国制造业发展的方向。大力发展先进制造业就必须实现核心技术的突破,抢占全球技术创新的制高点。目前,中国的技术创新和制造业的深度融合已崭露头角,人工智能等新兴技术也逐渐运用到生产实践和生活中。未来,AI将会极大地提升制造业的发展水平,实现真正意义上的"中国制造"。

　　专栏 4-5:威努特

威努特:专注工控,捍卫安全

　　在新技术革命和产业转型的历史趋势下,随着制造业与互联网的融合发展,全世界面临着一个共同选择——下一代传统产业进行改造的同时,互联网带来的漏洞危机也将引爆全球的企业。工业互联网是下一代信息通信技术与工业系统的深度集成所形成的重要网络基础设施,对确保行业安全具有重要意义。而威努特作为工控安全领域的专家,正是基于安全使命为企业保驾护航。

一、公司简介

北京威努特技术有限公司(以下简称"威努特")成立于 2014 年,是中国领先的工控安全领域高新技术企业。威努特致力于"专注工控,捍卫安全",以首个"白环境"整体解决方案为核心,深入结合工业控制系统的安全特性,开发出五大类二十款可自我控制的工业安全网络,提供工业安全咨询、安全培训、风险评估、安全测试、安全紧急、安全建设以及整个流程服务的运作和维护。威努特以自主核心技术和市场优势,持续为电力、铁路运输、烟草、石油及石油化工、地方政府、智能制造和军事等数百个国内主要工业客户提供全面有效的安全保障,并取得良好的市场反馈。

二、工业防火墙:树立一道坚韧防护墙

工业互联网成为工业革命新一轮的主要支持,能源、主要制造业和电力等国家的主要信息基础设施行业的变革提高了生产效率,也破坏传统的比较封闭和可靠的环境,工业企业安全保护迎来新的挑战。在工业互联网安全状况和需求下,威努特开发的工业防火墙达到了独立可控性的要求。威努特工业互联防火墙根据 MIPS 架构+高级定制 Linux 平台可分为边界型和区域型。通过对工业控制协议的详细分析,使用"白名单+智能学习"技术建立工业控制网络安全通信模型,切断所有非法访问,只将可靠的服务发送到网络,并通过控制工业控制网络和外部网络以及工业网络内部区域之间的互联,提高了安全性。其防火墙功能如图 4-15 所示。

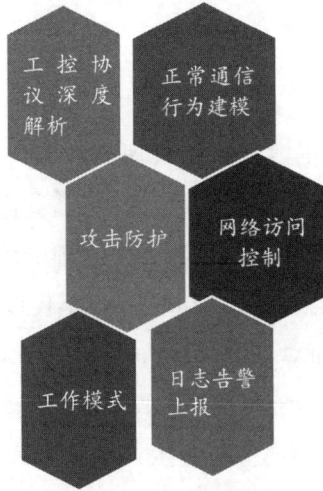

图 4-15　威努特防火墙

三、高强度性能支持防护

首先,威努特防火墙拥有实时精准的协议指令级控制。防火墙配备了一个自行开发的数据包深度分析引擎,快速和有针对性地捕捉和深入分析工业控制协议,包括 OPC、Modbus、IEC 60870-5-104、IEC 61850、DNP3 等各种数据包,及时解决工业安全网络安全问题。同时,其拥有工业级通信性能。使用高性能 MIPS 多核心处理器,启用深度报文监测,依靠白名单规则匹配算法来实现 30 万 PPS 的吞吐量,延迟小于 100 μs,是同行业产品的 1/10,有效地保证了实时通信。再次,威努特防火墙拥有高可靠性。该产品采用可靠的工业等级设计,能够适用大范围温度变化和湿度变化,符合 IP 保护等级要求。最后,开放的平台接口使得用户可以扩展自己对协议的私有化,并进行自定义的二次开发。

未来,威努特将继续保护中国网络信息基础设施的空间安全,积极推动众多主流设备制造商和安全行业建立安全产业生态,为祖国建设网络强国添砖加瓦。

资料来源:北京威努特技术有限公司官网 http://www.winicssec.com/

4.3.2 数据建模完善生产制造系统

（1）以数据为基础的六西格玛管理体系

在分析美国的制造哲学时,我们了解到,美国企业十分重视数据在生产制造过程中的应用,因此,以数据为基础的六西格玛管理体系自然而然地成为美国企业的首选。20世纪90年代以后,由于TPM管理系统过度强调工业现场而对计划管理、成本管理、人才管理等方面关注较少,越来越多的企业开始放弃TPM管理系统,转而选择其他生产管理系统。在所有的管理体系中,精益生产系统和六西格玛管理体系是当时最受制造企业偏爱的两种系统。六西格玛以数据为基础,所以得到了以美国为首的西方国家的青睐,而以日本为首的亚洲国家则选择精益生产系统。实际上,由于环境的多变性和管理工作的复杂性,大多数企业并没有只选择其中一种管理体系,而是根据实际情况将这两种方法加以运用。与强调实践的精益生产相比,六西格玛强调的是数据分析和数理统计。相比于精益生产方式,六西格玛的创新性主要体现在:

①关注的重点不仅限于现场改善,而是产业链上的所有要素;

②顾客是企业活动的驱动力,顾客对产品或服务的满意程度是衡量工作绩效的标准之一;

③用数据说话,分析方法和分析工具以统计学理论为基础,确保了分析过程的客观性以及分析结果的精确性。

在利用六西格玛方法解决问题时,一些领先的美国制造企业逐渐意识到数据建模对于分析问题和解决问题的重要性,于是美国企业开始研发并引进大量的数学分析工具和数理统计工具,将其应用在生产制造过程中,大大提升了生产制造效率。

（2）制造数据建模

工业数据是企业进行生产制造活动的核心动力。制造数据一般包括四类:以产品为代表的工程技术数据;以计划、组织、领导和控制为代表的管理数据;以制造设备为代表的资源和环境数据;制造实践中的实时动态数据[25]。通过制造数据在企业中各部分的交互关系,我们可以更深入地理解制造数据在企业制造活动中的作用,有利于我们从企业整体的角度出发来建立数据模型,帮助企业制造高质量的产品和服务。

数据建模一般由四种类型组成:产品数据模型、工艺数据模型、资源数据模型和工厂数据模型[25]。

第一,产品数据模型,也称为产品建模,是企业研发设计产品或服务的前提。产品的数据涵盖了整个产品制造过程的所有信息。产品数据模型由产品结构模型和零件模型组成,产品结构模型一般应用于产品的理念设计阶段,零件模型则应用在 CAD(计算机辅助设计)阶段。

第二,工艺数据模型是指零件的整个加工过程,也就是将毛坯加工为成品的过程。在工艺加工过程中,很可能存在多种工艺路线。因此,在表达工艺路线时,不仅要展现普通的串行工艺路线,还要将多工艺路线的工艺过程表达出来。

第三,资源数据模型。从定义上来说,资源数据模型类似于产品数据模型,都包括了产品制造过程中的所有信息。如何使用有限的制造资源生产出高质量的产品和服务是制造企业的目标。然而,由于大多数企业更多地关注产品数据模型,因此,很少涉及资源数据模型的研究。随着产品生产制造系统的发展,建立完善的资源数据模型是当前制造企业亟须解决的重大问题。

第四,工厂数据模型。与前三种模型相比,工厂数据模型比较简单。工厂数据模型利用树形结构等来表达组织的等级制关系。

依靠海量数据建立的模型颠覆了传统的制造方式,模型在很大程度上提高了人类对知识的获取能力,数据模型在制造过程中的应用会不断地推动全球制造业向高质量发展阶段转变。

专栏 4-6：KSTONE

KSTONE：工业互联网之基石

在能源、化工、钢铁、电子制造等工业领域，每个行业都有其独特的需求。正是在这种趋势和需求下，昆仑数据作为一匹黑马，凭借其专业的技术进入工业大数据领域，在能源及电子设备制造等方面取得了重大突破，得到了众多行业基准公司的认可，促进了中国工业制造升级的战略合作。

一、公司简介

昆仑数据是中国工业互联网领域的领先企业，其技术团队由国内外知名工业互联网制造商的专家组成。昆仑数据已连续多年跻身于"中国大数据企业 50 强"之中，发起成立并主导运营工业大数据制造业创新中心，致力于用大数据和人工智能技术，推动中国工业智慧升级。

凭借专业的科技实力和丰富的制造经验，昆仑数据在 2017 年荣获"制造业与互联网融合发展试点示范项目""中国工业大数据最佳产品奖""2019 星河奖优秀大数据产品奖"的自主工业大数据管理分析平台，"2018 年度中国大数据工业互联网领域最佳产品"的工业互联网平台，以及荣获工业数据分析知名国际赛事 PHM Data Challenge 2017 世界冠军的业界资深数据科学团队。

二、KSTONE，坚若磐石的整合性能

作为昆仑数据的高端产品，KSTONE 非常重视资源的整合，KSTONE 在数据处理和分析方面具有强大优势，使用工业生态系统链，建立一个云计算系统"智能机器＋平台软件＋工业 App＋开放社区"，提供产业 App 创新的端到端支持，如图 4-16 所示。

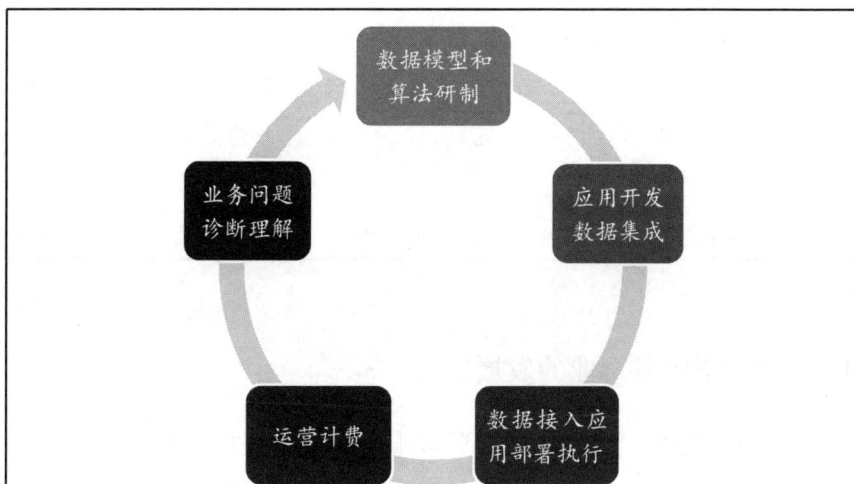

图 4-16　KSTONE 企业支持模式

"KSTONE"就像它的名字一样,在整合资源、支持性能方面真正做到坚若磐石,在数据处理快速便捷的同时能够有效保护客户数据信息,强大的编辑功能能够方便客户进行二次简单程序编辑,其他查询、连接管理等多项智能功能都包含其中,成为客户真正的智囊团。

三、丰富内容支持客户需求

KSTONE 内置丰富的工业服务,首先通过基础设施服务,例如虚拟机、物理机器、容器、块存储虚拟网络等,实现基础的集成架构,对企业现有基础设施和新兴的云端运算基础设施进行集成管理,并将被激活,以便现有的传统工业应用程序进入云时代。其次利用工业大数据服务,连接和管理所有业务联盟的所有数据源,为工业设备数据提供优化的存储查询分析服务、嵌入式工业数据质量治理和设备数字健康创建支持。同时还有通用平台服务,KSTONE 提供了一些常见的企业级数据应用程序,以满足应用开发的需求。用户通过强大的应用开发平台,使用应用模型、报告生成工具和网景编辑器,可以使用配置和拖放快速定制 Web 简单应用程序。

> 大数据价值的实际使用不仅限于智能制造，还包括工业互联网上商业模式的创新，因此需要改变相应的商业哲学和管理机制，这是企业在管理方面面临的最大挑战，同时也是未来需要利用昆仑数据这匹"黑马"的地方。
>
> 资料来源：昆仑数据官网 http://kstonedata.com.cn/

4.3.3 未来中国制造业的发展趋势

按照前述的关于美国、德国和日本的工业发展以及制造哲学的分析，我们得知各国根据自己的优势形成不同的核心竞争力。例如美国常常利用数据建立模型，以确保分析过程的客观性；德国人更喜欢将知识或经验固化在设备中，再次出现类似的问题时即可利用设备自动解决；相比设备，日本人更信任人工。

根据问题的可视性，我们可以将制造系统中的问题分为"可见的问题"和"不可见的问题"两类[23]，我们可以通过前馈控制和反馈控制这两种方式避免或解决问题。但是，在解决问题之前，我们必须完成三件事，如图 4-17 所示。

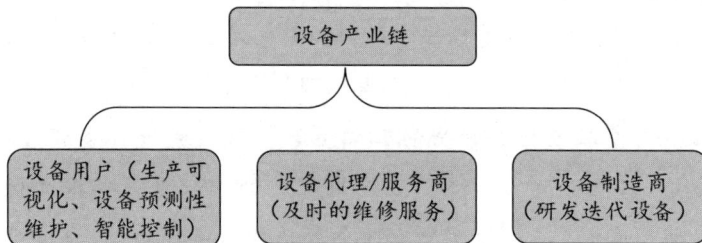

图 4-17　智能制造的三个方向

资料来源：李杰《从大数据到智能制造》

首先，需要我们完成的第一件事就是图 4-17 中的第一个方向。在这个方向中，我们所要做的事就是在解决问题的过程中不断积累经验和知识，预防类似的问题再次产生。这种做法适合于某些特定领域。

对于这些领域,我们常常是未知的,这里的未知不是一无所知,而是指我们不知道有没有做好以及如何才能做好[23]。

其次,第二个方向。这个方向需要利用历史数据,也就是说,我们需要使用历史数据来分析问题产生的根本原因并查找问题之间的相关性等。实际上,现实中的很多问题都是隐性问题,这些隐性问题通常不像显性问题那样容易察觉,需要我们花费大力气去解决它们,这时可以通过预测将隐性问题显性化之后再解决。解决问题之后,通常需要总结经验,查找问题之间的关联性,防止再次出现同类问题,才能确保工业系统不会出现意外。

最后,第三个方向是对知识进行建模。通过新兴信息技术深度挖掘工业知识,从以往的问题中发现新知识,对新知识进行建模,产生能够指导工业实践的镜像模型,从而提高预测的精准性[23]。

国外发达国家的工业发展经验都可以为未来中国的制造业发展提供借鉴意义,中国应该在结合自身条件的情况下对这些知识和经验加以借鉴。近年来,中国制造业承担了前所未有的历史任务,研发工业互联网平台与工业 APP;将智能化写入政府报告;大数据、物联网以及人工智能等新兴技术与工业的深入融合等。未来,中国制造业将会发生如下变化:传统制造与智能制造迭代发展;制造业结构优化升级;5G 精益生产赋能制造业发展。2020 年作为"十三五"规划的最后一年,可以说是中国全面推进先进制造业发展的关键时期,要想实现制造业的全面升级,就需要中国全体制造业人员的共同努力,只有这样,我国才能早日成为领先全球的制造业强国。

┌──────────┐
│ 章末案例 │
└──────────┘

"木星云"：以我所能，为你而十

工业智能化的发展，使得物联网、大数据和云计算等新一代技术成为互联网时代最为热议的话题。对社会来说，物联网不仅要继续改变人与人的交互，更将彻底改变人与物、物与物的交互方式；对企业来说，公司依靠物联网来构建人和机器的智能联接，通过收集和分析所有流程数据实现生产优化和最优决策。在企业整体运营中，数据的重要性不言而喻，而在数据之上又是对于整体的把控。控制是一种闭环的反馈机制，该闭环通过处理信息产生反馈，云平台作为整个闭环反馈机制中连接物理世界和虚拟世界的枢纽，发挥着极其重要的作用。高效灵活、利润最大化等 IT 架构要求越来越多的企业将传统业务系统向云平台转化，以增强业务活动的灵活性，降低 IT 成本投入。由此，腾讯公司与深圳华龙讯达信息技术股份有限公司联合发布了工业互联网平台"腾讯木星云"，赋能产业发展新动能，促进企业数字化转型。

一、公司简介

腾讯计算机系统有限公司（以下简称"腾讯公司"）成立于 1998 年，总部位于广东省深圳市，是中国用户最多的互联网企业之一。自成立以来，公司一直秉持着"一切以用户价值为依归"的理念，不断为数亿人提供优质高效的服务。2019 年 10 月，腾讯在 2019 福布斯全球数字经济 100 强榜单中位列第 14 名，2019《财富》未来 50 强榜单中位列第12 名。

而深圳华龙讯达信息技术股份有限公司（以下简称"华龙讯达"）是工信部试点示范的工业互联网赋能平台公司，同时也是国内知名的工业互联网平台供应商。华龙讯达于 2018 年入选 2018 年工业互联网试点示范项目、2018 年工业互联网 APP 优秀解决方案、中国工业互联网50 佳。同时参与制定中国两化融合、物联网和 CPS 标准，被工信部评

为两化融合管理体系贯标试点企业和制造业与互联网融合发展试点示
范单位,入选第一批广东省工业互联网产业生态供给资源池工业互联
网平台服务商,是新能源装备、风电、核电、汽车、交通、医药、烟草等行
业的工业互联网平台领跑者。

二、智能工厂,数据赋能

"木星云"结合了腾讯云平台的企业生态系统和华龙讯达公司自主
研发的数字工厂建设技术,将收集到的基础设备数据传送给研发人员。
通过工业模型和解决方案实现生产要素、生产流程以及产品生命周期
管理的有机统一,提高企业生产质量和管理效率,增强企业创新能力,
如图 4-18 所示。

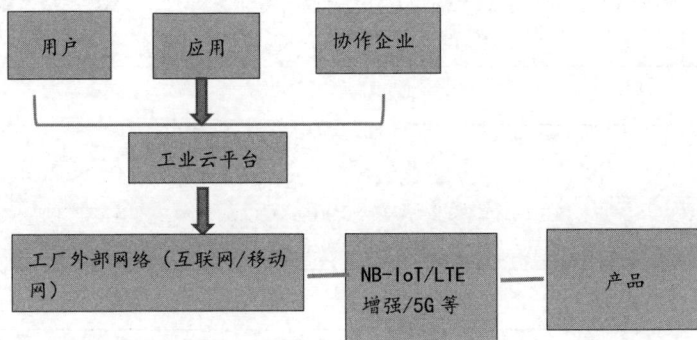

图 4-18　"木星云"外部网关架构

整体而言,"木星云"之所以能够立足大数据时代,主要是由于其所
拥有的强大的数据采集系统,如图 4-19 所示。木星云数据收集系统的
最主要的功能是帮助公司智能管理计划到生产的全部流程。精确的数
据能够及时传输到相关部门处理,实时指导、响应并报告工厂生产动
态,这极大地提高了企业解决智能管理问题的能力,促进了企业工厂的
智能制造过程。

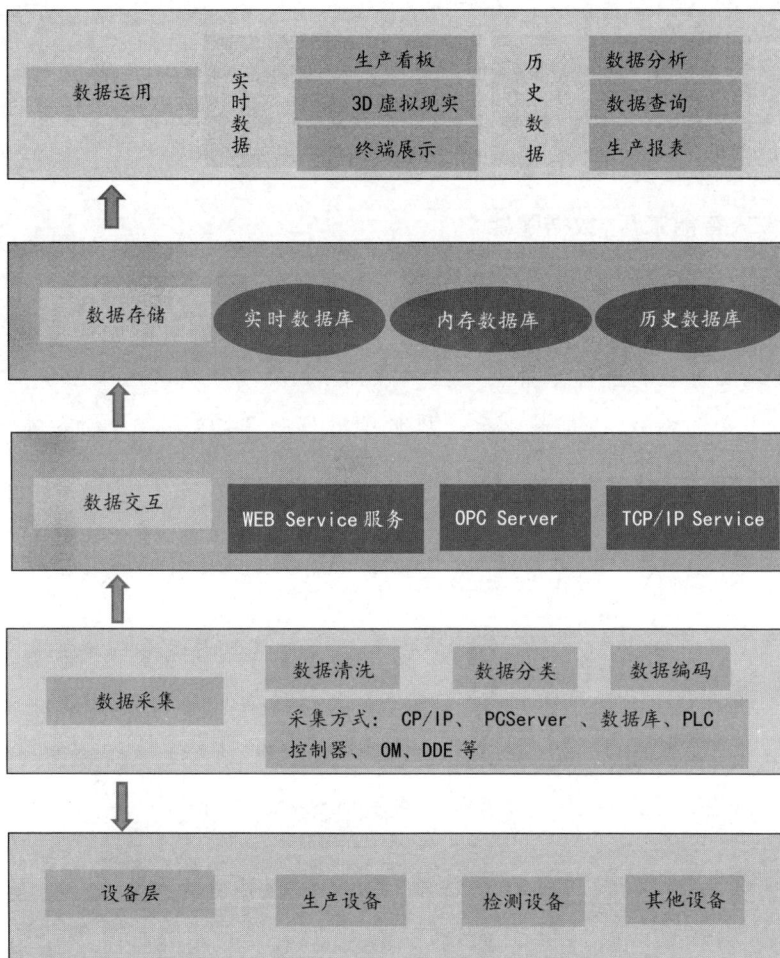

图 4-19 "木星云"数据采集系统

三、性能集成，实时交互

第一，数据采集及时，存储容量大。"木星云"数据存储模块使用外部存储作为虚拟平台数据的存储媒体。通过集成多个存储设备的空间，存储空间灵活扩展，提高了现有存储空间的利用率，避免了不必要的设备支出。同时充分利用存储媒体，提高存储空间的使用率。"木星云"还包括备份存储，备份存储的设计也被用来备份数据以确保数据的安全。目前两家公司正在积极开展使用虚拟化技术，对存储硬件进行虚拟化处理。在整合异构存储环境和降低系统总成本方面非常有效。硬件虚拟化存储技术满足了用户对海量数据的存储和处理需求,灵活高效地运用了存储空间。

第二,数据实时分析。由于云服务可以根据企业业务需要扩充各类资源,因此提供弹性服务的云计算方案已成为大数据分析平台的一项重要支撑技术。由于越来越多的企业开始将数据作为一项重要的企业资产,数据处理正在获得日益增长的关注度。优秀的数据处理必须涵盖数据质量、数据管理、数据政策和战略等。"木星云"数据处理模块通过对设备自动化制造中获得的原始数据进行分类和汇总,从而形成各种高效、准确的生产现场数据。

四、深入研发,构建全方位平台

华龙讯达公司研发的 CERES 智能设备是一款基于工业物联网融合技术的设备,具有数据收集、存储、分析、处理、传输等功能,同时支持各种行业标准协议总线,并采用模块化的设计模式,使 CERES 智能设备可以快速访问各种不同通信协议的设备,与设备电控系统平台进行交互,将设备和企业云连接在一起,实现了实时无线传输、数据收集、人机界面、智能手机、移动应用和远程控制。同时还能实现智能维护功能,例如机器数据收集、机器诊断、物料消耗分析、产品质量跟踪、生产过程管理、实时报告显示和工作对话等内容。企业内部 IT 层可从 MES 和 ERP 等系统中实时采集数据,通过"木星云"平台发送至 CERES 设备存储,以备其他系统调用,如图 4-20 所示。

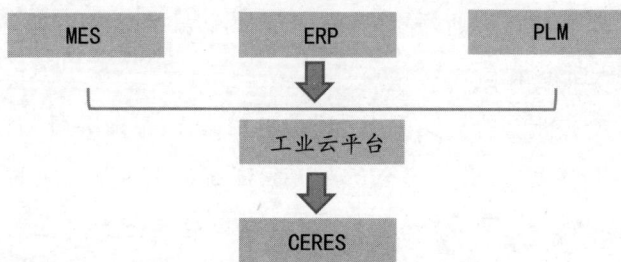

图 4-20 "木星云"企业内部 IT 层架构

此外，华龙讯达公司所研发的"木星云"CPS（信息物理系统）架构网关不仅具有边缘计算能力，还具有控制器和计算功能，可以支持各种工业协议，并收集和分类各种工业数据。在收集数据的过程中，可以自动筛选哪些是实时业务数据，哪些可以延迟上传，保证企业OT（操作技术）生产线上的所有PLC（可编程逻辑控制器）数据都可以完整被采集，如图 4-21 所示。

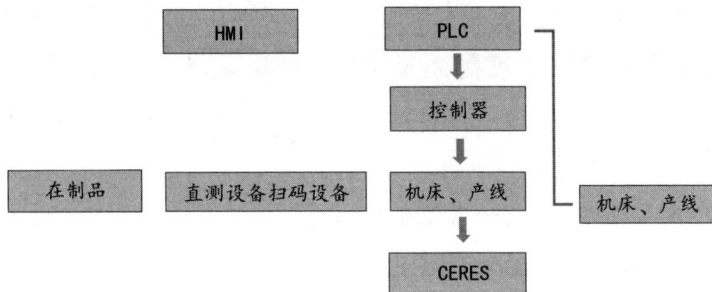

图 4-21 "木星云"企业内部 OT 层架构

五、结论与启示

腾讯与华龙讯达合力研发的"木星云"系统拥有完整性、延展性、智能化、整合性等强大的实力支撑，能够在不断腾飞的互联网行业中脱颖而出。

第一，自主研发能力和 IT 服务管理能力强。与其他的云平台相比，"木星云"能够自主掌握平台架构中间技术，基于平台行业理论，提供以"数据驱动、软件定义、通用连接、真相映射、不同维度集成、系统自治"以及与其他技术深度集成为特征的智能制造整体解决方案，实现 IT 与 OT 的深度融合。

第二，建立开放的公共平台生态。"木星云"帮助公司从简单的"触摸网"发展为全面的"云"，把全产业流程镶嵌到更为开放的网络中以激发创新，提升效率。同时"木星云"的整合功能相当于为企业开放了一个完整的生态系统，企业之间、上下游能够通过这个系统实现数据交互，构建起流畅的信息通道，从而降低沟通成本。

　　第三,具备了行业信息安全保护的能力。在如今的工业互联网时代,数据就像是企业生存发展的"水资源",企业生产、运营等流程无不需要依靠数据支撑,那么数据安全的重要性不言而喻。"木星云"在对数据进行集成化时,保障着企业数据的安全,实时防卫,从而获得了客户的良好信任。

　　目前,华龙讯达利用腾讯云强大的支持功能建立了一个智能工厂,该工厂连接物理对象和数字虚拟对象,并结合物理对象的物理特性进行虚拟化和数字化,同时通过采集物理实体属性构建虚拟化的数字化交互模型,当物理实体的状态改变时,工厂会实时反馈到数字模型,实现完全同步。

资料来源:

1.腾讯云官网

https://cloud.tencent.com

2.工业互联网平台"腾讯木星云"

http://www.elecfans.com/d/686357.html

3.木星云如何立足大数据时代?

https://cloud.tencent.com/developer/news/330448

第五章

工业互联网赋能企业转型与升级模式

当人们仍在惊叹互联网为人类生活、世界发展所带来的神奇力量时，另一张"网"已经悄然无息地出现。工业互联网，源于硬核的工业与灵动的互联网相撞相融，在中国正加快从概念普及进入实践深耕，前景十分广阔。这是互联网的"下半场"，更是实体经济的"主场"。随着互联网的深入实践运用，它不再是人们眼中虚无缥缈的网络，而工业互联网更是赋予互联网实体运用，赋予制造业全新内涵，它将改变中国的制造业格局，增强中国的整个工业实力。工业互联网在企业的实际应用能够促进企业的全新转型升级，让市场在企业面前变得更加"透明"，未来它的应用将更加的灵活广泛。

互联网使人和人之间产生更多联系，在目前全球化经济的大背景下，我们没有办法去阻止它的发展，人们之间相互支持形成了一个圈子，这个圈子越大，我们获益就会越多。另一方面，科技越来越复杂，但是它也越来越生态，越来越有机，它越来越像一个生态系统而不只是一台机器。

——《连线》(Wired)杂志创始主编、互联网思想之父

凯文·凯利

┌─────────────┐
│ 开章案例 │
└─────────────┘

长扬科技：互联网安全独角兽，安全行业应用专家

长扬科技是一家北京市国资委和经信局投资、指导下的,专注于工业互联网安全、态势感知和安全大数据应用的创新型高新技术企业。其产品及业务主要聚焦于工业网络安全。在以安全大数据领域,以行业用户需求为导向,为客户提供专业平台建设,这家于 2017 年成立的"年轻"公司,成为工业互联网领域的佼佼者。

一、公司简介

长扬科技(北京)有限公司是一家集工业互联网安全、态势感知和安全大数据应用于一体的创新型高科技企业。公司秉承"安全协作、AI 赋能"的技术和产品理念,为我国工业互联网及关键基础设施安全保护提供产品及解决方案的支持。企业以提高国家工业网络和关键基础设施安全保护能力为目标,不断深入研究核心技术,为实现国家网络安全战略目标作出切实有效的贡献。产品及业务专注于网络安全大数据领域,致力于以行业用户需求为导向,为客户提供产品标准化及行业定制化发展模式解决方案,为客户提供网络安全产品,覆盖整个工业控制系统生命周期。目前公司有安全保护、监控和审计、扫描漏洞、安全检查工具、工业终端安全、安全态势感知、工业大数据等 7 个产品线。还有基于人工智能和大数据分析技术的工业互联网的安全态势感知平台和安全大数据平台。

二、以 AI 赋能工业网络安全,感知工业互联网风险

随着"互联网加速""两化融合"迅速推进,网络安全问题日益严重,如图 5-1 所示。

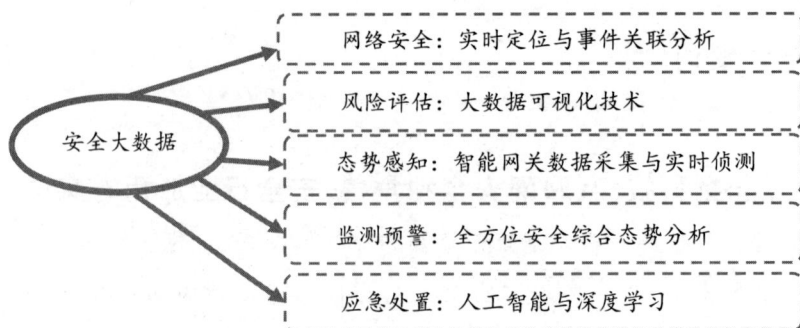

图 5-1　长扬科技工业互联网安全处理

越来越多智能化的工业物联网产品被广泛应用于一些关乎国家战略安全、人民财产安全关键领域，长扬科技通过感知工业互联网运用的风险漏洞扩大其尾端优势，以数据为基础，配合算法保护和监控企业的资产安全、风险信息等。

如何直击工业互联网风险痛点？长扬科技产品和解决方案的技术优势在于通过人工智能技术给顾客提供了网络和业务两个方面的安全防护能力。利用工控安全数据协同感觉和协同处理，增强产业安全应用场景的适应能力；运用人工智能技术感知工业网络安全态势；根据工业网络安全数据和基础设施关键行业数据，对产业设备资产指纹、工业漏洞库、安全设备库、物联网数据传感器、工业网络安全数据进行建模，在时间和空间两个维度为客户构筑立体的互联网产业安全防护体系。

三、始于工业互联网，用于工业互联网

长扬科技从探索工业互联网的漏洞与风险出发，在工业互联网的运用中寻找其带有自身特色的出路，如图 5-2 所示。

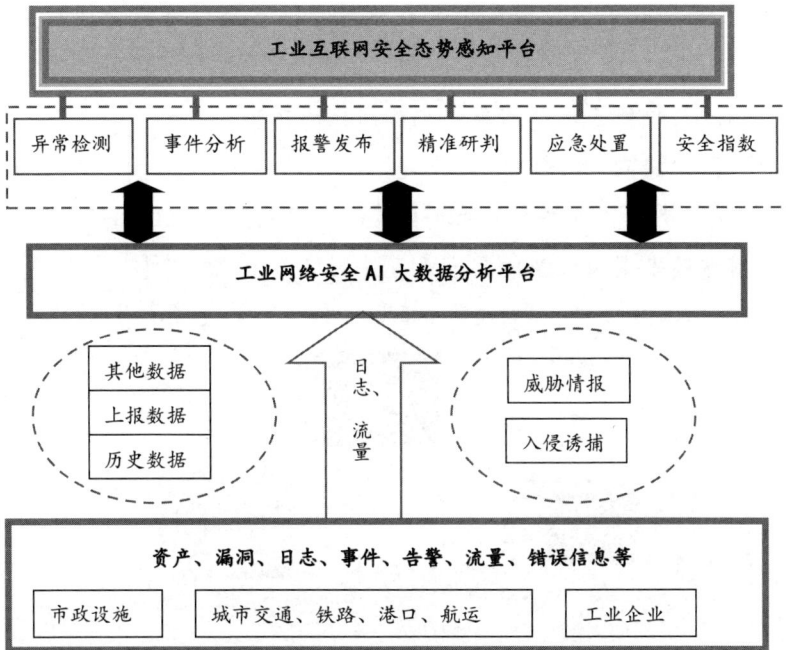

图 5-2　长扬科技工业互联网安全态势感知平台

它从企业以及市政基建出发，挖掘制造企业或者其他企业等结合互联网展开办公、营销等功能时所产生的漏洞、日志、事件、流量、错误信息、资源信息等并将之加以利用。它既可以填补工业互联网安全漏洞防范风险，也可以将之转化为有力武器对市场发起冲击。长扬科技旗下大数据可视化技术、日志采集器、流量采集器、AI 与深度学习、算法等多种功能，共同为长扬科技的工业互联网之路保驾护航，利用大量的历史数据，结合深入学习和训练的数据模型，以及工业网络中的各类实时数据，对系统行为进行大规模的数据分析。在复杂的工业网络中，可以感知到在传统模式下无法得到的精确结果、网络攻击、设备故障和各种异常。结合人工智能引擎，快速准确地定位事件的根源。

长扬科技 AI 赋予客户工业网络安全能力，通过 AI、大数据、物联网技术提供强大的数据分析能力，同时云端结合的计算和实时监测能力、大数据监测异常能力以及根据事件能够实时监测预警和态势感知互联网安全问题的能力帮助企业客户展开设备与网络安全问题维护。其还构建风险管理与安全运营的全业务体系，通过扁平化、可视化协同应急指挥，实现安全运营的扁平化协同作战指挥。

四、安全协同，AI赋能

长扬科技经过多年的工业安全技术和工业安全场景化应用经验积累，目前承接了多项大型的国家级工业网络安全、物联网安全以及安全大数据应用项目设计、实施任务，如图5-3所示。

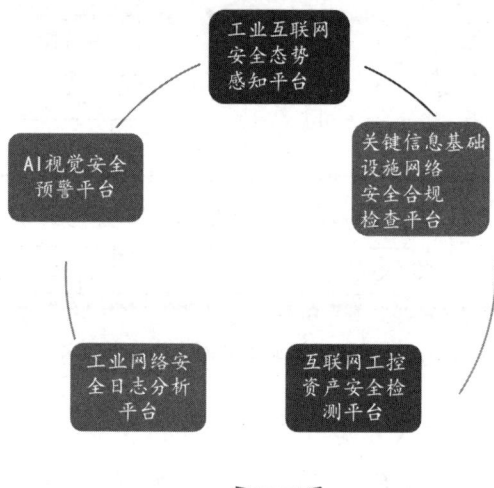

图 5-3 长扬科技技术运用领域

长扬科技宣布完成数千万元Pre-B轮融资。长扬科技将继续加大产品创新、技术研发和交付团队建设，提升企业运营以及业务部署能力，在工业互联网赋能企业迈向信息化、数字化和网络化的同时，积极主动地防范和保障好企业的互联网安全。工业互联网的应用大幅度扩展了网络空间的边界和功能，但同时也打破了工业控制系统封闭的传统和强调高可靠性的结构，从而大量地暴露了工业控制信息安全问题。而长扬科技正是在这方面发挥其主要优势，运用工业互联网搭建信息安全平台，通过算法等多功能运用将AI赋能于网络安全。

五、结论与启示

随着工业互联网时代的到来,越来越多的企业迅速抓住机遇崭露头角,也有许多大企业开始或者已经研发了属于自己的工业互联网平台,长扬科技在如此竞争激烈的市场中突出重围,抓住工业互联网安全这一先机并利用其优势进行平台构建与解决方案搭设,为工业互联网新领域运用带来了生机。

第一,用户数据,驱动资源整合。长扬科技通过对国家标准、政策法规的研究和知识的积累、工业控制系统特点的研究、工程经验的总结分析,以及新技术的研究和应用对市场发展的动态进行统计分析,为客户提供工业控制系统的全面安全服务。公司安全服务体系包括安全咨询、建设保证咨询、风险评估、安全审查、运营管理、安全培训等几个方面,用户可根据需要选择有针对性、个性化、模块化的安全服务体系。长扬科技在其工业互联网安全体系中强化收集用户数据,将资源转化为方案,将算法赋能于实践。

第二,技术用于实践,AI 风险防范预警。2019 年 8 月 28—29 日,长扬科技推出了"AI 视觉安全预警"解决方案针对石油石化行业相关企业的厂区监控场景与事件繁多、复杂,很多安全风险、事件无法被及时有效地发现、分析和处理,导致整套视频监控方案最后仅能在事故发生后的调查与取证过程中发挥作用,无法发挥其应有的安全防护作用等问题,长扬科技将收集到的资源与数据基于计算机视觉深度学习技术,构建专有的石油石化安全生产预警模型,将 AI 与生产安全、园区管理进行深度融合,为石油石化生产企业带来更智能、更安全、更全面的综合安全监控与管理方案。

第三,打通工业互联网运用界限,融合上下游产业链。长扬科技不仅仅只是基于对企业工业互联网运用中安全问题的考虑,而是将运用大数据、云计算等收集整合的资源与数据反馈给企业,搭建模拟解决方案并进行多次仿真实验,最终能够将产业链融合,形成完整的工业互联网实际应用闭环。

资料来源:https://www.cy-tech.net/

5.1 工业互联网:为企业转型升级赋能

工业互联网平台是企业数字化、网络化、智能化发展的核心支撑,向上对接工业优化应用,下行链接海量设备,承载海量产业经验和知识模型,是产业全要素链的枢纽,是产业资源配置的核心,推动制造系统智能升级。工业互联网项目总体上凭借着先进的计算机架构战绩良好的高性能云计算基础设施,实现了大量异构数据的积累、存储和计算,解决了工业数据处理系统爆炸性增长和现有工业计算能力不匹配的问题,加速了制造业数据驱动的网络化和智能化的进程。

5.1.1 工业互联网"潜伏"准备期

2019 年,工业互联网首次纳入政府工作报告。政府工作报告指出,要推动制造业高质量发展,加强产业基础和技术创新能力,打造工业互联网平台,开拓"智能＋",实现制造业的转型和升级[30]。发展工业互联网不能一蹴而就,不能忽略其中的经济效益和所要付出的成本,盲目地攀比投入巨资去建设工业互联网平台、打造无人工厂容易适得其反。对于互联网的全新诠释和不断涌现的新鲜词汇,社会上仍然存在不少的误读和误区,不少企业只是片面地追求全自动生产,把工业互联网牢牢地钉死在工厂内并认为这才是工业互联网的发展方向。目前我国是世界上唯一具有联合国工业分类的所有工业种类的国家。但是,各工业企业的发展水平参差不齐,信息化的总体水平不高,不同发展水平的工业企业智能制造发展愿望强烈,而工业互联网产品和服务缺乏有效供给,制约了企业转型升级的步伐。因此工业互联网的逐步运用、"打入内部"还任重道远。

（1）因地制宜，丰富多层次产品布局

不少企业野心勃勃地准备引进工业互联网，希望能够打造自动化的"无人工厂"，向市场凸显企业的高端配置，然而屡屡受挫。是资金不足，还是成本太高，抑或是场地限制？这些问题虽然在建设布局中都要考虑进去，却不是主要问题，最主要的是盲目引进导致的模式固化问题。不同企业因生产、运营等有不同的侧重而有属于自己的特点与模式，盲目追求工业互联网往往只会适得其反，需要因地制宜地根据企业需要展开多元化的互联网产品布局。

（2）规模带动优势

引进工业互联网往往需要雄厚的财力，付出多倍的人力、物力和时间等资源，因此不少规模以上的企业会率先展开智能制造项目搭建，为不少企业后续的引进提供借鉴。新型网络如工业 PON、时间敏感网络和 5G 有助于设备实现更好的互联。在数据收集和分析的基础上，建设数字化车间，可提高设备效率，降低能耗，提高产品质量，降低成本。智能仓库、物流、制造现场必须相互合作、协调，根据行业现状形成不同水平的智能工厂，而不必盲目追求"无人工厂"。通过面向规模以上企业发展智能制造能够有效带动企业协同，进而面向中小微企业发展企业上云。低成本的云应用将提高中小微企业的生产、管理、存储和设计效率，提高数字化水平，增强中小微企业的数字驱动竞争力。

同时，也应当鼓励发展产业集群向垂直产业网络产业合作平台转变。供应链与上下游企业之间的互联与合作平台进一步将工业互联网扩展到整个行业，更好解决订单难、材料难、设计难、替代工程难、融资难等五个难题，提高供应链效率，降低成本。

专栏 5-1:M·IoT 工业互联网平台

M·IoT 工业互联网平台:让未来工厂触手可及

2018 年 10 月 19 日,美的集团在全球创新中心召开战略发布会,宣布将以新的视野、使命、价值观开启转型升级历史新发展。同时,美的集团宣布正式发布全新美的工业互联网平台 M·IoT。在当前国内的工业互联网发展大多流于表面、单纯倚重于互联网等情况下,M·IoT 横空出世,打破了制造平台协同对接难题。美的布局工业互联网如何能从中脱颖而出?在这场工业互联网平台的"卡位战"中,此时推出的美的工业互联网平台优势又在哪里?

一、公司简介

M·IoT 是美的于 2018 年最新发布的工业互联网平台,覆盖智能连接、智能安全、智能芯片、智能场景、人工智能和 5G 应用等多个领域,美的 IoT 开发者平台链接成本为业界最低,可提供多协议支持,目前设备激活超过 1700 万、实时连接超 600 万、注册用户超 3600 万、云端服务覆盖全球。截至目前,基于美的 M-Smart 协议,美的 IoT 已与华为、阿里、苏宁、京东等平台实现云云对接。M·IoT 更是国内首家自主兼备工业互联网提供商。

二、聚合企业上下链,工业智慧大脑

美的研发的 M·IoT 工业互联网平台已经正式成型并且开始对外提供服务。M·IoT 汇集了美的的管理、制造经验,融入了近几年的管理变革,如 MBS、CDOC 等,同时利用美的自主开发的软件及数字化能力,对研发、订单、计划、制造、采购、品质、物流、客服等产业链进行全生命周期的管理,将 AI、云计算、物联网等技术的工业智慧融入其中,对工厂进行全面的智能化、精细化管理,如图 5-4 所示。

图 5-4　美的 M·IoT 工业互联网平台功能一览

第一，流程全连接。M·IoT 作为工业互联网平台具有覆盖全流程的优势，从供应商下单到安排生产计划，从物料进入到智能总装车间开始运行，从存储到物流发货，为客户提供完整的全流程覆盖，帮助客户减少不必要的损耗和浪费，降低人工成本的同时提高生产效率。

第二，产业集聚。同时，美的旗下独立公司美云智数作为 M·IoT 对外输出的载体，通过承载硬件（工业平板、类 PLC、数据采集卡等）向包括万科、长安汽车、上海电气、安踏等多个来自汽车、快消品、房地产等 20 多个行业 120 多家企业提供数字化转型帮助，M·IoT 平台的价值诠释得淋漓尽致。

三、互惠融合，精益改造

目前 M·IoT 平台已经在多个场景中展开应用，例如注塑工厂。实施基于"T＋3"的计划采购一体化平台，由总装计划拉动注塑工厂计划，通过对设备、模具等精细化改造，比如排产精细到单个设备与模具，能够有效地降低总成本；同时 M·IoT 结合 KUKA 机器人进行自动化改造，自动上料，机器人完成取件、烫金等工艺，并通过自动仓储基于总装线需求精准配送。通过这一改造，注塑工厂生产线员工减少 60%，生产效率提升 17%。最后通过与设备联机平台协同运作，实现设备联机、智能分析、预测维护以及工艺参数优化的管理，尤其是工艺参数优化。同样的，在质检环节，M·IoT 也能派上用场，通过 AI 技术，用视觉、声音 AI 来代替人工，既可降低检验成本，也能够提高监测精度。如今美的已经形成了 M·IoT 四层关键产品系列：工业 APP 和 SaaS、工业云端平台、SCADA 联机平台和边缘计算、机器人和自动化。

基于这四个方面的能力，企业可连接用户、客户、供应商、职员、产品、机械设备、机器人、物流设施等各方面，通过软件驱动全过程的运营，形成数据，通过大数据平台透明披露数据模型进行分析、闭环优化。

资料来源：http://www.elecfans.com/d/887406.html

5.1.2 "智能+"项目打造精细化制造

工业互联网主要由网络、平台、安全三大部分组成，其中网络尤其是 5G 低延迟网络是工业互联网的保证基础，数据和平台是工业互联网的核心，安全是保障。其实工业互联网厂商之多是难以想象的。近两年来工业互联网的发展以及不少科创企业崭露头角，从基本的连接端到云服务端，从 IaaS 端到 PaaS 端再到工业数据分析展示和可视化平台、具体场景应用，模拟设计、生产优化、运行经营、资产管理、采购优化、物流管理等，都是将工业互联网运用在企业的具体环境当中，利用项目管理、数据采集和大数据分析创造出属于企业的独特的应用场景。

（1）赋能初始期：项目调研准备阶段

在工业互联网赋能企业转型与升级的过程中，需要具备基础的项目管理功能。企业在哪个方面需要引进，企业如何进行工业互联网赋能具体模块，具体的实施阶段和步骤等都是需要企业考量的部分。要把智能制造真正引进企业,需要事先做大量的项目调研准备工作,进而展开具体的实施工作,具体如图5-5所示。

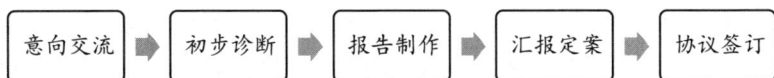

意向交流 ➡ 初步诊断 ➡ 报告制作 ➡ 汇报定案 ➡ 协议签订

图5-5　项目调研准备阶段

第一,意向交流。在项目开展的前期,首先企业需要考虑的就是自身的特点,结合企业需要转型、升级的目标展开调研,与企业相关人员展开意向交流。目前来看,虽然全国的工业互联网的布局进度正在逐步加快,但是国际技术和产业的格局尚未稳定成型,这为企业进行工业互联网创新发展,尤其是企业引进平台或者进行平台建设保留了机遇和时间。工业互联网建设布局是促进网络、平台、安全三大系统的合作,需要技术、用户、第三方开发等多方参与者共同推进。平台的培养、建设和普及是以融通发展为导向的长期进程,尤其是工业互联网解决方案提供商(解决商)和制造企业的意向沟通最为关键,是整个项目展开的伊始。

第二,初步诊断。在项目调研初期,进行意向交流和了解之后,解决商需要对企业进行初步的诊断,对包括企业需要解决什么样的问题、在哪些方面需要解决问题、解决后会起到什么样的基本作用等在内各项需要有基础的认知和预判。有些工业互联网企业在工业领域没有专业的积累和知识沉淀,难以准确把握行业特性、操作流程和需求的痛点,缺乏先进制造业和现代服务业融合的实践经验,在制造业转型升级过程中,不能充分发挥平台的"智能＋"的效用。初步诊断需要企业与工业互联网解决商在共同的目标和认知基础上进行。

第三,报告制作。目前我国相当多的企业对工业互联网的理念认识不明,对技术特性和商业价值依然抱有疑问,受资金投入大、技术门槛高、人才少等制约,工业互联网平台限制了大规模化和实际的效用发挥。因此对于项目报告的制作就需要企业阐明项目的目的、问题、意义，直击痛点，让项目更加清晰明了。

第四，汇报定案。汇报定案是对整体项目开展前的预确定，需要让企业和解决商共同制定最终项目书上报企业管理方，通过多方讨论最终确定详细的项目计划书，对工业互联网如何引进并且和企业具体方向结合运用进行详细阐述，准确把控行业特性，结合企业特点、操作流程和需求痛点单刀直入。

第五，协议签订。企业需要充分认识工业互联网的大数据基础资源和创新引擎的作用，将提高工业互联网大数据资源管理能力作为"智能＋"开发、企业转型升级的重要措施。而签订协议则代表项目调研准备环节的结束和项目的正式启动。

（2）赋能建设期：项目正式实施阶段

工业互联网的平台目前已经进入了群雄逐鹿、万马奔腾的大好时代。数据显示，预计2023年全球工业互联网平台市场规模将增长至138.2亿美元。在我国，规模以上的大型企业基本已经开始构建工业互联网平台为企业的全部模块展开服务。《工业互联网平台白皮书(2019)》数据显示，全国各类型工业互联网平台总数已达100家，一定区域、具有行业影响力的平台数量也超过了50家。有阿里、腾讯等网络企业构筑的基础技术平台，海尔、宝信、石化盈科等传统工业技术解决方案企业为转型发展需求打造的平台，徐工、TCL、中联重科、富士康等大型制造企业创办的独立运营公司运营的平台，以用优也、昆仑数据、黑湖科技等各类创新企业凭借自己的特色建立起来的平台。作为互联网的"下半场"，工业互联网未来大有可为。企业在准备工作结束之后便要正式启动项目，主要包括启动、实施和收尾三个部分，具体如图5-6所示。

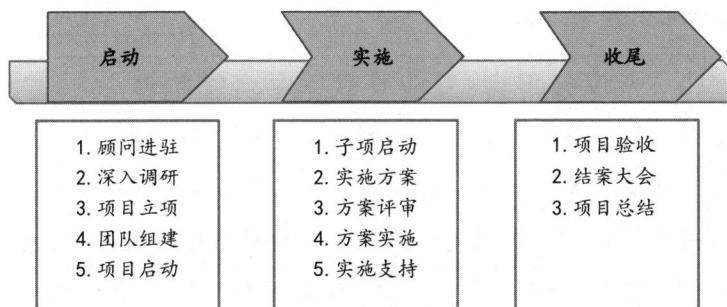

图 5-6　项目正式实施阶段

资料来源:https://www.iyiou.com/p/103078.html

第一,项目启动。工业互联网目前是一片蓝海,互联网企业可以借助工业互联网平台,将网络沉淀积累的力量叠加给工业界。同时,企业可以通过引进平台赋能企业科技进行工业互联网赋能。不论是互联网企业还是工业企业都需要配合合作企业开展项目。项目的启动主要包括顾问进驻、深入调研、项目立项、团队组建和项目的启动,通过项目顾问进驻进而企业展开针对性的调研,为项目的最终立项和启动做好准备。

第二,项目实施。项目的实施主要包括子项启动、实施方案、方案评审、方案实施和实施支持。随着工业互联网对企业数字化转型驱动能力的逐渐展现,工业互联网在企业各个阶段不同领域、模块中的应用也会有所侧重、有所不同,因此需要在总项目下设立子项目,同时根据设定的方案进行实施、评审。

第三,项目收尾。最后项目的收尾包括项目验收、结案大会以及项目总结。项目的验收包括对项目整体的完成程度进行考量,多次测试工业互联网是否与企业相适配,对出现的问题、解决方法等进行总结归纳以使相互之间的适配性更高,助力企业的采购、生产、营销、物流等。

专栏 5-2：汉云平台

汉云平台：工业互联网平台领跑者

汉云工业互联网平台是徐工信息自主研发创立的，就在前不久习近平总书记考察徐工信息时高度评价了徐工信息创研的汉云工业互联网平台，称之为"不仅是能为设备提供精准服务的平台，更是实体经济的抓手！"经过几年的发展，汉云互联网工业平台已服务近1000家企业，覆盖了20多个国家。为工程提供机械、新能源、军需、风力发电、光缆、核心部件制造等63种行业提供互联网生态系统，完善生产体系，创建指数级生态价值，为提高中国制造业质量、实体经济振兴增添色彩。

一、公司简介

汉云互联网平台的创立者徐工信息是一家混合所有制的国家高科技企业和"双软"企业，公司秉持着"为了工业的赋能，与伙伴共生"的使命，致力于成为工业互联网技术和解决方案的"领头羊"。徐工信息在2018年成功主办了长三角地区的工业互联网高峰论坛，同时基于其深厚的技术和制造业背景，打造的"最懂制造的工业互联网平台"与"让制造更简单"的智能制造产品和解决方案受到了习近平总书记的高度赞扬。

二、最懂制造，万物互联

徐工信息源于制造，服务智造，抓住制造行业痛点，将76年的制造业经验沉淀转化为最熟悉的工业机理模型，用30年制造业信息化经验打造汉云——最懂制造业的工业互联网平台，经过充分验证赋能50多个行业，服务于54万用户，拥有切实的客户经验帮助企业提高质量、效率和降低成本，如图5-7所示。

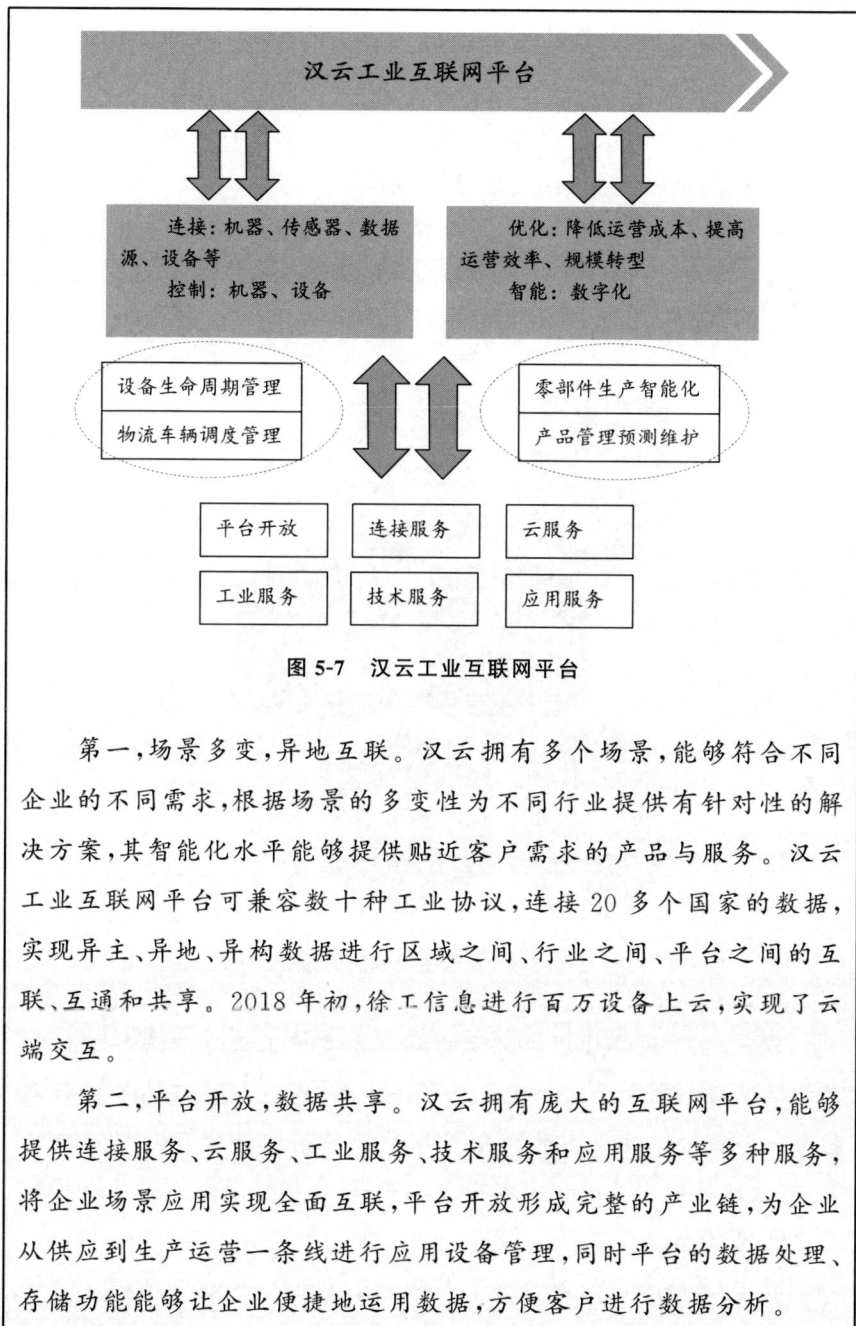

图 5-7　汉云工业互联网平台

　　第一,场景多变,异地互联。汉云拥有多个场景,能够符合不同企业的不同需求,根据场景的多变性为不同行业提供有针对性的解决方案,其智能化水平能够提供贴近客户需求的产品与服务。汉云工业互联网平台可兼容数十种工业协议,连接 20 多个国家的数据,实现异主、异地、异构数据进行区域之间、行业之间、平台之间的互联、互通和共享。2018 年初,徐工信息进行百万设备上云,实现了云端交互。

　　第二,平台开放,数据共享。汉云拥有庞大的互联网平台,能够提供连接服务、云服务、工业服务、技术服务和应用服务等多种服务,将企业场景应用实现全面互联,平台开放形成完整的产业链,为企业从供应到生产运营一条线进行应用设备管理,同时平台的数据处理、存储功能能够让企业便捷地运用数据,方便客户进行数据分析。

三、海纳百川，共赢共生

通过国家政策引导和政府的补助，到目前为止，工业互联网已经从概念普及阶段到了平台落地阶段汉云工业互联网平台深耕行业，直击痛点，突破了安全问题、连接设备协议不通问题、客户需求问题和数据价值问题，利用多年经验积累直击制造业痛点，包揽数百家客户经验与数据，智能化的为客户提供个性化的服务，目前汉云具体有几十种的场景解决方案，具体如图 5-8 所示。

图 5-8　汉云主要解决方案

第一，生产设备管理。汉云的解决方案中很大部分为各种行业的机械设备全生命周期管理优化解决方案，通过智能终端了解和调控每一个核心机械设备的生命周期并且定期地进行预测损毁与修复，有效地控制生产进程中各项成本支出，能够帮助企业有效地控制生产流程，提高效率。

第二，车辆调控管理。除了生产设备管理之外，汉云还涉及了智能网联商用车、新能源汽车、物流车辆调度等问题的管理，目前，汉云正在与智能车系统相关技术团队展开合作，同时还涉及智慧物流，未来汉云将在智慧体系上大展拳脚。

除此之外,汉云还覆盖了包括热力、冷链物流、客运汽车、石化、住宿餐饮、电梯、机加工、生产加工、公共交通、环卫机械、水泥制造、经营租赁、港口、军工、照明、叉车等几十家行业,充分利用客户优势打通场景之间的相互衔接,为工业互联网进驻企业打通脉络。

资料来源:http://www.xreacloud.com/

5.1.3 转型升级之路还需精细

不同于消费领域互联网,工业互联网生态系统的建设除了需要人工智能、大数据、云计算等技术支持之外,还需要基于丰厚工业知识及专业经验形成的数据模型的多场域运用,这些技术元素可以概括为"ABCDEF"6个方面。建立和运营开放的生态系统平台,实现工业互联网平台化运营服务的新业态。同时在转型阶段,企业还需要注意项目建设过程中通过他驱动和自驱动进行人与场景的衔接。

(1)技术元素加持转型升级

在工业互联网时代,向数字化、网络化和智能化转型是保证企业未来生存的唯一方式,世界在改变,企业面向世界的通道也在改变,而企业的思维模式也需要同时发生改变。

第一,Analytics(建模分析)。既包括算法,也包括算法在特定场景和目标中的应用建模。建模分析需要运用到许多数学算法构建模型,使得解决商的平台所提供的解决方案能够在收集不同的数据和案例的前提下应对客户不同的场景需求。

第二,Big Data(大数据)。大数据是什么?大数据是互联网时代下最为关键的产物。与关注消费领域互联网的"4V"特性不同,工业大数据技术需要管理"3B"挑战,即 Broken(数据不完整性)、Bad Quality(数据质量差)和 Backgroud(数据场景性)。大数据下平台可以收集在运用过程中发现的错误信息等,同时需要保证数据的完整、质量和适用场景。

第三，Computational Platform（计算平台）。既包括云计算（Cloud Computing），也包括基于嵌入式智能的边缘计算，需要整合"端"到"云"，"分布式"到"集中式"的灵活可重构的计算平台架构。

第四，Domain Knowledge（领域知识）。需要对应用对象的机理、工艺流程、系统工程和优化目标具备基本的知识和工程经验。这就与项目实施阶段的顾问进驻相关，企业与解决商在进行项目合作的同时需要达成知识体系的互补与一致，能够就问题进行协商解决。

第五，Evidence（事实依据）。反映系统当前状态的依据，以及能够支持决策的洞察力。事实依据很大程度上取决于企业目前的状态以及企业管理层、企业上下对于改变的确定性。

第六，Feedback（反馈闭环）。与控制系统或标准作业流程（SOP）的整合，实现决策到操作运营（OT）的闭环。互联网时代的新战略的核心，是形成判断和行动之间的高速反馈闭环。快速反馈闭环的重点是用预测未来的事前判断指导迅速的行动，形成反馈，修正判断和采取下一步的行动。

（2）全员行动，现场分析

企业在进行工业互联网平台建设或者生态圈构建时，很大程度上需要做到企业上下协调一致，包括思想上和行动上。这里将其分为他驱动和自驱动。那么如何区分呢？顾名思义就是外在动力和内部动力驱使企业上下展开变革和转型。

第一，自驱动。在工业互联网项目的最初始阶段，就需要进行相关的意向交流，而意向交流就在很大程度上反映了一家企业对于工业互联网的态度和了解程度，这也在很大程度上决定了企业执行项目后对于项目的支持程度和员工们的接受与运用程度。自驱动来自企业内部的接受程度包括企业管理者和企业员工。企业需要加强全体人员对于外在环境变化的接受能力，安排学习，积极主动地适应外部环境的改变，同时主动进行变革创新。

第二，他驱动。他驱动实际上可以称之为外在的动力驱使。当一家企业面对的外部环境已经开始变化时（包括市场环境变化和企业合作伙伴的变化等），就不得不去做出改变，以防跟不上时代的步伐。具体如图 5-9 所示。

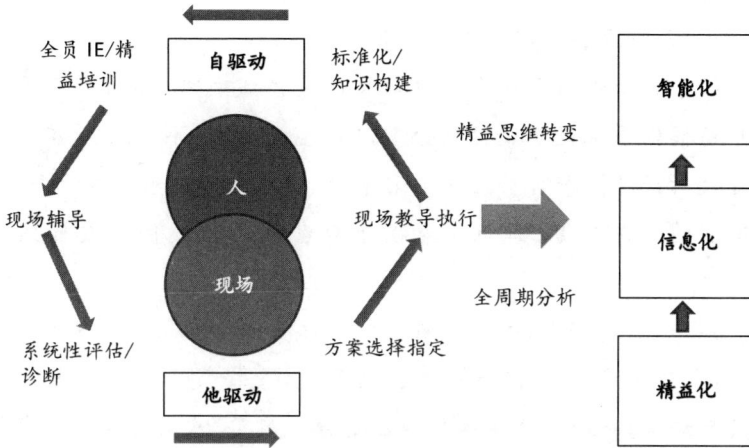

图 5-9　驱动下的转型升级

专栏 5-3：橙子自动化

橙子自动化：引领智能制造的数字新时代

智能制造目前已经成为中国一个巨大的机会窗口，是中国企业目前竞相争取达到转型的一个目标，就目前来看已经有不少规模以上企业完成了智能制造转型升级，橙子自动化就是其中的后起之秀。

一、公司简介

橙子自动化是一支由有思想、有理想、有勇气的"80 后"年轻人组成的一个团队。橙子回归系统整合的本质，为客户提供服务，为客户设备提供核心竞争力和产品增值。橙子自动化在 3C 电子行业的柔性生产制造领域具有优异的技术优势和丰富的经验积累，已与国内外众多知名品牌厂商建立了深厚的合作关系。全国首条音响柔性装配生产线、全国首条服务器装配生产线、手机柔性装配生产线、电视柔性装配生产线、智能手表柔性装配生产线、机器人测试自动化……

客户包括苹果、思科、富士康、华为、比亚迪、创维等一大批标杆性企业，这些对于成立还不到三年的橙子自动化而言，是颇为自豪的成绩。

三、万物互联打造全方位服务

橙子自动化除了拥有全自动柔性生产线之外，还为多家手机电子厂商提供手机生产线、FPC&PCBA 生产线、各种机器人应用。也许你没听说过橙子自动化这个名字，但你手上戴的苹果智能手表，背后有它的一份功劳，因为正是橙子自动化为其提供了柔性装配生产线。

第一，资源整合，技术更新。橙子自动化的工业互联网平台将万物互联，从供应链资源、智能工厂顶层设计、生产周期管理、技术研发到售后培训，将全球顶级的供应链资源进行整合，同时为客户提供工厂的顶层设计咨询和规划，再到对智能设备内部生产确保严格的项目管理系统并及时以高品质供应产品。同时，还与来自日本、德国的研发中心等技术队伍进行技术合作，坚持为客户提供完善的售后服务和研修，并有覆盖全球的专业设备检修点。可以说橙子自动化的工业互联网平台将万物互联，为企业转型提供了助力。

第二，精确定位，服务全面。橙子自动化对自身的发展有着清晰的定位和规划，就是专注于市场潜力巨大同时也是刚起步的 3C 电子行业自动化升级，而且是技术门槛最高的装配和检测工序。3C 行业具有小批量、多品种、装配精度要求高等特点，技术和研发门槛相对较高，但业内企业较少有从柔性装配生产线的角度从事 3C 行业系统集成。而橙子自动化技术团队成员大多来自 3C 行业，深谙自动装配技术，具有行业推广价值的标准化和模块化解决方案，并可重构以形成规模。

二、AI 赋能制造，工厂更加透明

橙子自动化专注于自动精密组装技术开发、测试和工艺应用、采集数据，通过数据分析，为客户提供全生命周期工业服务，为 3C 电子、

汽车电子、医疗电子、半导体行业的终端客户提供标准化、自动化的产品和柔性生产线整体解决方案。橙子自动化的智能工厂能够实现数据联通和万物互联,使得工厂更加透明,运营更加高效。具体如图5-10所示。

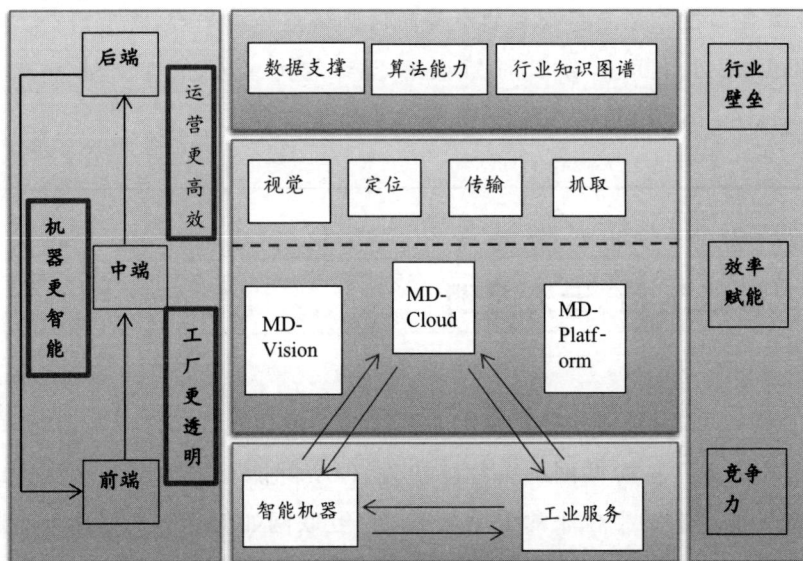

图5-10 橙子自动化智能系统

第一,智能互联,深度整合。橙子自动化通过 MD-Cloud 工业互联网平台将万物互联,具有分屏显示、3D 显示和电子签名等功能,通过运动控制算法、客户自定义库文件、满意机制、生产报表统计、数据库深度整合等模块,智慧操控工厂运作,将智能机器与 MD-Cloud 工业互联网平台相结合,对生产状态实时监测、设备维修即时在线、生产制造后期有效控制。

第二,突破壁垒,效率赋能。橙子自动化通过工业互联网平台进行应用数据整合,能够有效地突破行业壁垒,将各个行业的数据进行整合分析,最终能够得出有效的场景解决方案,为日后企业客户的场景需要提供帮助,能够应对各种企业对工业互联网转型要求。

在橙子自动化的宣传册上,有这么一句话:Leave work to machines,leave machines to post-80's,翻译过来就是"把工作交给机器,把机器交给80后"。橙子自动化回归系统集成的本质是为客户提供服务,为客户提升核心竞争力和实现产品增值。能够在高效地做自己擅长并且感兴趣的事情的同时搭建一个平台,将有思想、有理想、努力并且在自己的领域有扎实能力的小伙伴串在一起。Working for a better life(为更好的生活而工作)!

资料来源:http://www.ioranges.cn/

5.2 智能制造:云开月明

从 2017 年底国务院发布工业互联网发展指导性文件以来,不到两年有上百家工业互联网平台相继出现,但实际能够推动企业转型升级实现智能制造的平台非常少。对于工业互联网如何能够更好地推动制造业的转型升级这一问题,不少巨头都提出了自己的看法。树根互联技术有限公司的 CEO 贺东东、IDG 资本合伙人牛奎光以及阿里巴巴副总裁刘松曾站在平台、投资和互联网公司的角度对工业互联网的发展表示认可和看好,但也有人提出质疑:不到两年的时间涌现上百家平台,工业互联网平台供给是否过热呢? 实际上,市场火热正是这种趋势的涌现。现如今许多平台已与企业开展了合作,从需求侧角度看,工业互联网平台对制造业数字化转型的驱动能力逐渐明朗,中小企业对工业互联网平台的需求日益增长。然而,茁壮成长的市场背后企业的转型升级道阻且长。

5.2.1 工业互联网智能制造成熟度

企业进行智能制造转型升级要经历各个阶段一步一个脚印慢慢进

行变革，从浅入深，由易变难，主要分为已规划级、规范级、集成级、优化级和引领级。从对企业工业互联网建设规划、局部建设流程到核心设备实现数字化和标准化，再到范围内实现共享与智能化等，从局部到全面，从已规划级别到达引领级别可能需要一段很长的时间，每一次突破都将是质的飞跃和前期的积淀。从最初的建设规划到核心设备流程实现再到区域范围内实现，最后就是全面数字化运营甚至能够自主研发模拟一套完整的解决方案实现自控管理，推动产业的创新。工业互联网的不断建设与完善也标志着企业逐渐在体系内走向成熟，如图 5-11 所示。

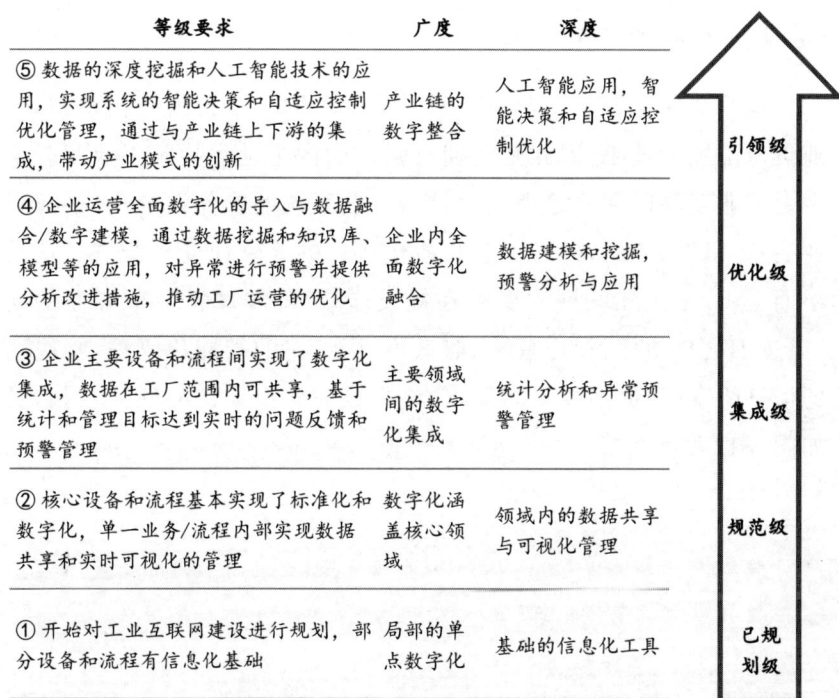

等级要求	广度	深度	
⑤ 数据的深度挖掘和人工智能技术的应用，实现系统的智能决策和自适应控制优化管理，通过与产业链上下游的集成，带动产业模式的创新	产业链的数字整合	人工智能应用，智能决策和自适应控制优化	引领级
④ 企业运营全面数字化的导入与数据融合/数字建模，通过数据挖掘和知识库、模型等的应用，对异常进行预警并提供分析改进措施，推动工厂运营的优化	企业内全面数字化融合	数据建模和挖掘，预警分析与应用	优化级
③ 企业主要设备和流程间实现了数字化集成，数据在工厂范围内可共享，基于统计和管理目标达到实时的问题反馈和预警管理	主要领域间的数字化集成	统计分析和异常预警管理	集成级
② 核心设备和流程基本实现了标准化和数字化，单一业务/流程内部实现数据共享和实时可视化的管理	数字化涵盖核心领域	领域内的数据共享与可视化管理	规范级
① 开始对工业互联网建设进行规划，部分设备和流程有信息化基础	局部的单点数字化	基础的信息化工具	已规划级

图 5-11　工业互联网智能制造成熟度等级

徐州工程机械集团的董事长王民表示："向数字化、网络化、智能化转型是保证企业未来生存的唯一方式，而工业互联网平台就是企业数字化转型的重要抓手。"在工业互联网智能制造的模型转换和升级的道路上,协鑫体会到了工业互联网的利用价值。作为光伏材料厂家,既要降低成本,而光伏切片又要越薄越好,然而切片越薄,成品率越低,两者之间的平衡如何实现？协鑫引进"阿里云"的工业脑,利用工业脑分析生产流程,发现缺点并改良后发现相同的薄度时良品率提高 1%,此时企业效益提升了上亿元[①]。一家企业仅仅只是将工业互联网运用在局部生产上面就可以有巨大收获。企业需要从广度和深度双管齐下,做到范围和具体功能的实现和扩大,从基础的信息化工具到最后 AI 赋能自控式管理。

5.2.2 工业互联网技术架构

工业互联网平台是工业全要素、全产业链接、全价值链接枢纽,是工业资源配置的核心,因此企业拥有强大的内生动力构筑工业互联网平台。工业互联网在一定程度上是新工业系统的操作系统,对接海量工业装备、机器、产品,提高工业智能化应用的开发速度和配置。从技术层面上讲,工业互联网主要存在提质增效、降本减存两个方面的功效,通过 JIT 自动化、管理系统(信息化)到最终的智能化管理,解决企业的信息闭塞、数据不通等问题,最终形成完整产业链的环环相扣,具体如图 5-12 所示。

---

① 资料来源于 https://blog.csdn.net/weixin_34318956/article/details/90592442《小硅片与大数据的结合——协鑫光伏的新制造之路》

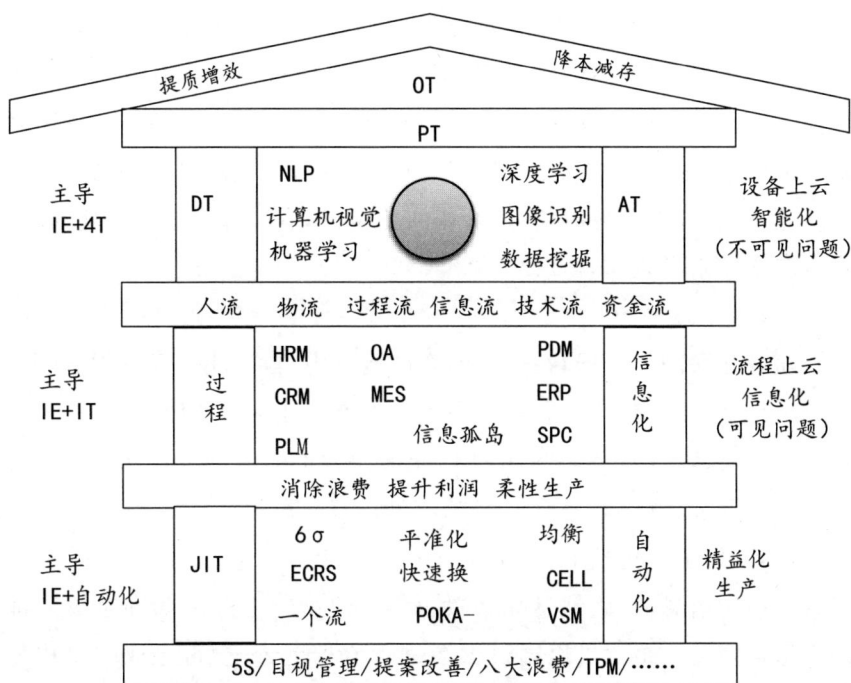

图 5-12　工业互联网技术架构

　　作为平台方不光要有优秀的技术,还需要帮助使用者基于不同的应用场景解决技术落地的问题,而这就是需求不同的问题,需要因地制宜地考量企业。通过不同的行业需求,在工业互联网技术架构上可以有效地进行相应的技术层面考量。

　　(1)主导 IE+自动化

　　企业向智能制造方向转型发展,扮演信息流连接的工业互联网在其中起着重要作用,而加快工业互联网落地也就成为市场优先发展的目标。目前,很多企业都引入了自动化生产,通过自动化生产,可以有效地控制生产过程和工序、进料平衡和调平等问题,而在自动化生产中最具有代表性的就是日本丰田提出的 JIT 生产模式,即实时生产系统,其实质是保持物质流和信息流在生产中的同步,实现以恰当数量的物料,在恰当的时候进入恰当的地方,生产出恰当质量的产品。这种方法可以减少库存、缩短工时、降低成本、提高生产效率。实际上 JIT 生产模式已经有效概括了"IE＋自动化"的模式的理念，通过终端设备将设备与操控机器进行连接，计算得到生产所需物料、成本、损毁率等有效数据，进行精准投料，降低成本，提高效率。通过 IE 的控制，可以明确知道某道生产线的生产时间、用工时长、什么时候投料等详细的时间消耗问题，能够有效把握时长，进行精益化生产，有效降低生产损耗率，这对生产企业来说是非常重要的。

（2）主导 IE＋IT

随着互联网的发展，在企业的生产运营中，自动化已经不再能够有效地满足企业需求，而随着外界环境的发展和变化，信息化开始进入视野。在层层递进的过程中，信息化能够解决企业采购、运营、生产、物流、人力、资金、过程等一系列问题，有效去除部门之间繁杂的手续，提高运营效率，主要包括 ERP 系统、CRM 系统、HRM 系统等，有效衔接信息和传递信息，打破信息孤岛，使得企业内部、企业之间和企业外部的信息合理化。企业可以通过云端进行流程上云，使得企业的流程手续通过云端得以实现。简单来说，可以将企业所需的软硬件、资料都放到网络上，在任何时间、地点，使用不同的 IT 设备互相连接，实现数据存取、运算等。当前，常见的云服务有公共云与私有云和混合云三种。

第一，公有云。公有云是指在互联网上将云服务公开给一般大众来使用，最典型的例子就是 Google 搜索服务与网络地图、百度云盘或社交网站 Facebook 等。公有云也是一般网络大众所熟知且每日使用的云计算系统，包括上文提到的网络搜索数据、分享照片、分享文章、上传视频、与朋友联机聊天等日常网络行为，都是属于公有云。它们的共同特色就是将个人数据从私人计算机移动到公开式的云计算系统上，且免费开放给任何人使用。

第二，私有云。私有云是为各个客户端独立利用而构筑的云服务，可以配备在企业数据中心的防火墙内，也可以配备在安全的主机托管场所。比如存储在微信或者 QQ 上的文件。为了部署私有云，第一件事便是根据相关人员、流程和技术方面的需求，对流程重新设计，使得企业目标与 IT 部门的目标相匹配，并确保在相关重要岗位有合适的人员配备。私有云可分为三个部分:私有云平台向用户提供各种私有云计算服务、资源和管理系统;私有云服务提供以资源和计算能力为中心的云服务,包括硬件虚拟化、集中管理、灵活的资源调度等;私有云管理平台负责私有云计算的各种服务的运营,并且集中管理各种资源。

第三,混合云。混合云是公有云和私有云的混合,为公共空间和私人空间都提供服务。一般来说,出于安全上的考虑,企业希望将数据存储到私有云中,同时也希望获得公有云的共享计算资源。在这种情况下混合云被更多地采用,混合云将公有云与私有云混合匹配,以获得最佳效果。

(3)主导 IE+4T

现如今,5G、人工智能等新一代的信息技术与工业互联网的融合发展正在由点及面、从易到难实现应用创新。智能系统已经上线,以往自动化生产仍然需要人工来操控机器,而如今通过人工智能深度学习、图像识别、数据挖掘等技术,能够实现设备上云,不需要员工在机器面前进行操控,只需要设置指令,机器可以自动运转,机器人可以自主充电。就拿产品缺陷率一例来说,在前两个阶段,虽然机器能够节约生产时间和成本,提高生产效率,但产品下线前,工人需要对色差、缝隙大小、外观脏污等七八项表面质量缺陷进行检查,这样不仅浪费人工,而且缺陷检出率低。

海尔在这方面做得很好。进入海尔青岛冰箱智能工厂,连接到互联网的自动化生产线依次有序运转,而旁边的监视器画面数据实时滚动、不断更新。一只机械手臂灵巧地闪烁着信号,可以扫描前面冰箱的质量检查结果,缺陷会立即显示在电子屏幕上。有了这个自动视觉检测系统,就相当于聘请了人工智能专家留在生产线上,检测效率提高50%以上,缺陷检出率高达99.5%,产品质量大幅度提高。主动拥抱工业互联网的不仅是人工智能,5G、虚拟现实、区块链等新技术也广泛地触及工业互联网,"工业互联网+新技术"的融合应用在制造业加速落地。

专栏 5-4：中科云创

中科云创：工业物联网界的"乐高"

当前，在物联网/云服务的应用上，我们看见的更多的是办公环境、智能家庭。相较之下，与工业结合就显得相当小众，而中科云创却做到了。发展至今，中科云创旗下共拥有 4 款产品，分别是企业设备管理平台（SaaS）云中控、SCADA 软件 BOLOMi、自定义数据传输协议穿云、可穿戴式专家远程指导眼镜。未来中科云创的目标是从数据收集到上传云端存储分析，再到应用组件的整合直到打通整个企业的产业链。

一、公司简介

早在 2014 年，在消费领域互联网如火如荼之时，中科云创就决定将业务扩展到工业互联网领域。凭借多年企业软硬件应用集成服务经验，以及对工业行业的多年了解，经过一年的探索，于 2015 年初正式开启"云中控"工业物联网远程运维云平台项目。而"云中控"远程运维平台在近两年得到快速发展。

二、智慧中控，设备监测

中科云创的"云中控"是一个用于工业数据实时监控和设备健康管理的工业互联网应用平台。其结合物联网、云计算和大数据技术，以数据为基础、设备为节点、流程为准绳、人员为中心，综合运用物联网、语音识别、图像识别、机器学习、AR 等多项最新科技搭建的"云中控"工业物联网设备健康管理 SaaS 服务平台，致力于为工业企业的设备全生命周期管理提供全面技术支持，提高企业生产效率，降低企业运维、融资和备件采购成本。"云中控"产品中的远程维修、预防性维护以及工业物联网应用商城都已开发完成，在高速路、污水处理、机床、矿山机械、油田柴油机、智能配电、光伏发电等众多领域都获得实际应用，具体如图 5-13 所示。

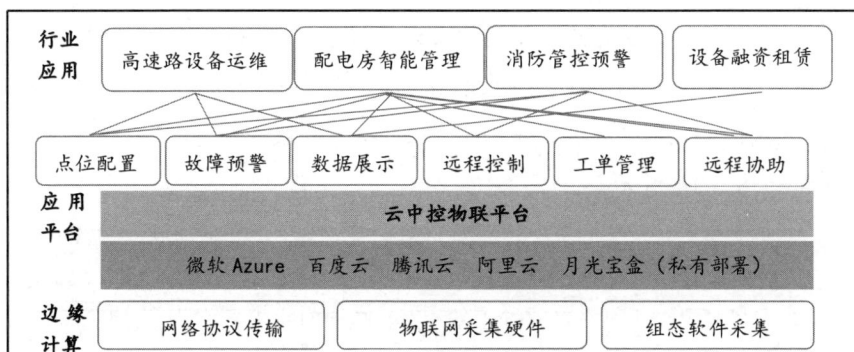

图5-13　云中控工业物联网平台

第一，设备实时监控。云中控平台后台通过边缘计算、数据采集分析，经过云端控制和应用组价能够深入行业应用当中，实时监测设备使用情况，以及历史数据的追溯，降低设备售后服务及运维成本，提高服务效率和客户满意度。实施者在 1 日内完成设备的目标收集点配置，向云端发送，利用 Web 和手机的 APP 阅览设备的执行数据。同时，可以根据企业的特征设定报表模板，将收集的数据在第一时间转化为决策依据。

第二，对接细分服务平台。云中控能够使用低成本的方案，为客户将设备接入云端，快速实现设备的物联网化，降低相关投入的财务风险。同时，积累和整理设备故障清单、维修策略、零部件使用信息，并迅速传递工业互联网各细分化服务平台。

第三，技术支持。云中控结合物联网、云计算、大数据、边缘计算、人工智能和增强现实技术，将设备健康信息互联网化，为工业企业提供设备远程维护维修云平台解决方案，并利用数据模型预测潜在故障。通过云计算、物联网、大数据技术快速解决跨企业、跨地域的数据问题，同时能够实现平台快速迭代式系统升级。

三、双管齐下，强势对接

中科云创打造的云中控平台，专注于工业设备互联网解决方案，通过公有云或者混合云方式,采集设备厂家和设备用户快速实现运行状态的数据采集、传输、展示、加工等一系列功能,为企业小成本、低风险、短周期实现工业设备物联和制造服务业转型创造条件,具体如图 5-14 所示。

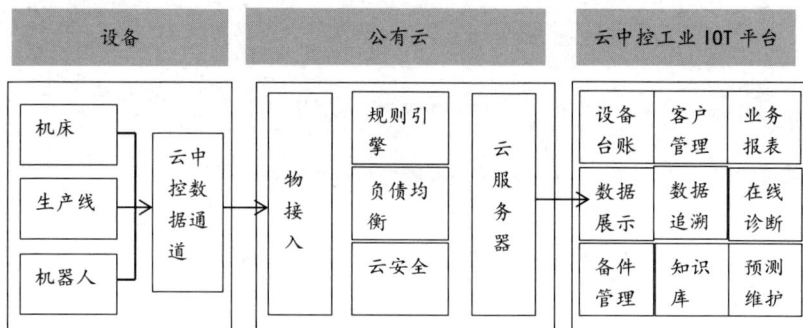

图 5-14　中科云创公有云衔接平台

第一,实时传输。中科云创利用公有云的方式实现设备制造商、设备用户以及其他设备服务平台的快速运行状态数据实时对接,同时还包括数据采集、传输、展示和加工。用户在数据源设备加装工控机或数采模块,标记设备控制系统或传感器等采集点,通过操作图形化界面完成本地设备的数据采集,经由 3G、4G、Wi-Fi 等方式将实时数据上传到云服务器的数据库。

第二,数据有效加工。中科云创能够衔接上下游企业与平台,客户将使用云中控的 Web 应用和手机 APP,浏览设备状态,追溯历史数据,将加工统计后的数据转化为产能、良品率、设备使用率、能耗等各类报表,为生产和运维的优化提供决策依据,同时中科云创也提供数据处理等服务,能够有效地帮助目标企业管理设备。

中科云创在整个环节中扮演的角色实际上就是一个"中间商",全链条解决数据采集到云端、应用组件。企业严格把控数据传输这一模块,同时在各个部分,中科云创还运用了先进技术,以提供更为优质、全面的服务。比如在数据输入的时候加入语音识别技术,免去

使用者手动输入的烦恼,也便于其他人查看。未来期待中科云创更
多的精彩创新。

资料来源:http://www.cloudinnov.com/

5.2.3 工业互联网平台功能架构

工业互联网的产业转型升级,实际上是在企业信息流的作用串联
过程中,通过搭建平台和利用云服务进行上下游数据的传输、识别、存
储和处理等功能,来实时控制数据和目标应用,所以如何使云落地就成
为关键问题。云服务是基于互联网的相关服务的增长、使用和相互作
用的模式,通过互联网提供动态可缩放的虚拟化资源。云是互联网的
隐喻。云过去在图表中表示电信网络,后来用来表示互联网和底层基
础设施的抽象。云服务指通过网络根据需要和运用易扩展的方式获取
必要的服务。这样的服务可以是 IT、软件、互联网关联或者其他服务。
这意味着计算能力可以作为一种商品通过互联网流通。目前云服务的
设备层主要包括:基础设施层(IaaS)、平台设施层(PaaS)和软件设施层
(SaaS),如图 5-15 所示。

图 5-15　富士康云服务层次链接

（1）IaaS 云网层

IaaS 译为基础设施即服务。消费者通过互联网可以从完善的计算机基础设施获得服务，这类服务称为基础设施即服务。基于互联网的服务（如存储和数据库）是 IaaS 的一部分。互联网上其他类型的服务包括平台即服务（PaaS）和软件即服务（SaaS）。PaaS 提供给用户可访问的完整或部分应用程序开发，SaaS 提供了可直接使用的完整应用程序，例如通过因特网管理企业资源。作为 IaaS 在实际应用中的一个例子，纽约时报使用成百上千台 Amazon EC2 虚拟机实例在 36 小时内处理太字节级的文档数据，如果没有 EC2，纽约时报处理这些数据将要花费数天或者数月的时间。

第一，基建类别多样。IaaS 通常分为三种用法：公有云、私有云和混合云。Amazon EC2 在基础设施的云上利用公共服务器池（公有云）。更私有化的服务会使用公有或私有服务器池（私有云）。如果在企业数据中心的环境中开发软件,那么可以使用混合云,并且使用EC2临时扩展资源的成本也很低。例如开发和测试使用混合云可以更快地开发应用程序和服务,缩短开发和测试周期。

第二,IaaS应用实时监控。IaaS也存在安全漏洞,例如服务商提供的一个共有的基础设施,即一部分的组件和功能,例如CPU缓存,CPU对于该系统的使用者来说并不完全是隔离的。但是这样就会产生一个后果,即一有攻击者得逞时,全部服务器都向攻击者打开了门户,即使使用超级访问,有一部分客户端系统也可以得到访问权且不受平台的控制。解决办法是开发一个强有力的分区和防御策略,IaaS供应商必须监视环境是否有未经许可的修正和活动。目前,许多工业互联网平台纷纷上线,通过SaaS应用嵌入PaaS平台,进行实时的数据传输与监测,进而达到数据上云,进行数据监控与共享,完成三方的配合。

(2)PaaS平台层

PaaS译为平台即服务,是把服务器平台作为一种服务提供的商业模式。经由网络程序提供的服务称为SaaS,而对应于云计算时代的服务器平台和开发环境作为服务进行提供就成为PaaS。所谓PaaS实际上是将软件开发的平台(计世资讯将其定义为业务基础平台)作为一种服务,以SaaS的模式向用户呈现。因此,PaaS也是SaaS模式的一种应用。但是,PaaS的出现加快了SaaS的发展,尤其是加快SaaS应用的开发速度。

第一,工业应用的开发环境。实际上PaaS是工业应用的开发大环境,为SaaS提供数据合理化环境。PaaS之所以能够推进SaaS的发展,主要是能够提供企业定制开发的中间件平台,同时覆盖数据库和应用服务器等。PaaS可以提高在Web平台上利用的资源数量。例如,数据即服务(Data as a Service)可由远程Web服务使用,且可使用可视化的API,甚至像800app的PaaS平台也可以混合并匹配适于应用的其他平台。用户或厂商可以基于PaaS平台迅速地开发自己需要的应用程序和产品。同时，PaaS 平台开发的应用可以更好地构筑基于 SOA 结构的企业应用。

第二，工业互联网下的产品定制。另外，PaaS 对 SaaS 运营商来说，支持产品的多元化和产品的定制。例如，Salesforce 的 PaaS 平台将更多的 ISV 作为其平台的顾客，从而开发出基于他们平台的多种 SaaS 应用，将其变成多元化软件服务提供者（multi-application vendor），而不再只是一家 CRM 随选服务提供商。而国内的 SaaS 厂商 800app 通过 PaaS 平台，改变了仅是 CRM 供应商的市场定位，实现了 BTO（built to order：按订单生产）和在线交付流程。使用 800app 的 PaaS 开发平台，用户不需要任何程序编程，可以开发 CRM、OA、HR、SCM、海外市场管理等任何企业管理软件，而且不需要使用其他软件开发工具并立即在线运行。PaaS 能将现有各种业务能力进行整合，具体可以归类为应用服务器、业务能力接入、业务引擎、业务开放平台，向下根据业务能力需要测算基础服务能力，通过 IaaS 提供的 API 调用硬件资源，向上提供业务调度中心服务，实时监控平台的各种资源，并将这些资源通过 API 开放给 SaaS 用户。

在工业互联网中，PaaS 层主要解决工业数据处理和知识积累沉淀问题，形成开发环境，PaaS 层可以为 SaaS 层提供大环境进行工业大数据分析形成的智能，同时将专业的工业知识进行封装和复用，通过数据上云形成有效的数据共享、传输，打破数据壁垒。

（3）SaaS 应用层

SaaS 是 Software as a Service（软件即服务）的简称，是随着互联网技术的发展和应用软件的成熟，从 21 世纪开始兴起的一种完全革新的软件应用模式。它与"on-demand software"（按需软件），the application service provider（ASP，应用服务提供商），hosted software（托管软件）具有相似的含义。

第一，工业应用部署。它提供一种互联网软件的模型，制造商使用统一的应用程序配置自己的服务器。服务商根据客户的实际需求,通过互联网为制造商订购所需的应用程序服务,按订购的服务多少和时间长短向制造商收取费用。用户不用再购买软件,借助服务商网站基础的软件,管理企业的经营活动,且无需对软件进行维护,服务商会全权管理和维护软件。服务商在向客户提供互联网应用的同时,也提供软件的离线操作和本地数据存储,让用户随时随地都可以使用其订购的软件和服务。对于许多小型企业来说,SaaS 是采用先进技术的最佳途径,企业无须购买、构建和维护基础设施和应用程序。对于广大中小型企业来说,SaaS 是采用先进技术实施信息化的最好方法。但 SaaS 绝不仅仅适用于中小型企业,所有规模的企业都可以从 SaaS 中获利。如今在工业应用当中,SaaS 应用层能够有效地解决工业实践以及创新问题,主要包括工业应用部署即通过工业 SaaS 和 APP 的方式实现设计、生产、管理等环节价值提升。

第二,工业应用创新。SaaS 有什么特别之处呢?其实在云计算还没有兴盛的时代,我们已经接触到了一些 SaaS 的应用,比如我们可以使用 Google、百度等搜索系统,可以使用电子邮件,而不用在自己的电脑中安装搜索系统或者邮箱系统。作为典型的例子,个人电脑上使用的 Word、Excel、PowerPoint 等办公软件,这些都是需要在本地安装才能使用的;而在 GoogleDocs(DOC、XLS、ODT、ODS、RTF、CSV 和 PPT 等)、Microsoft Office Online(Word Online、Excel Online、PowerPoint Online 和 OneNote Online)网站上,无须在本机安装,打开浏览器,注册账号,可以随时随地通过这些软件编辑、保存、阅读自己的文档,而用户只需要随时地使用,不需要自己去升级软件、维护软件等操作。SaaS 服务商通过有效的技术措施,可以保证每家企业数据的安全性和保密性。同时客户可以借助开发社区等方式塑造良好的创新环境,推动基于平台的工业 APP 创新。企业采用 SaaS 模式,在效益方面与企业自主信息系统基本相同,但却节约了大量的资金,从而大幅降低了企业信息化的门槛和风险。

（4）核心层

以富士康为例，其核心层主要为信息挖掘层与智能感触层，以 AI 赋能于工业设备，主要包括核心层运算、工业网关、机台控制与监控和最终操纵工厂设备，形成一套完整的智能制造链。

第一，兼容各类协议。核心层主要问题是解决数据采集与集成问题，而进行数据采集、传输等时需要考虑的就是兼容问题，由于平台与设备应用等服务商很多都不同，企业或者平台解决商需要打造能够兼容不同协议的互联平台，实现设备/软件的数据采集。无论是工业互联网还是智能制造，在所有串行连接的过程中，都涉及广泛的设备串接，特别是制造业的发展历史悠久，跨代设备之间如何进行串行连接都需要一个标准界面和标准。另外，每个产业都有不同标准的需求，不管开放型还是封闭型，都要优先考虑如何进行产业之间的统一。

第二，统一数据格式。统一数据格式是企业进行数字化、智能化转型必备的要求之一，统一数据格式能够有效地实现数据集成和交互操作，有效提高企业的数据处理效率和办公运营效率，帮助企业实现快速决策。

第三，核心存储计算。核心层的"大脑"便是最终的数据存储和智能运算，通过工业等级高阶工作站、工业等级存储装置和工业等级网络安全装置等能够有效地保障数据的安全保密，通过聚合多个存储设备的空间，灵活部署存储空间的分配，从而实现现有存储空间高利用率，避免了不必要的设备开支。同时实现数据预处理和实时分析，运用统计学、人工智能、机器学习等方法，从大量的数据中挖掘出未知的且有价值的信息和知识。

专栏 5-5：数见科技

数见科技：打造批流一体的数据融合平台

DataPipeline 是北京数见科技旗下一款批流一体数据融合平台，无须任何代码，通过可视化图形配置界面只需 5 分钟即可自服务部署一条实时数据管道，并提供丰富的管理功能。通过这个对数据集中管控的"CPU"，能够实现数据同步传输，并且可以可视化地实时监测保障数据质量，让看不见的动态数据在客户面前一览无遗。

一、公司简介

DataPipeline 隶属于北京数见科技有限公司，是企业级批流一体数据融合服务和解决方案提供商，是中国实时数据管道技术的倡导者。通过平台和技术，帮助企业客户解决数据准备过程中的各种痛点，帮助客户实现更敏捷、更高效、更简单地从复杂异构数据源到目的地的实时数据融合和数据管理等综合服务，从而打破传统 ETL 给客户灵活数据应用带来的束缚，让数据准备过程不再成为数据消费的瓶颈。公司 2019 年获得百度风投领投，经纬中国、清流资本跟投的数千万 A＋轮融资，目前已经成功服务了星巴克、金风科技、财通证券、龙湖地产、喜茶、玫琳凯、叮当快药、智慧图、销售易等多家行业领先的企业客户，行业覆盖零售、制造、金融、医疗、能源、政府和互联网等，在平台功能和服务能力上均得到了国内市场的普遍好评。

二、共享数据，服务应用

数见科技旗下的这款批流一体数据融合平台能够将数据业务化、业务数据化，客户可以通过平台进行实时的数据共享、传输、加工和加密，将数据合理化地运用到所需要的场景中去。DataPipeline 提供丰富的管理功能：数据的批流一体处理、API 数据接入、数据质量管控、数据任务流管理、可视化运维管理、错误队列管理、用户管理、元数据管理等，帮助客户实现高效地连接复杂的异构数据源和目的地，可视化实时监测保障数据质量，为客户灵活的数据消费需求提供强有力的技术驱动，如图 5-16 所示。

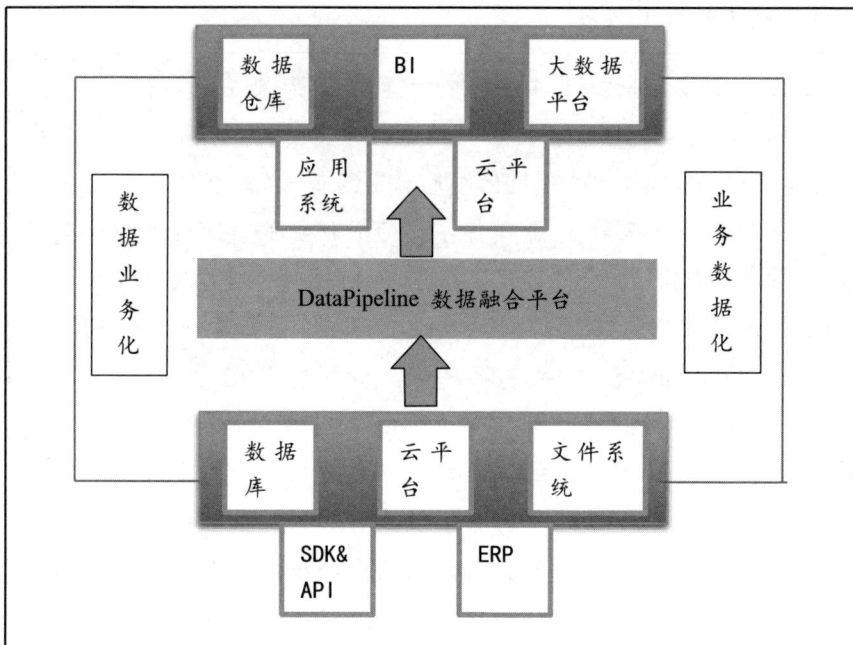

图 5-16　DataPipeline 数据融合平台

第一，操作简便。DataPipeline 作为一款数据融合平台，为了方便客户使用，无须任何代码，客户可以通过平台进行实时的数据操作，方便传输和共享，很好地帮助客户打通上下线数据通道。

第二，整合数据。

第三，强大功能支持。数见科技除了为客户提供数据上的传输、共享等功能，还包括批流数据读写、数据清洗等功能，进行一到多的数据分发任务，可批量选择数据读取对象，系统还能够自动匹配异构数据源之间的表结构，通过多功能的数据处理器能够实现多种功能数据处理。

三、覆盖多行业，赋能全场景

数见科技目前的解决方案覆盖零售、制造、金融、地产以及互联网行业，直击行业数据痛点，针对各行各业的数据特点总结出行业特殊解决方案，为各行业企业数据共融提供帮助与服务。

第一，多重部署，开箱即用。DataPipeline 数据融合平台拥有多种部署模式，支持混合云、公有云、私有云的部署模式，能够满足客户不同的需要，大幅度提高安全性。同时 DataPipeline 简单快速的安装流程，高效部署生产环境保证能够即装即用。

第二，多种数据源支撑场景。DataPipeline 支持多种数据源，一键接入，无须烦琐配置，同时实时的数据融合与集成，不让延迟成为瓶颈，当数据源的表、字段变化时，支持多种处理方式，能够满足客户的多元化需求，真正切合实际场景应用。

未来，DataPipeline 将加速提升数据融合平台的硬实力，让运维变得更加轻松，同时持续优化行业客户服务的软实力，争取覆盖更多的行业与场景，让数据能够围绕客户企业上下产业链互融互通，全面提升公司的核心竞争力。

资料来源：https://www.datapipeline.com/

5.2.4 工业互联网技术应用场景

从互联网产业发展的背景看，工业互联网平台是云平台发展的延伸，本质上是构筑了传统云平台上的叠加物——大数据、人工智能等新兴技术，构建更加精准，数据采集更加高效，包含存储、集成、访问、分析、管理等功能，以工业应用的形式为制造企业提供各种创新应用，最终实现资源丰富、多边参与、共生合作、协同制造的生态进化。主要涉及 7 类关键技术，分别为数据集成和边缘处理技术、基础设施即服务（IaaS）技术、平台能源技术、数据管理技术、应用开发和微服务技术、工业数据建模和分析技术、安全技术。根据 7 种关键技术的相互融合，工业互联网的重点在于"网络"＋"数据"＋"安全"，网络是基础，数据是核心，安全是保障。

工业互联网平台目前总体应用于四个场景。第一，优化工业现场的生产流程；第二，优化企业运营管理决策；第三，优化社会化生产资源配置与协作;第四,优化产品的全生命周期管理和服务。目前平台的应用还处于初级阶段,主要应用于"设备物联＋分析"或"业务系统互联＋分析"的简单场景优化。以富士康为例,在其工厂车间工业互联网主要运用在服务机构/电子段 15 余项制程,实现 LO 到 LX 垂直整合。

垂直整合(vertical integration)是一种提高或降低公司对于其投入和产出分配控制平衡的方法,也即公司对其生产投入、产品或服务的分配的控制。垂直整合有两种类型:后向整合(backward integration)与前向整合(forward integration)。一个公司对于其生产投入的控制被称之为后向整合,对其产出分配的控制则被称之为前向整合。企业在进行战略发展决策过程中往往都会考虑到垂直整合这一项作为战略选择,垂直整合在企业间一直是降低交易成本的一种方法,而降低成本往往是企业生产过程中的一个环节,所以在工业过程中,将互联网引入到设备群中,通过平台应用控制具体设备的运行时间、设备物资的投入、设备的预见性维护等。总之,工业互联网的技术应用场景需要企业与解决商具体协调和反复调试才可确定进驻,场景的不同也会造成应用的不同,这是企业需要着重考虑的。

5.3 思维转变:精益＋信息＋智能

随着时代的进步与改变,工业互联网所带来的蜕变早已深入人心,不少企业已经初步完成了工业互联网下的转型升级,但仍有不少企业望而却步,不知如何开始。由于工业互联网厂商较多,从最基本的连接端到云服务端,从 IaaS 端到 PaaS 端再到工业数据分析展示和可视化平台再到具体应用场景,设计模拟、生产优化、运营管理、资产运营维度、能耗管理、采购的最优化等,都是利用了互联网的数据采集和大数据分析后才能创造出的应用场景。这里谈一个比较典型的工业互联网玩家——GE(通用电气)旗下的数字化部门,其提出"通过发掘数据的价值实现高效的产出"。GE 数字化部门的规划目标,是希望通过

Predix平台结合应用运营绩效管理和资产绩效管理,通过设备的可靠性管理、合规性管理、资产优化、策略优化,以达到对运营性能的管理,包括提升运营效率、实现过程优化等。其实不难发现,目前市面上的工业互联网解决商大部分都是朝着工业、制造业等加工企业出发,为企业的生产运营等各环节"节能减排",而这就要求目标企业需要具备有效思维——精益化思维、信息化思维和智能化思维。从精益化出发,慢慢进步发展到智能化思维的过程,也是慢慢进行工业互联网转型的过程。

5.3.1 精益思维

精益思维源于日本丰田的精益生产。精益思维将生产系统的维护管理实践推广到企业的各种管理业务,从具体的业务管理方法延伸到战略管理理念。精益思维的核心就是投入最少的人力、资金、物资、时间和空间等资源,尽量创造更多的价值,为客户提供新产品和及时的服务。也就是说,以创造价值为目标,减少浪费。

精益思维主要内容有:

(1)控制价值流:它包括产品流、信息流及物质流的控制;

(2)一人多工位操作;

(3)TPM:即全员维修保养,它的实质就是以人的因素为第一,依靠改善人的素质来改善设备的素质,以达到提高企业素质的最终目的,它要求打破操作人员与维修人员的分工局限,实行由设备使用者本身自主维修设备的制度;

(4)"三为":即以生产现场为中心,以生产工人为主体,以车间主任为核心的现场管理体制,它为实现准时化生产提供了组织、制度上的保证;

(5)"8S":即整理、整顿、清扫、清洁、安全、素养、节约、学习。

通过这些活动,达到人力与物力的和谐结合,实现生产力的不断优化,促进企业发展。

精益思维运用在企业生产当中可以发现最经常提到的就是 JIT (准时生产)与 OPF(一个流)的精益生产模式。

(1)OPF(一个流)精益生产

相对比 JIT 来说,OPF 精益生产反而更让人好奇。什么是 OPF 精益生产呢? OPF 精益生产就是按照产品类别布置的多制程生产方式,是精益生产中实现均衡生产的关键技术①。产品在生产过程中实现单件流动,它是准时化生产的核心,是解决在制品积压的秘方,是消除浪费的最好方法。OPF 生产方式强调产品在生产过程中尽量减少半成品在生产线中的积压,实现物流的快速流转。其具体项目推动阶段及目标,如图 5-17 所示。

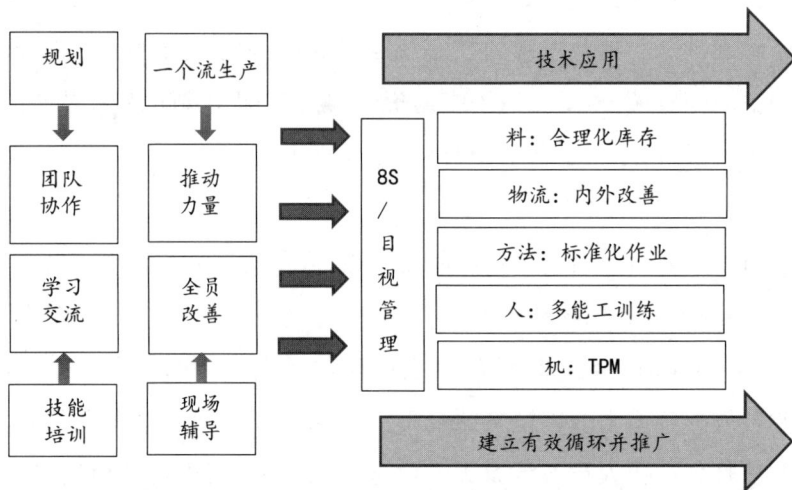

图 5-17　OPF 规划全貌图

OPF 精益生产的实质是管理过程,包括优化人员和组织管理、大力精简中层管理、开展组织扁平化改革、减少间接生产人员、增加人员多功能培训等。促进生产均衡化的同步化,实施标准化作业方法,实现

---

① 　资料来源于 http://www.doc88.com/p-0087227102219.html

零库存和柔性生产;实施整个生产过程(包括整个供应链)的质量保证体系,实现零缺陷;减少任何环节的浪费,改善物流;最终形成了准时精益生产。OPF 生产方式将人员、机器、物料、工作循环、物流、制程流等回归于企业生产线的基本面上,提升 OPF 推动效果。

在进行工业互联网的转型升级之前,企业首先需要的便是有效的生产基础。在 OPF 精益生产项目环节上,主要有六个推动阶段和主要目标,企业通过一步步推进形成转型前的基础。首先是第一阶段和第二阶段:前期准备与启动会。通过制定项目推动策略方针从而建立起推动组织的项目目标,再进行场内的项目动员大会开展教育训练,先从厂部基础进行试点。其次是进入第三阶段:流线化生产推动,从目视化推动再到 8S 管理推行,从价值流导向出发进行 VSM(价值流程图)分析与改善以及物流改善,消除浪费,缩短 LT(延迟期),实现快速流动。再次是第四阶段:安定化生产,保持人员、设备、物料、品质的稳定,保证生产安定化,同时降低资源、制程的参数变异。再次是第五阶段:平准化生产,进行库存及 WIP(在制品)管控,降低库存积压,使库存水位降低,将拉动式生产理念导入,同时进行均衡化及店面管理,通过节拍化生产防止出现库存损失,形成"平流"而非"波流"。最后是第六阶段:形成企业精益文化,完善企业做事风格与文化,使得管理安定化,改善文化养成的同时形成精益绩效 KPI(关键绩效指标)考评体系,培养员工精益、竞争、有干劲的精神面貌[①],如表 5-1 所示。

表 5-1　OPF 项目推动阶段及目标

第一阶段 前期准备	第一阶段 启动会	第三阶段 流线化生产推动
1.制定项目推动策略(方向/时机/程度)	1.厂部誓师大会召开	1.目视化推动
2.建立推动组织及设立项目目标	2.开展教育训练	2.8S 推行
3.签核项目推动计划书	3.试点厂部基础推动	3.VSM 分析及改善
		4.内外物流改善

---

① 资料来源于 https://wiki.mbalib.com/wiki/精益生产 MBA 智库

续表

第四阶段 安定化生产	第五阶段 平准化生产	第六阶段 精益文化构建
1.人员安定化	1.库存及 WIP 管控	1.管理安定化
2.设备安定化	2.均衡化及店面管理	2.改善的文化
3.物料安定化	3.节拍化生产	3.精益绩效考评体系
4.品质安定化		
5.多能工培训		

（2）提案改善

提案改善是一种让员工对公司运营及生产提出改善建议并实施的制度。通过全员参与的方法，使得员工对自己的工作以及身边相关的工作产生更多的熟悉感和关联度，超越目前水平，面对企业相关转型升级能够做到全员参与，及时掌握变化的常识性的工具和技巧，小步阶梯式改进进而发生质变。主要在企业的整体意识、所学技能、员工士气、改善文化、工作习惯、制程、浪费、品质以及成本和文化十个方面展开。进行提案改善需要做到以下几步，具体如图 5-18 所示。

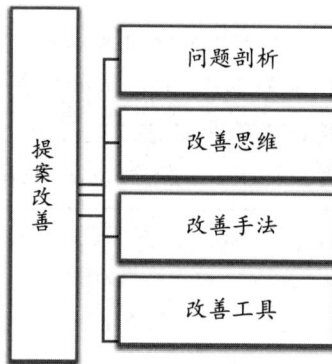

图 5-18　提案改善体系

第一，问题剖析。首先要剖析企业进行精益化生产、工业互联网转型升级道路中面临的问题。对于企业整体意识与士气方面的问题需要去分析是什么原因、哪个模块导致企业意识不强、士气出现问题；面对技能、文化问题员工可以针对自己部门撰写建议书，针对弱项进行改善。实际上最有难度的是制程中与浪费和品质相关的改善，这里将其分为六大负效清单和八大浪费，都是企业在追求精益化和智能制造中需要注意和避免的，具体如图 5-19 所示。

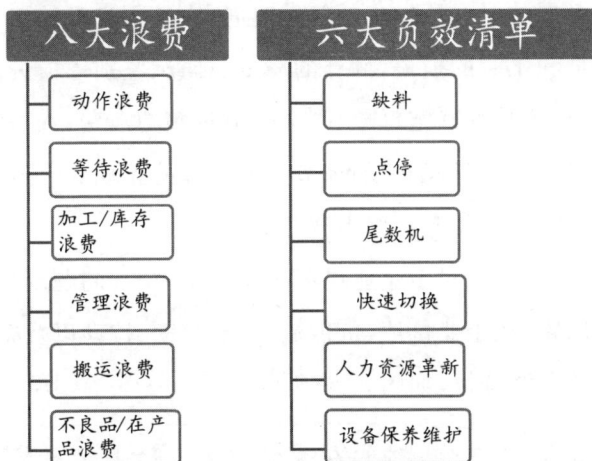

图 5-19　精益生产提案改善问题剖析

其中对于制程问题，首先需要排查计划物料是否满足、来料是否齐套、配送是否及时、来料质量应该如何保障以及出现异常如何快速应对等，这是针对供应和物料的问题。其次对各个岗位进行作业时间测量，形成整体的平衡率，进而针对瓶颈点或频繁点停岗位进行专项提效。另外还需要发挥好工序检的职能，工序、质控和班组共同研究形成切换标准，缩短外部切换时间，扭转员工被动式安排执行为主动提出改善建议，形成多能工、少人化的培养模式。此外还需要对设备进行提前预防、保养，减少异常情况发生，这也是工业互联网应用的模块之一。

而对于浪费问题，企业需要明确的是在企业的生产加工运营环节中存在哪些节点是制造浪费的。主要有：一是动作浪费，即设备机器或者人工不必要的无附加价值的动作所造成的浪费；二是加工浪费，即多余的加工和过分精确的加工造成的人力、物力等资源的投入，而客户是不会为这部分多余的投入买单的；三是库存浪费，企业的材料、零件、组装品等处于停滞状态，导致仓库占用以及工序之间的堆积品；四是搬运浪费，比如不必要的搬运、移动、放置等；五是等待浪费，指人、机器、零部件等在不必要的时候所发生的等待时间；六是不良品的浪费，比如材料、设备、人员和工时的损失，额外的修复、排查、鉴别等损失；七是库存浪费，企业如果不精准确定订单，则会造成过多的浪费；八是管理浪费，在整个供应、生产、运营、物流的环节企业管理的无规划、无预见而导致效率低下、周期过长、资源利用不充分等问题。

第二，改进思路。对于企业提案改善来说，经过问题剖析之后就需要明确改进思路，从企业价值、价值流、运营流动、拉动以及企业理念入手进行细致的思路分析，如图 5-20 所示。

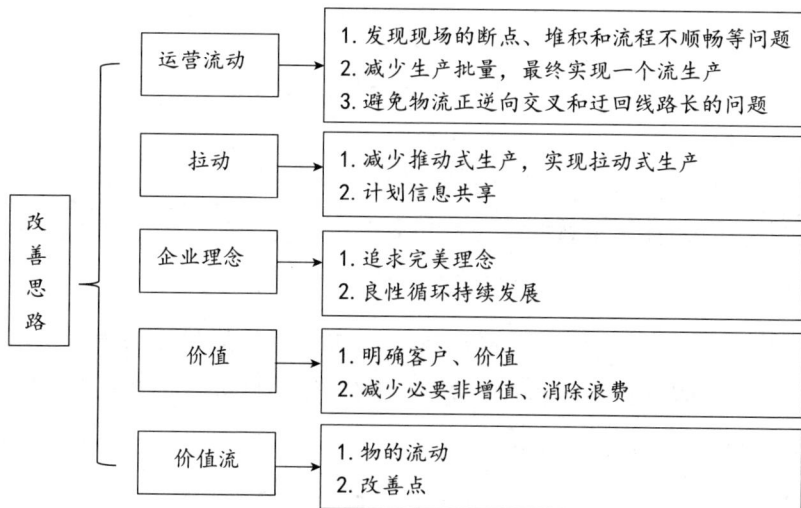

图 5-20　精益生产提案改善思路

首先是明确企业价值。一是明确企业客户是谁：不仅是产品或者服务需求者，也是下道工序。二是员工要知道什么是价值，什么是增值,比如企业通过改善某道工序能够改变产品的性状、性能、特性使得产品价值提升等。三是减少必要非增值,即减少一些必须要做但是不增值的作业,例如检验、搬运、暂存等。四是消除浪费,针对各个环节、节点存在的浪费现象针对性地提出清除负面效应的解决方案。其次是价值流。包括物的流动,从来料到成品发出,描述物的流程过程并且可以利用系统进行周期暂存。再次是信息流和企业的改善点,利用ERP/WMS/MES/APS系统减少纸质信息传递,实现系统互通,并且通过价值流的分析识别浪费点,形成推进计划。复次是运营流动与拉动,关注企业的整体流动性,发现流动过程中出现的断点、流动不顺畅、线路太长等问题,减少推动式工序,加强拉动式工序,并实行计划信息共享、计划拉动机制。最后形成追求每个环节都尽善尽美的理念帮助企业形成良性循环。

第三,改进手法。在提案改进的环节,员工除了问题剖析、改变思维之外,还需要了解如何进行改进,针对企业供应、生产、运营、物流等环节出现的问题提出具体的解决方法。比如,针对生产工序,就可以提出JIT理念与模式或者一个流的精益生产理念与模式;而针对物流问题,可以考虑将物流朝着信息化、数据化和扁平化的方向发展;针对供应不足、物料浪费等问题,企业需要强调均衡生产理念,同时需要相应地引入智能系统进行时间上、投料上的精准确认。除了以上问题之外,对丁工序浪费、管理浪费以及其他负效清单需要企业员工提出相应的解决方案,懂得在思维基础上适当地根据企业预算进行转型与升级,图5-21是一个流精益生产具体工艺布局图。

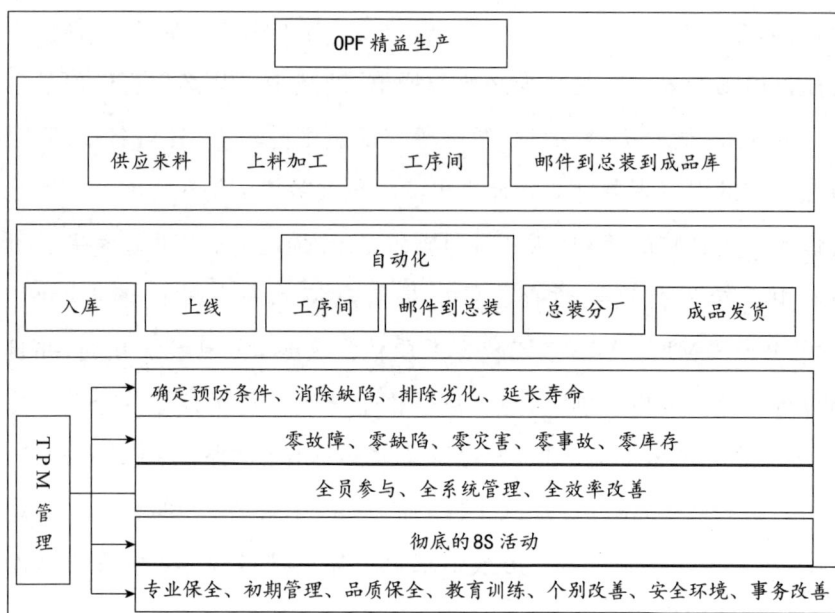

图 5-21　OPF 工序布局

第四,改进工具。改进工具与改进手法虽然意思相近,但实际内容是完全不一样的,改进手法强调企业运用什么方法理念进行改善,而改进工具强调具体的管理与运用方法,主要包括价值流、四大原则(ECRS)、五大意识、七大手法、8S 及目视化管理、员工培训教育。具体如图 5-22 所示。

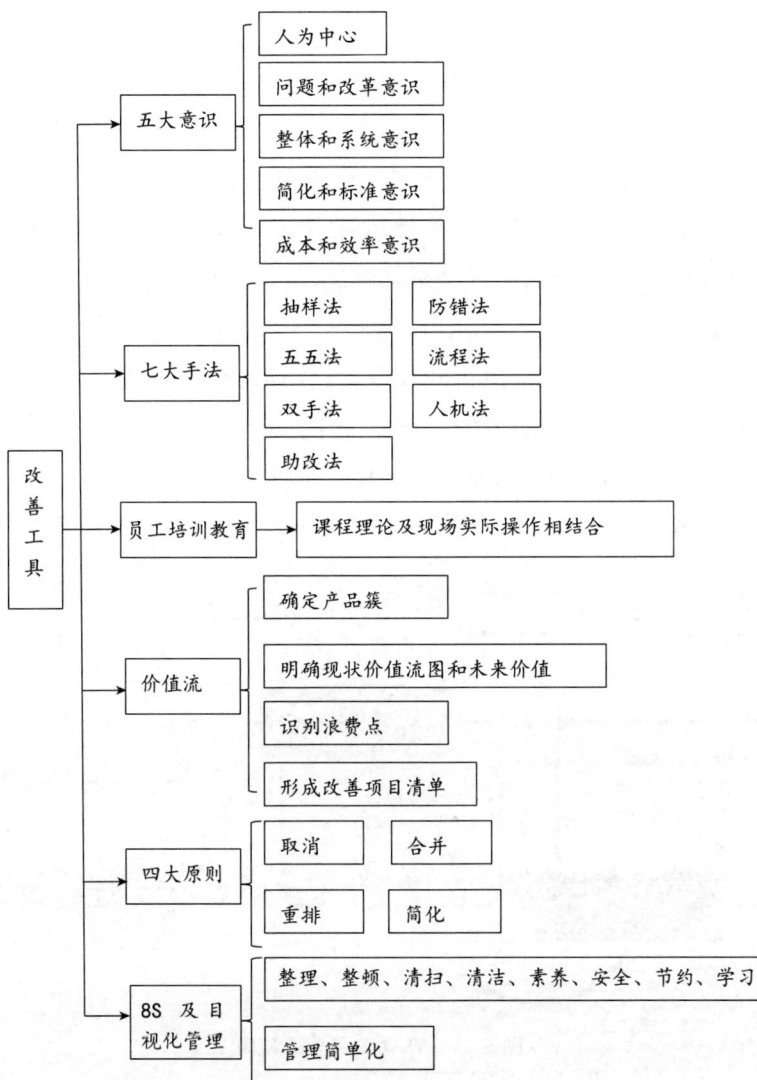

图 5-22　精益生产提案改进工具

　　进行提案改进需要根据企业价值流确定改善项目清单,进而根据四大原则和五大意识,运用具体的手法与方法进行管理,实行自下而上的改善与转型升级,最后加强企业上下的培训教育,输入最新的知识体系,加强转型前的意识储备。

（3）VSM 价值流管理

VSM 是价值流程图，也是丰田精益制造系统的产物，是用于描述物流和信息流的可视化工具。它的主要目标是通过映射企业当前的价值流，帮助我们分析和识别运营过程中不会给客户增加价值的潜在浪费活动，通过相关的改进方法消除或减少非增值活动。如采用提高库存周转率、精益供应链、流程分析与改进、柔性生产、快速切换等技术和方法，提高效率和快速响应能力，降低成本，提高综合竞争力。企业流程中所有相关的物流、信息流和现金流以图形的方式来表达，通过绘制现有系统的整体价值流程图，了解企业生产经营现状，找出并消除各种流程浪费，通过流程再造，规划未来精益价值流。它往往与企业中的价值流相互挂钩，甚至可以等同，经常用于价值衡量，具体流程如图 5-23 所示。

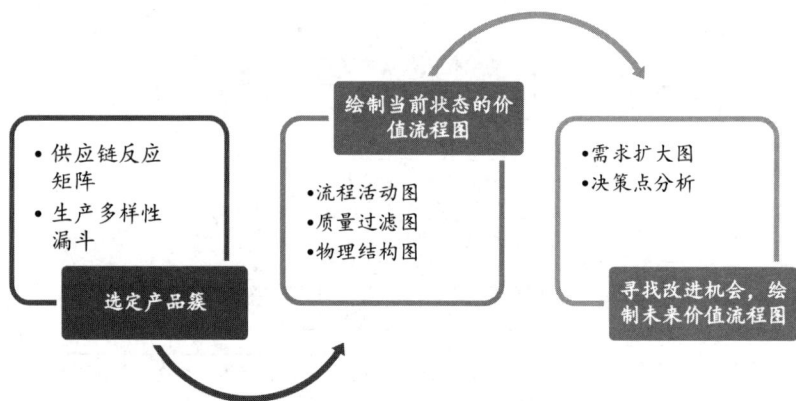

图 5-23　VSM 流程与工具图

VSM 通过视觉化描述生产过程中的物流和信息流来实现上述工具的目的。从收到订单的那一刻起，VSM 贯穿了生产和制造的全部过程、程序，直至末端产品离开仓库。它有助于描写和记录生产制造过程中的周期时间、机器时间、产品库存、原材料流动、信息流动等情况，具体化当前流程的活动状态，向理想化的方向指导生产流程。

第一，VSM 现状图及改善点挖掘。VSM 分析的是两种流程：一是信息流程,即从市场部接收客户的订单,或者预测客户的需求,然后进入采购计划和生产计划流程;二是实物流程,即由供应商将原材料供应到仓库的流程,以及外发制造,成品入库,产品出库,直到产品交付给客户。此外,实物加工包含着产品的检验、停放等的环节。企业在进行VSM 分析时,首先选择典型产品作为深层调查分析的对象,制作现状图,然后将现状图与实物程序的理想状况图进行比较,发现目前企业生产过程中的问题点,并对其进行分析,进一步提出改善措施。来看看一家企业具体的产品流分析图,如图 5-24 所示。

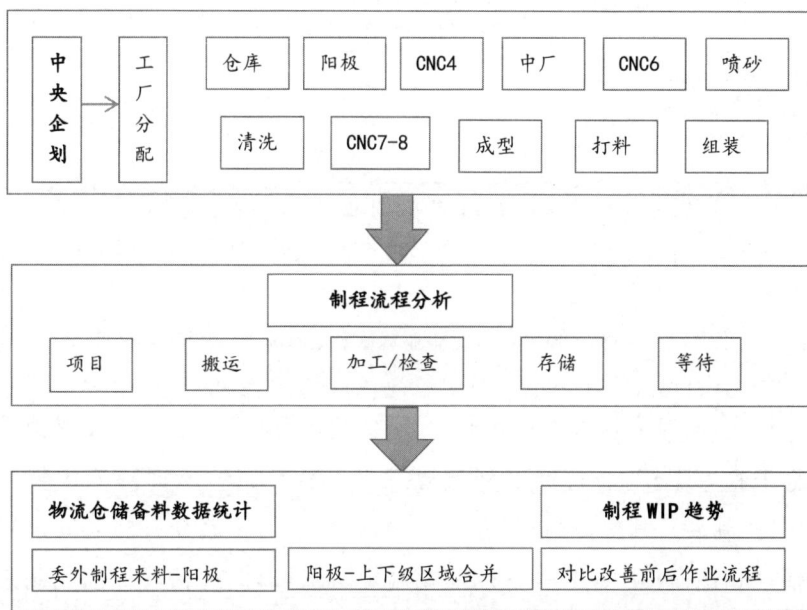

图 5-24　某企业产品流分析

很多企业常常会对这样的问题产生疑虑:为什么生产效率上不去?为什么制造成本下不来?为什么客户交期达不到?其实很多时候原因就要从生产中去寻找,因为许多企业的生产过程包含了许多不增值的行为和过程,从而造成制造的落后和思想的落后。企业需要具备新鲜的思维方式和新潮的变革方法,向着精益化转型,向着智能化转型。从图 5-25 中可以发现这家企业将生产工序剖析成具体的制程流程,对每一道工序在生产过程中的使用次数、物流仓储的数据统计等进行作业流程分析，对每一小道工序进行细致的作业流程改善并进行对比，同时还规定制程工具的标准，对存储规模、物流发送等做出相应规划，通过实时对比得到良好效果。

第二，优化原则。该企业着从产品流分析中发现工序制程、物流、库存等问题，针对性地提出优化方案，如图 5-25 所示。

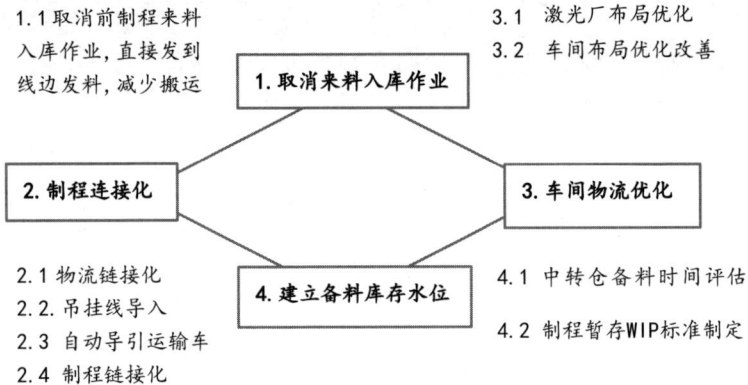

1.1 取消前制程来料
入库作业，直接发到
线边发料，减少搬运

1. 取消来料入库作业

2. 制程连接化

2.1 物流链接化
2.2. 吊挂线导入
2.3 自动导引运输车
2.4 制程链接化

4. 建立备料库存水位

3.1 激光厂布局优化
3.2 车间布局优化改善

3. 车间物流优化

4.1 中转仓备料时间评估
4.2 制程暂存WIP标准制定

图 5-25　某企业具体优化原则

首先，面对来料入库时间冲突、供应物流等问题，选择直接取消前制程来料入库作业，直接发到线边发料，减少搬运，从而降低中转仓WIP（在制品）；其次，对制程进行连接化改善，对中转仓备料时间进行评估，同时对暂存 WIP 进行标准化制定，通过时间评估和标准化制定能够精准地把控物料供应和上机的时间，解决制程前物流和物料问题；再次，车间物流问题的优化，该企业采取优化车间布局的方法来解决物流问题；最后，建立备料库存水位，由于改善前的仓库规划不均衡而导致堆放杂乱、路面积压，因此重新对库存进行结存并且规划区域，由油压板车替换为物流车，从大批量改为小批量运送，减少库存浪费。

第三，推动绩效。企业在进行转型升级的过程中，最为关心和最需要注意的就是企业进行转型升级是否出现企业想要达到的结果，比如成本是否下降，效益是否提高等，企业可以对改善前和改善后的效果做出对比,可以清晰地看到实行相应的改善策略后得到的效果,方便企业进行决策分析,如图 5-26 所示。

项目 (小时)	全加厂		表面厂		组装厂	
	准备期 (件)	WIP (件)	准备期 (小时)	准备期 (件)	L/T (小时)	WIP (件)
改善前（A）	20.78	87 300	30.18	25 127	32.84	38 840
改善后（B）	16.24	67 900	23.26	15 617	25.22	26 919
差异(C=A-B)	4.54	19 400	6.92	9 510	7.62	11 921

图 5-26　推动绩效对比图

通过对 PLT(生产准备期)与 WIP 流水线的改善,每一个厂房、程序都有改善。通过精确的数值能够清晰地进行分析对比,为企业高层进行下一步的转型决策分析做好积淀,为企业日后朝着工业互联网升级转型做好思维上的铺垫。

(4)TPM

TPM,是英语的 total productive maintenance 的缩写,译为全员生产维护。TPM 是以提高设备综合效率为目标,以全系统的预防维修为过程,是以全体人员参加为基础的设备保养和维修管理系统。TPM 强调五个要素。第一,TPM 致力于最大限度地提高设备的综合效率的目标;第二,TPM 在设备的生命周期内建立了全面的预防性维护体系;第三,TPM 由各部门共同实施;第四,TPM 涉及从最高管理层到现场工作人员的每一位员工;第五,TPM 通过激励管理,即自主小组活动来推进。总之 TPM 是涉及每一位员工、由各个部门共同推行的致力于综合效率最大的彻底的预防设备维修体制。

①推动步骤。TPM 主要的阶段有三步:合理化、流程化、标准化。

在合理化阶段,对于设备的预防维修还处于初级阶段,此时设备还不需要加强监管,只需要定期清扫,确定事故发生源,针对困难点想清对策,同时制作自主保养基准书;在流程化阶段,需要制订总点检计划,需要企业开始注意自主地进行设备点检,形成一套完整的设备维护流程体系;在标准化阶段,此时企业的全员维护体制已经成熟,维护流程已经标准化,同时员工能够自主地进行管理。通过一步一步的推动保养,能够排除强制劣化,进行基本条件整备,同时进行劣化的测量与恢复,最后形成保养文化。如图 5-27 所示。

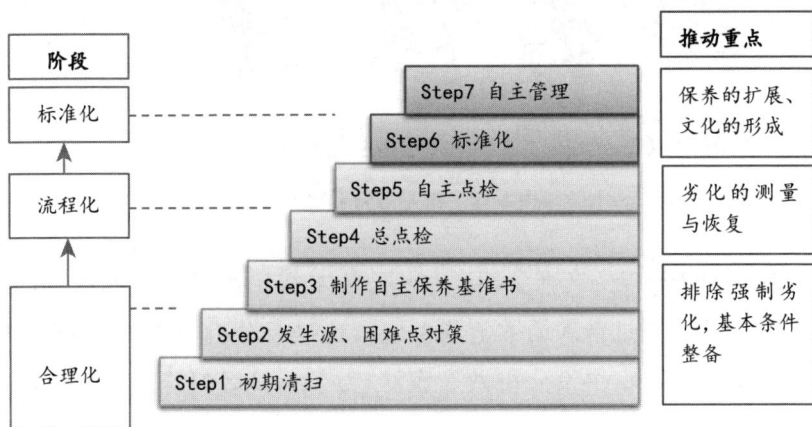

图 5-27 TPM 推动步骤

②工作切分。TPM 以追求生产系统效率(综合效率)的极限为目标,运用各种有效手段,构建能预防一切灾害、不良、浪费的体系,最终构成"零"灾害、"零"不良、"零"浪费的体系。同时,从生产部门开始,逐步发展到开发管理等各个部门。从最高领导到一线操作人员,所有员工都参与了设备维护。TPM 的工作切分主要分为设备基础养护和设备效率提升,分别由生产现场执行和设备维护部门执行,各司其职,共同为企业生产效率、精益化转变做出贡献,如图 5-28 所示。

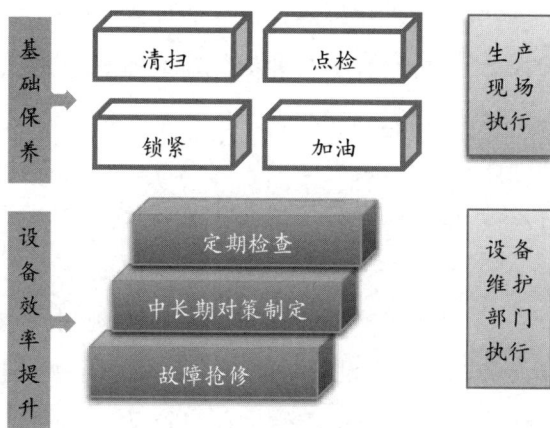

图 5-28　TPM 工作切分

③推行办法。TPM 活动由"设备保全""质量保全""个别改进""事务改进""环境保全""人才培养"这 6 个方面组成,对企业进行全方位的改进。在企业内部进行 TPM 的推动时,企业需要采取相对应的推动办法去助力 TPM 的实行。实际上在企业内部无论进行什么样的理论和流程,都需要带动和推动,需要企业实际上在体制实行之前进行号召与动员,慢慢推动让员工以致企业上下形成标准化的 TPM 文化,达到提高设备嫁动能力、降低设备故障率和设备维护成本的目的。目前主要有对 TPM 体系进行考核驱动、技术辅导和持续推动三个推动办法,有员工之间、部门之间互做考核主体、点检基础技能培训和纠错教育,如图 5-29 所示。

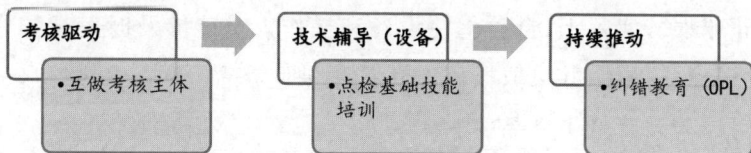

图 5-29　TPM 推行办法

④具体内容。TPM 体系中,企业员工要坚守"六大支柱":首先,自助保养体制的形成,自助保养的目的是防止设备的劣化。只有运作部

门担任"防劣工作"，才能发挥维修部门专业维修手段的真正威力，使设备有效地得到保养。其次，计划保养体制和个别改善，能够有计划地对设备劣化进行复原与改善，同时为追求设备效率化的极限，最大限度地发挥出设备的性能和机能，就要消除影响设备效率化的损耗，进行个别改善。再次，设备初期管理体制与品质保养体制的形成。企业为适应生产的发展，不断有新设备的投入，这就需要形成完整的设备管理机制，按性能、价格、工艺等要求对设备进行最优化规划、布置，并使设备的操作和维修人员具有和新设备相适应的能力。同时企业需要向精益化靠拢，向信息化、智能化进发需要保证生产的效率和产品的品质特性，从结果管理变为因果管理。最后，企业的技能教育训练和安全环境等管理体制的形成。技术问题和安全问题是企业在进行 TPM 设备维护管理时必须考虑的问题，培训和教育训练不仅是培训部门的工作，也是各部门的责任，应该成为各员工的自觉行动。

总之在推行 TPM 体系过程中，企业需要从明确目标出发，同时号召全员参与，明确推动步骤和工作切分，明确设备维护划分责任范围和工作内容，同时实行推动办法。

（5）自动化

什么是自动化？在企业向着精益化生产迈进之时，"自动化"出现了。自动化可以赋予机器人智能，分为两种情况，一种是机械设备的自动化，即机器能够检测出异常并自动停止；另一种是操作者自己的自动化，即操作者自己有一种严谨的态度，当他们认为自己操作失误时就可以改正错误。实际上，自动化使设备和操作人员能够及时发现异常情况，立即停止操作，并采取措施避免产生缺陷产品，企业成熟的自动化生产可以有效降低不良品率。

相关的自动化设备，包括插件自动检查 AOI 设备、CPU 自动锁螺丝机和 ICU 自动测试，在车间内这三样机器设备能够分别解决人工目检、主板报废率高和检测率低下的问题，降低误判率，提高作业良率及减少离职率，见图 5-30。

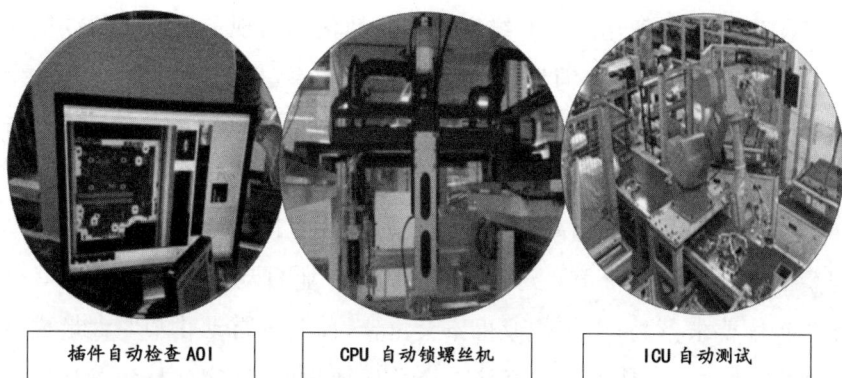

| 插件自动检查 AOI | CPU 自动锁螺丝机 | ICU 自动测试 |

图 5-30　自动化设备产品

精益生产就是以自动化和准时生产为支柱的，凡发生广义的经营异常，或是制造部门的质量、数量、作业、设备、成本、物流、信息、时机等有异状时，人员、工具、设备、工程、生产线、工厂等装置，能自动检测，且自动停止，此即智能型自动化系统。实现智能型自动化需要以安全自动化为基础，以工具自动化、工程自动化、生产线自动化为手段，借以最终实现工厂自动化的整合。

①安全自动化。全员需要确立安全第一的理念，形成作业的标准化，消除不合理、不均一和不必要的浪费，推行 8S 管理的同时创建安全的工作环境，防止人员靠近设备的危险区域。

②工具自动化。以装配工程为对象的工具自动化包括 7 个动作：寻找、搬运、决定位置、取道具、锁紧、道具还原、检查等，选择专用工具并设计规律使用的状态，同时决定道具和设备所摆放位置，将设备操作工作与作业者的工作有所区分，待作业完成后摆放原位，匹配齐全。

③工程自动化。工程自动化包括自动夹具、自动加工、自动输送、自动停止、自动回复原位置、自动弹出、自动搬运等工序，实现人与机器作业分离，作业员只需做装夹、拿取工件的动作即可，从而为一人多机、少人化创造了条件，同时质量也会得到很大提升，因为机器出错的概率肯定比人员手工作业小得多。

④生产线自动化。生产线实现了自动化就实现了自动化的点线面整合，主要包括建立与消费者制造厂邻近关系，以异状探测为第一优先，同时进行大空间化和目视管理，将零头作业整合为整数作业，进行少人化，消除过多的浪费，从而降低成本。

自动化并非程度越高越好，可以运用价值工程的手段来考量自动与手工作业的经济价值，以此来判断某项作业自动化的可行性。对于那些精度要求不高，手工作业也不会出错，而实现自动化却要大量成本的地方，往往手工作业更加经济。企业所要做的，其实就是注意从接到订单到向顾客收钱这其间的作业时间，运用自动化、JIT 等手段，提高效率，剔除不能创造价值的浪费，以缩短作业时间。

(6)精益化建设案例——6σ异色发白改善

什么是6σ？什么是异色发白？实际上，这个案例就是针对企业产品表层原色发白导致产品不良率增高的一个改善案例，而σ主要包括五个关键步骤[31]，具体如图5-31所示。

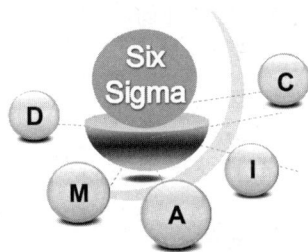

图 5-31　σ 因素图

其中 D 代表定义不良和确定目标，M 代表测量系统分析，A 代表确定关键因子，I 代表 DOE 实验设计，C 代表制定相应标准，实现 IE 加 IT 精准测度标准。

①定义不良、确定目标。首先这个步骤是为了确定改善目标，通过定义何为产品出现不良情况让员工明确从而能够针对性地提出问题改善方法。异色发白主要表现在产品表面部分区域颜色有差异，这样就表现为产品表面不合格，导致企业重工费用高，增加企业返工成本。而

6σ异色发白改善这里得主要目的是降低铝合金手机外壳阳极异色发白不良品率,同时企业需要将目标可量化,将异色发白不良率具体降低到百分之几,这才是企业进行精益生产看得见摸得着的目标。

②量测系统分析。在确定不良和目标之后就需要针对性地提出检测办法,这里采用的是 MSA 实验设计方案,通过不同质检员、专家、样本做试验,通过测试检验员自身是否一致、检验员之间是否一致、每个检验员达标率是否一致以及是否所有检验员达标率一致,得出检验一致性情况,进而得出量测检验结果,如图 5-32 所示。

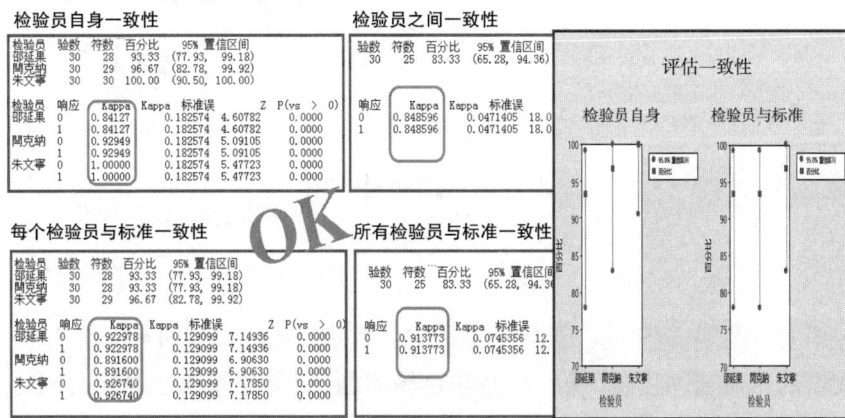

图 5-32　量测检验结果图

③确定关键因子。检验出结果之后就需要找寻出产品出现异色发白现象的关键因素点,即企业需要注意哪些因子能够避免产品异色发白现象的频繁出现,使得企业产品不良率降低。方法基于 6σ 管理中的 DMAIC 体系,结合某款手机外壳加工工艺,根据返工流程图和关键因子的因果关系图,制作出因子 CE 矩阵并进行 PFMEA(潜在失效模式及影响分析)分析,确定 R400 酸洗槽中的药剂浓度、超声波频率、槽液温度、浸泡时间、烘干槽中热风洁净度 5 个关键质量影响因子,具体确定路径由图 5-33 所示。

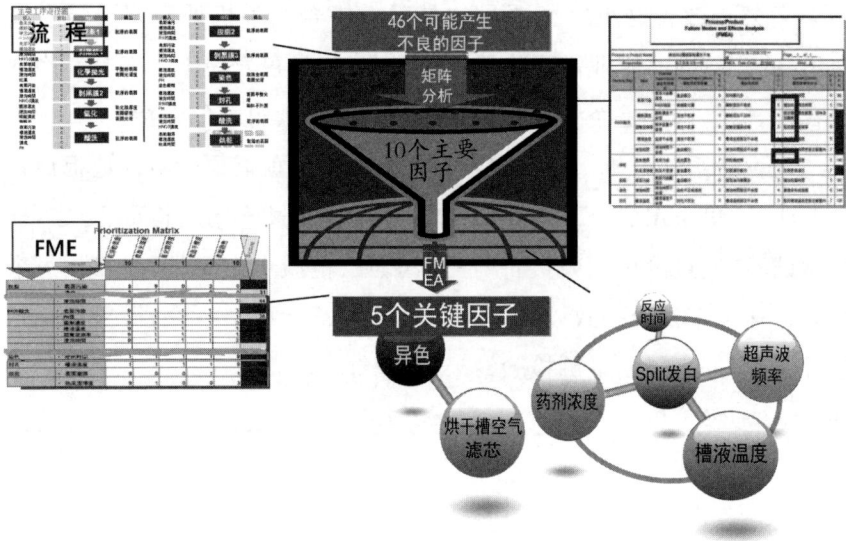

图 5-33　确定关键因子

④DOE(试验设计)。接下来就要针对关键因子进行专门的试验设计。针对烘干槽空气滤芯不定期更换或是长期一个月以上不更换、吹出的热风洁净度低,导致产品异色等问题,制定空气滤芯更换时间标准。采用两水平四因子试验设计,得出异色发白的不良率随药剂浓度的增大而增大,随槽液温度、浸泡时间、超声波频率的增大而减小,槽液温度和药剂浓度有交互作用。通过对相关因子做出改变和对比试验,得到在不同情况下的产品不良率,继而计算残差得到数据。

⑤制定相应标准。通过反复试验得到各参数的取值范围为:药剂质量浓度 35～40 g/L,超声波频率 3.5 A,槽液温度25～27℃,浸泡时间 3.5～4 分钟。烘干槽更换时间规则:每 15 天更换一次,每 5 天检查空气滤芯的洁净度。结果是异色发白不良率由改善前的平均 6.63% 降低至 1.14%,达到了 2% 的目标要求。同时,企业引进自动化系统,包括槽液监测系统、良率信息系统以及自动加药系统,通过控制机械设备能够进行精准的投料,有效降低产品不良品率。

5.3.2 信息化思维

企业的生产过程基本都是连续的。大部分企业都完善了流程制造。企业要进行工业互联网转型升级需要做好前期的大部分铺垫工作,在实现精益生产的同时,需要多种不同大型设备能够高效率地协同运行,在高度自动化的生产过程中,根据实时收集的各种工业状况参数,对控制过程进行自动化的实时响应,而企业信息化管理就是前期的准备工作之一。

企业信息化的本质是将企业的生产过程、材料移动、事务处理、现金流程、客户管理等业务过程数字化,通过各种互联网信息系统加工成新的信息资源,为各层次的决策者、参与者提供决策依据。目前应用的企业信息化管理系统主要有:MES(制造执行管理系统)、DNC(生产设备及工位智能化联网管理系统)、MDC(生产数据及设备状态信息采集分析管理系统)、PDM(制造过程数据文档管理系统)、CRM(客户关系管理系统)等。大部分的管理系统都由企业 ERP 系统进行资源整合。除此之外,在业务管理活动中还产生大量的非结构化数据如各种文档、邮件、报表、网页、音像、视频、扫描图像以及演示幻灯片等。因此,办公自动化(OA)和文档管理也是企业管理信息化建设中的一项重要内容。具体如图 5-34 所示。

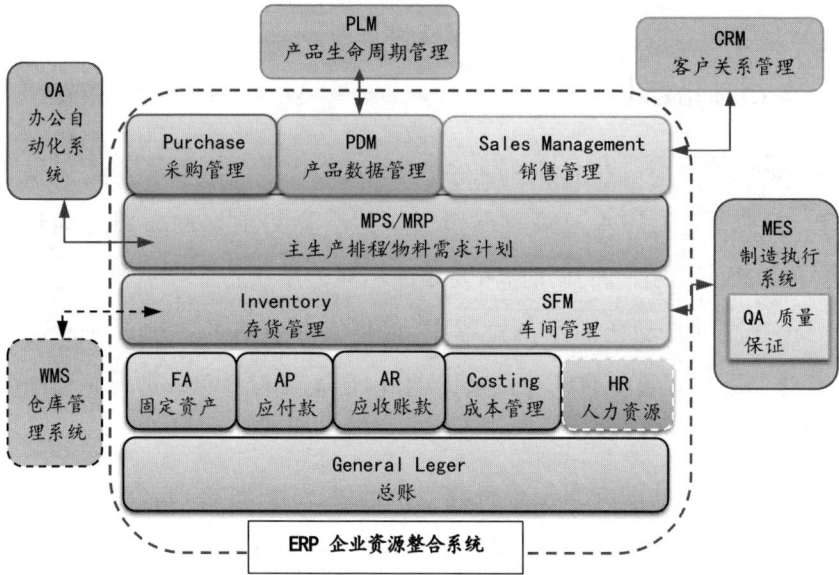

图 5-34　企业信息系统架构图

从动态的角度看,企业信息化是企业应用信息技术和产品的过程,更准确地说,企业信息化是信息技术从局部到全局、从战术到战略全面渗透到企业的过程。这一过程表明,信息技术在企业中的应用在空间上是一个从无到有、从点到面的过程。在时间上具有阶段性和渐进性,其中涉及企业管理理念的创新、管理流程的优化、管理团队的重组和管理手段的创新。企业渐进式构建信息系统架构,由点及面,先建立核心基础,以 ERP 资源整合系统为核心慢慢向外延伸扩展,对车间管理和质量保证提出 MES(制造执行系统),在销售管理上有 CRM(客户关系管理),而对产品数据管理延伸出 PLM(产品生命周期管理),此外还有OA(办公自动化系统)、WMS(仓库管理系统)等,经过多种信息化系统的加持,企业信息化架构能够更加完善。

(1)信息化建设之一:E 看板

企业信息化是指在业务流程优化和重组的基础上,以一定的深度和广度运用计算机技术、网络技术和数据库资源,对企业经营活动中的各种信息进行的控制和综合管理,以此达到对企业内外信息的共享和有效利用。而下面我们提到的一个信息化产品——"E 看板"就是企业利用信息化进行相关建设并对企业运营产生巨大影响和帮助的助手,具体如图 5-35 所示。

企业信息化是一项集成技术,企业信息化的关键点在于信息的集成和共享,即实现将准确的关键数据及时传输到相应的决策人手中,为企业的运作决策提供数据支撑。企业在生产环节中从储料到生产到库存再到参观展示,通过电子广告牌能够实时观测到生产环节动态、仓库存储动态,及时知晓生产运作情况,及时投料,减少设备浪费和物料浪费,同时电子广告牌能够及时滚动更新当前的生产、仓储、储位情况,更加方便企业对生产进行管理。

图 5-35　E 看板种类

（2）信息化建设之二：设备监控

企业信息化是指具体应用先进的科学管理方法和现代信息技术,以信息资源为主要对象,通过系统集成,对企业的体系结构和机制进行全面整合,使物流、现金流、信息流等各方面都得到充分的利用。保证了人力资源的合理配置,使企业管理（生产）得以规范和优化,实现企业核心竞争力。对于制造业来说,信息化建设的意义是在管理创新的理念下,将现代管理方法、信息技术、自动化技术等相关技术与制造技术相结合,从而提高企业管理现代化、生产自动化水平,降低成本,提高经济效益,全面提升制造业市场竞争力。比如说运用信息技术与自动化技术对企业的生产进行管理和控制的设备监控系统,具体如图 5-36 所示。

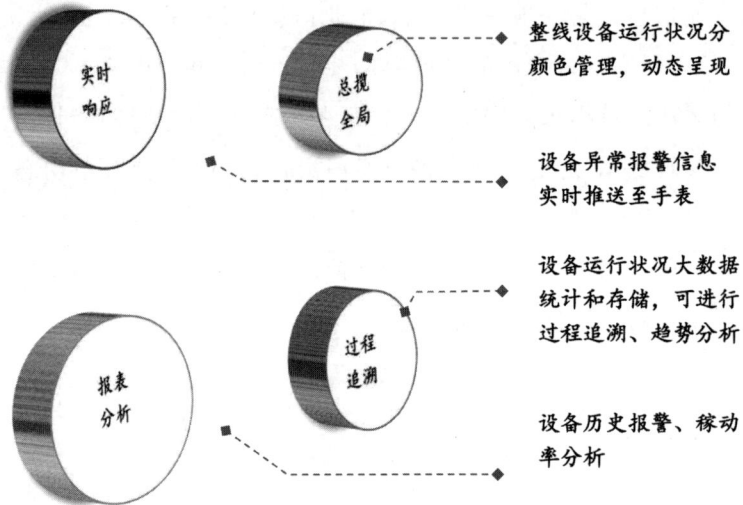

图 5-36 设备监控

企业在生产过程中使用设备监控能够实时监测设备的运行状况,是否需要投料、产量是否达到、是否需要停止、是否出现异常等,设备监控系统能够总揽大局,对整线设备运行状况分颜色管理,动态能够实时呈现,同时对设备异常情况能够做到及时报警推送到终端,对设备运行状况大数据进行统计和存储,企业可以对数据进行追溯、趋势分析,生成报表,方便企业进行决策分析。

企业信息化建设的具体内容不是固有的,更不是一成不变的,其内容与各行业各企业的不同类型性质、规模大小有所不同,并随着经济体制、市场格局、产业政策、管理科学的发展和信息技术的不断进步而变化。组织规模不断扩大、业务模式不断转变、市场环境不断变化,导致企业对信息管理的要求从局部向整体、从总部向基层、从简单向复合进行演变,企业信息化从初始建设到不断优化、升级、扩展来完成整个信息化建设工作,体现了企业信息管理由窄到宽、由浅至深、由简变繁的特性需求变化。在未来,企业对于信息化的需求只增不减。

专栏 5-6:索为高科

索为高科:工业技术软件化

近日,赛迪顾问发布了《2019 中国工业大数据发展及投资价值研究》,并给出了工业大数据未来投资方向与值得投资企业。制造业是大数据的核心应用领域,我国拥有庞大的制造业群体和完整制造体系,产生全球最多的工业大数据。随着中国制造业转型升级和工业互联网战略的推进,以工业互联网平台和工业 APP 为主的应用协力助推了工业大数据产业的发展,加速中国制造业转型升级。在竞争激烈的市场大环境下,索为系统入选工业大数据投资价值企业 20 强。作为国内领先的工业互联网平台构建者,索为高科不断砥砺前行,破茧突围。

一、公司简介

北京索为系统技术股份有限公司是国内行业技术软件变革理念的引领者、自动化技术的知识实践者,致力于工业互联网平台的建设、运营和服务,作为制造业的领头羊,以提供自动化知识为驱动力的安卓平台和互联网、行业 Web 应用开发运营服务,是国内领先的行业 Web 应用可指派的互联网平台提供商。随着工业互联网的发展,索为公司始终坚持自主创新,其研发的中国自主的"工业安卓"平台 SYSWARE,通过"知识自动化"手段,推动中国工业互联网平台的发展,持续帮助制造业企业,将基础共性、行业通用及企业特有的工业技术、知识、经验封装成易操作、易推广的工业互联网 APP,赋予知识工作者广阔的创新与开拓的空间,提高企业研发与设计效能,助力企业智能化转型。

二、软件落地,大鹏腾飞

索为公司以知识自动化的理念,推进了工业技术软件化在高端装备制造业的复杂产品研制设计、试验制造及过程管理领域的落地,并在多个重大型号中进行了应用,取得显著成效,为大规模推广打下了良好基础。索为高科打造的工业智能平台 SYSWARE 辐射范围广,为多家企业提供专业服务,同时专业性极强,主要针对企业项目工程进行管理,此外还有企业知识库管理和应用管理,基本上涵盖了企业发展所需的模块,具体如图 5-37 所示。

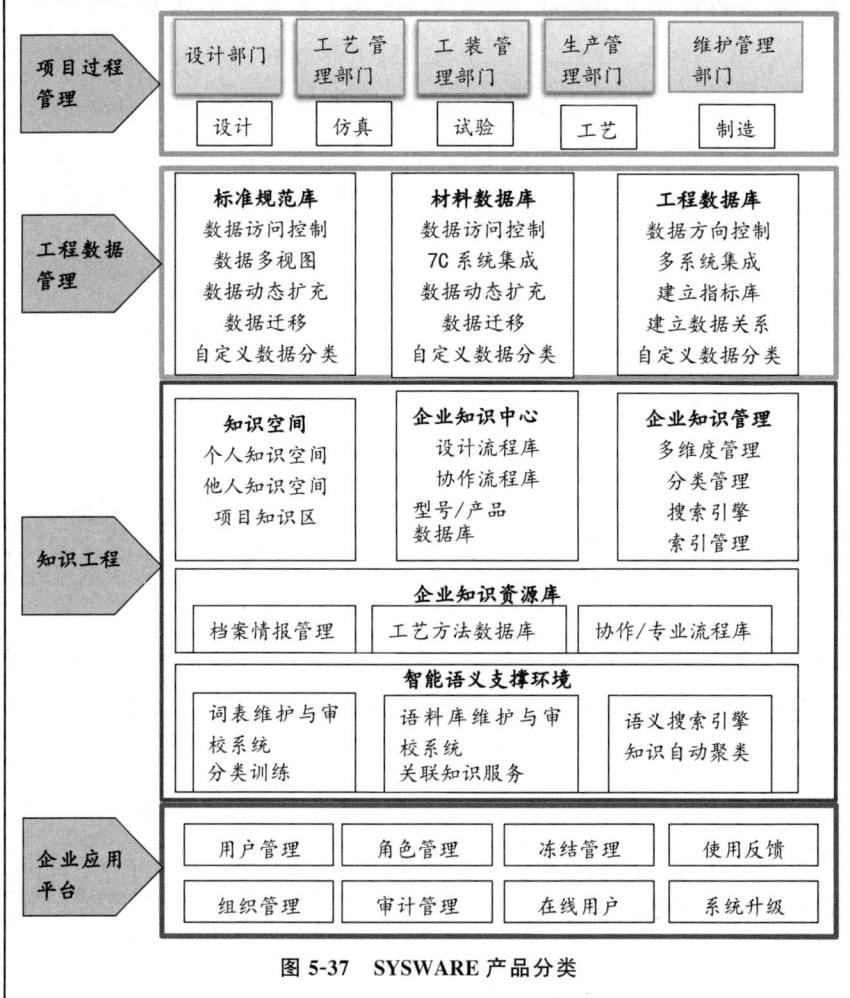

图 5-37　SYSWARE 产品分类

第一，辐射域广。索为高科产品覆盖面广泛，包括项目过程管理、工程师工作台应用、工程数据管理、知识工程和企业的具体应用平台，为企业资源、应用、数据、知识、协作、沟通提供统一访问入口，通过单点登录、应用集成、安全管理、统一运维、工作流、知识社区等技术，建立人员、资源、技术、流程融会贯通、紧密连接的集成环境，帮助企业搭建一个面向各种不同角色的集成的、个性化的、随需应变的协同工作场所。

第二，专业性强。作为专业的工业互联网平台的创造者，索为高科打造的产品体系不仅覆盖面广，并且专业性强，从企业的具体项目管理到企业的生产工程管理，从数据管理到知识管理，再加上企业的具体应用管理能够完整地囊括企业进行生产运营所需的大部分工业互联网转型需求。产品的组成包括工程门户、开放平台、协作沟通、工作流管理以及系统的运维都各有所长，高性能、高扩展、全方位、多视角管理企业的复杂工作流程，同时提供完善的安全管理机制，保证企业与用户的隐私和系统安全。

第三，集成度高。索为高科不论是构建项目管理系统还是工程数据管理系统等，其任务流程数据一体化集成度极高，为高端装备制造业提供数据集成产品和服务企业等行业的复杂产品开发过程管理领域。支持在复杂产品开发过程中进行项目任务、协同过程、过程数据管理，解决产品开发过程中的计划与实施、任务反复迭代、过程不规范等问题，从而构建计划、任务、流程、数据的一体化管控环境，支撑企业构建以任务流程为主线、以数据为核心的全面过程管控机制，同时统一组件化管理能够与各种系统进行快速集成。

三、工程衔接，立足产业

索为高科目前的工程产品主要范围包括航天、航空、船舶、兵器、电子、汽车以及软件工程等大型制造企业，与工程企业形成完美衔接并且真正将解决方案立足于产业之上，如图5-38所示。

第一，协同一体。目前我国工程产品研制在各个环节均加强对信息化、集成化、高效化的建设，产品本身从机械化向智能化转变，产品中中大量的功能需要软件实现,在我国工业互联网大力推进的情况下,需要健全协同高效的管理约束工程。索为高科打造的工业互联网平台能够提供模型驱动的项目集成管理以及组织过程支撑体系,在工程级通过集成研发环境模块将研发人员常用工具进行关联,提供协同研发体系,过程数据统一管理体系,将企业应用协同一体进行集中管理。

第二,个性加持。索为高科的互联网平台和应用系统覆盖多个企业背景,其解决方案覆盖多个领域,航天航空发电机集成设计、飞机总体设计、核电设计仿真与分析、电子雷达产品集成研发等,能够立足于企业客户的实际需要,在其业务范围内为客户提供精准的方案服务。

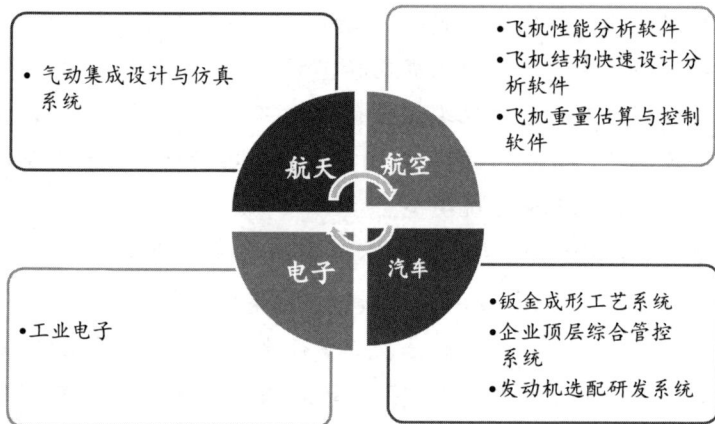

图 5-38 索为高科工程产品

索为系统致力于推进工业技术的软件化进程,推广普及工业技术的软件化理念,支撑工业技术软件化的技术开发和实践。在过去的十年里推进了工业技术软件化并将其应用于军事工业和民间领域、航空、航天、武器、船舶、电子、核能发电等领域,并形成了多个重大模型落地,取得了显著成效,为大规模普及奠定了良好的基础。通过知识自动化,系统地、半自动地、快速地建立工程技术体系,为企业客户提供知识自动化的高效服务。

资料来源:http://www.sysware.com.cn/

5.3.3 智能化思维

从工业互联网大热以来,不少企业开始了解并着手进行工业互联网的转型与升级,尤其强调企业的思维转变,而这最终阶段正是向着智能化思维的转变。谈到智能化思维,结合我国企业以及工业互联网的发展,智能制造这一名词便进入视野,成为目前企业工业互联网转型升级的目标之一。

(1)从工业4.0到智能制造

从1784年第一次工业革命的到来到第三次工业革命,用电子和IT技术实现制造流程的进一步自动化,机械生产已经成为许多企业车间内部的一道风景线,而工业互联网的到来将要席卷起一场工业风暴。

①工业4.0的到来。什么是工业4.0?工业4.0的到来代表什么?相信这是许多企业和参与者想要了解的。工业4.0概念包括从集中控制向分散增强控制的根本转变,目标是为个性化和数字化产品和服务创建高度灵活的生产模型。通过互联网等通信网络,将工厂和工厂内外的事物和服务结合起来,创造出前所未有的价值,构筑新的商业模式。在这种模式下传统性的行业边界将会消失,并会各种各样的新的活动领域以及良性的合作形式,创造新的价值,同时产业链的分工被重组。

一方面,在生产能力上,工业4.0将确保仅一次性生产,且产量很低的获利能力,确保工艺流程的灵活性和资源利用率。另一方面,工业4.0将使人的工作协调性更好,使员工能够将注意力投入到更有建设性的方案上。企业能够通过CPS系统,总体掌控从消费需求到生产制造的所有过程,由此实现高效生产管理。具体如图5-39所示。

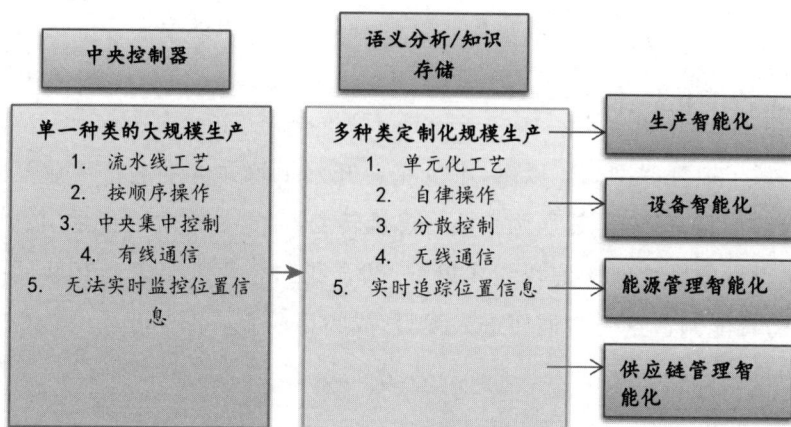

图 5-39 工业 3.0 进阶工业 4.0

在工业 4.0 进阶阶段,单一种类大规模生产已经朝着多种类大规模定制生产发展,企业已经从以产品为中心升级到以顾客为中心、以快速响应市场为主,能够通过智能化控制设备定点安排生产,从推动式生产发展到拉动式生产,通过灵活性和快速响应来实现多样化和定制化,以多样化和定制化开发、生产、销售、交付顾客买得起的产品和服务。工业 4.0 的到来打破了供应、生产、运营、物流等模块的界限,企业开始朝着生产、设备、供应链等智能化进化。

②智能制造加持。智能制造是从人工智能的研究开始的。智能制造应包括智能制造技术和智能制造系统,智能制造系统不仅可以在实践中不断完善知识库,而且具有自学功能,还能收集、理解环境信息和自身信息,具有组织分析判断自身行为的能力。智能制造通过人和智能机器的合作共事,扩大、延伸和部分取代人类专家在制造过程中的脑力劳动。它更新了制造自动化的概念,并将其扩展到柔性化、智能化和高度集成化。具体如图 5-40 所示。

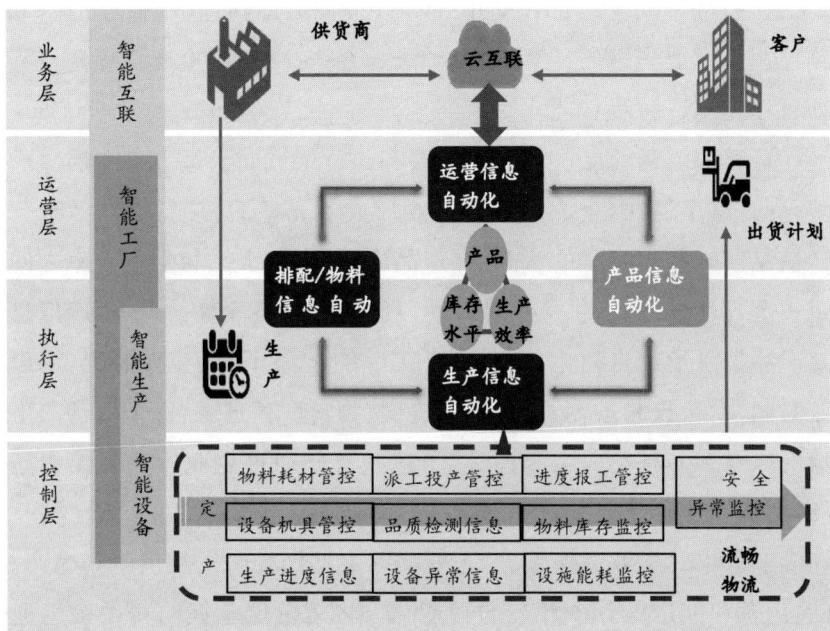

图 5-40　智能制造层次化结构

（2）智能化

在智能制造整体的规划流程中，主要把智能化分为四个层次，分别为控制层、执行层、运营层和业务层，体现企业智能化进程中的四个阶段，层层递进。

①控制层。控制层是智能制造进程中首先迈出的第一步，即智能设备环节。主要包括物料耗材管控、进度报工管控、派工投产管控、设备机器管控、品质检测、生产进度、设备异常、物料库存、设施能耗、安全异常等问题监管，通过控制智能化能够有效地监管生产过程中出现的各种情况，有效把握生产状态。

②执行层。执行层中实际上包含着控制智能化的内容，将智能设备运用到实际的生产环节，同时通过供应管理智能化合理安排生产排程，使得物料、设备、能耗协同运作，达到稳定生产状态，在制造过程的各个环节几乎都广泛应用人工智能技术。专家系统技术可用于工程设

计、工艺过程设计、生产日程安排、故障诊断等。同时利用神经网络和模糊控制技术等先进的计算机智能算法,在产品配方、生产日程调度等方面可以使制造过程智能化。

③运营层。运营层次是在控制层和执行层方向上又上一个层次的模块,到达这个层次,企业实际上已经形成了完整的智能工厂,达到了生产信息实时共享互联的状态,在产品质量、库存水平和生产效率之间形成一个良性循环,从供应信息开始,到排料/物料库存信息、生产信息以及产品信息形成自动化,企业可以在后台查询当下的生产状况,供应物流时间、设备投料进度、设备生产进度、物料库存进度、每个设备的生产情况以及产品种类分类和库存等,这些都是通过企业运营智能化达成的,帮助企业降低成本,提高效率。

④业务层。在业务层领域,企业实际上已经完善了从供应到生产、存储、运营和配送等各个环节的智能化。将运营层掌握的相关信息通过"上云"实现数据共享、存储与分析,同时能够根据客户信息去进行供应商的沟通与排班,进而为下一轮的生产排程做好准备工作,使企业形成一个完整的智能制造良性循环。

毫无疑问,智能化是制造自动化的发展方向。人工智能技术在制造过程的各个阶段几乎被广泛应用,智能制造系统中的各构成要素可以根据工作任务的需要,自动构成最适合的结构,其灵活性不仅表现在运行方式上,还表现在结构形式上,智能制造系统在实践中不断充实知识库,具有自学功能。同时,在运行过程中自行进行故障诊断,并对故障进行自行排除、自行维护。这种特征使得智能制造系统能够自我优化并适应各种复杂的环境。目前,智能制造已经用于多个领域,未来它将向着更先进的领域进发。

(3)智能化工厂

从自动化到智能化,还有漫长的道路,自动化可以使工业制造过程的效率达到要求,但要做好市场需求预测与应对、灵活调整生产能力、对空间进行有效利用、有效降低生产成本等智能化的工作,不能仅仅依靠自动化技术来解决,还需要工厂有一个聪明的"大脑",才能确定和控制。目前随着智能制造强势席卷各大企业论坛,强势进驻企业内部生产运营,不少大型制造企业已经逐渐放手进行明朗化的智能转型升级,智能化工厂已经不仅仅是一个概念性的模式。许多高科技智能化工厂出现在大众视野中,为不少企业提供了借鉴与帮助。

智能化工厂到底是什么样?就好像工厂装上了一个能自主思考的"大脑"。就是运用多种现代技术,实现工厂办公、管理和生产自动化,加强和规范企业管理,减少工作失误,堵塞各种漏洞,提高工作效率,安全生产,提供决策参考,加强对外关系,拓展国际市场的目的。目前,智能工厂的发展已经进入了一个新的阶段。在数字工厂技术方面,利用物联网技术和设备监控技术,加强信息管理和服务,控制生产和销售过程,提高生产过程的可控性,减少对生产线的人工干预,及时准确地收集生产线的数据,合理地管理生产进度。未来,智能工厂系统将具有自主能力,能够收集和理解外界和自身的信息,能够分析、判断和规划自身的行为。综合可视化技术的应用,结合信号处理、推理预测、仿真和多媒体技术,将展示设计和制造在现实生活中的应用。

此外,随着工厂制造流程连接的嵌入式设备越来越多,智能化工厂的技术在迅速地更新换代。如何让制造流程更有判断力是目前关注的焦点。在工业自动化的领域,随着应用和服务向云计算转移,数据和计算位置的主要模式发生了变化,嵌入设备的领域产生了颠覆性的变化。未来云计算将提供完整的系统和服务,生产设备不再是单独的实体,一旦连接完成,所有制造规则都有可能改变。

章末案例

CNC 熄灯工厂:工业富联的一座数据"城"

瑞士日内瓦时间 2019 年 1 月 10 日,世界经济论坛宣布工业富联"柔性装配作业智能工厂"(以下简称"熄灯工厂")入选"制造业灯塔工厂"网络七名新成员,成为中国五家,全球十六家工业 4.0 未来智慧工厂的一分子。目前,富士康已经拥有 10 条熄灯生产线(完全自动化生产线),部署了逾 4 万台由公司内部研发和生产的"foxbot"工业机器人。富士康已经具备每年生产约 1 万台 foxbot 机器人的能力。那么富士康在面对转型升级方向是怎么做的呢?它如何突破固有的制造企业的极限呢?

一、公司简介

富士康工业互联网股份有限公司于 2015 年成立,2016 年在上交所上市。在短短的几年时间里,工业富联对外发布了"Fii Cloud 云"、"雾小脑＋Fii CorePro 智能工业现场解决方案"以及工业移动网解决方案 LTE 等新产品。另外,据工业富联介绍,目前有 7 座以上的熄灯工厂在国内运转。正如郭台铭所说,鸡蛋从外部打破是生命的结束,从内部突破是新生命的开始。作为富士康转型的"火车头"的工业富联通过改变寻求新生。计划在今后两年到三年内,在现有生产线的基础上,更新 IT 系统结构,升级自动装配线,实现工厂车间的进一步智能化和熄灯目标,实现机器之间的相互连接。

二、容错率低,精准度高

工业大数据的预测分析结果的容错率远远低于互联网大数据。在进行预测和决策时,仅考虑互联网大数据中两个属性之间的相关性是否具有统计意义。但是,在工业环境中,如果只使用统计的有效性给出分析结果,即使是单一的误差也有可能导致严重的结果。目前,工业富联工业互联网平台已应用于智能管理、智能布放、智能工厂管控、智能分析、机械视觉检测、智能机械调谐等领域,并多次实施了周边赋能,用于园区消防云、安全云、环保云及节能云等领域。在应用精确度上和安全环保方面双管齐下,齐头并进。

工业富联的"熄灯工厂"不仅是制造化工厂,也是工业 AI 和机械学习工业现场的融合应用。目前国内运行的 7 家工厂均已发展出基于多家工业现场的人工智能应用,包括设备监控、维修预测、能源消费监控、物流配置、品质检验预判定改善、生产量优化智能调度、调度参数调整优化等。

二、智能互联,无忧工厂

2019 年 1 月 10 日,世界经济论坛公布了一份制造业灯塔工厂的新成员名单,工业富联关灯工厂入选。富士康打造的智能化熄灯工厂不是无人工厂,而是打造出了一个"无忧工厂",把工作放在前端,在前线去做决策,把人力结构改变,从传统的以人为中心,转变为以数据为中心的管理,用智能终端看到工厂动态,用智能化手机管理人流、物流、过程流、信息流、资金流。具体如图 5-41 所示。

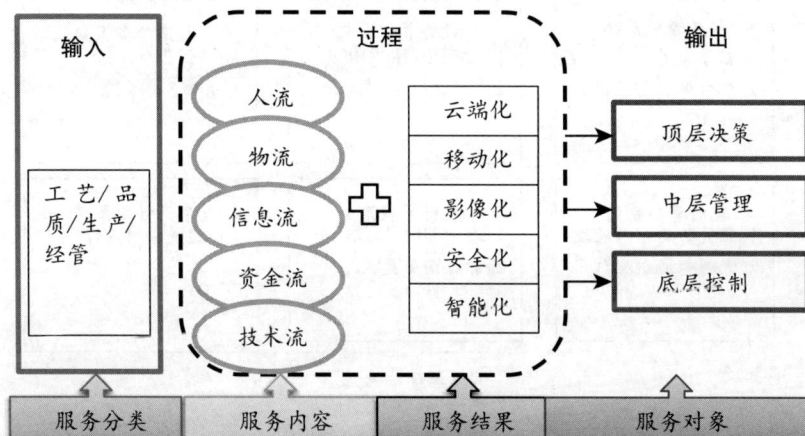

图 5-41 智能化工厂工艺流程

目前工业富联已经在深圳、成都、郑州、太原等地运行了 7 座试点熄灯工厂,包括了精密机构件加工工厂,精密刀具加工工厂,精密组装、测试及包装工厂等,作为智能工厂,熄灯工厂可以通过服务分类实时调整流程、质量、生产等流程,整合人、信息、资金、物流、技术等流程,实现云、智能、数据共享,以便于企业的决策和控制。数据显示,整个项目完成后,人力节省了88%,收益率提高了2.5倍。经过6个月的努力,生产线的员工从318人降至38人,生产效率上升30%,库存周转下降15%,同时大幅度降低了生产空间的需求。为了实现产品制造的全周期、实时化、高效化管控,必须结合公司运作实际及未来发展进行总体规划。

三、模块集成,全面覆盖

车间通过建立覆盖物料、设备、耗材、生产调度、工序、产量的智能模块系统,实现自动化、数字化、云端化、智能化管理。通过企业后台,管理人员能够清楚地了解当前车间的生产情况,同时能够根据物料库存和供应时间、顺序和数量合理地进行生产排序,有效帮助企业进行工序调整,同时有效控制产品不良率,对设备维护进行监控,实现企业生产智能化。具体如图5-42所示。

程序管理系统
1. 程序自动上传
2. 机台调试智能化

设备管理系统
1. OEE/MTTR/MTBF
2. 数据即时探集分析

品质管理系统
1. 图表动态分析
2. 异常实时预警

现场管理系统
1. 状况实时掌握处理
2. 资源智能调配利用

耗材管理系统
1. 寿命即时监控
2. 智能预警更换

生产计划系统
1. 速成实时反馈
2. 工艺与计划智能调配

智能监控系统

图5-42 模块互联

通过后台的设备监控显示能够观察设备运行情况、机台稼动率以进行产能统计,光是一台设备所能做的事情就顶替了大部分要耗费的人工,此外对设备的精准控制生产能够减少人工不必要的损耗。以表面贴装自动化平台为例,通过控制机械设备集群来提高效率,通过 AI 智能分解流系统安排试验装配线和流程,正确掌握生产和效率。经过 6 个月的努力,生产效率提高了 30%,库存周转减少了 15%。而对模块的集成能够有效整合数据,方便企业做出恰当的生产决策。

四、结论与启示

富士康作为一家大型的消费性电子制造企业,从成立工业互联网企业时就已经迈出了一大步,成功了一半。富士康敢于冒险,敢于做第一个吃螃蟹的企业,进行跨行业跨领域赋智赋能,建立起智能化工厂的同时还不忘砥砺奋进,朝着云平台进发,服务其他互联企业,打造服务新生态。

第一,完善流程,提高效率。目前,制造业正在经历多品种、小批量柔性生产模式的转变,以取代大规模定制生产模式,而出厂可以实现柔性生产、智能调度、质量预测、能耗监控等,从而更好地面对市场需求迭代带来的机遇和挑战。工业富联打造的熄灯智能化工厂运行流畅,覆盖率完好,能够形成完整的设备互联和制造自动化,同时后台实时监控供应、生产、物料仓储等情况,有效地提高了企业的生产效率,这为其他制造企业进行相关转型提供借鉴。

第二,点线面结合,全面发展。熄灯工厂有三个自动化阶段,第一个阶段是工业自动化,可以理解为"点"。这不是要把人大批地换掉,而是用机器人去代替人,提高效率的同时降低无效的人工成本。第二阶段是整条生产线的自动化,可以理解为"线"。优化生产线后,可以减少机器人的使用量。第三阶段是整场自动化,可称之为"面",在生产、物流、检测等全程实现无人化或少人化。目前,富士康正在全面推进整个流程自动化,正处于第二第三阶段之间。未来,工业富联将持续为打造整体生产运营流畅化、智能化而继续深入研究。

第三,流程上云,奋勇前进。如果说打造熄灯工厂样本是富士康"变革制造"的一小步,那么发布云平台便是工业富联向供应链和顾客展示"数据"能力的一大步。工业富联近日正式宣布建立数据驱动应用平台。基于富士康云平台打造富士康工业互联网 Vaas(Value as a Service)的基础。富士康拥有 6 万多台机器人、1600 多条组装线、5000 多种设备管理和质量管理装置、第三方开发者 3000 多人、1000 多台 APP,富士康所打造的应用平台未来能够实现设备流程上云、应用上云,将资源共享,创建生态互联。

不论是智能化工厂还是工业互联网平台,富士康都做出了前所未有的表率。身为制造企业,但它并不局限于现状而是不断地进行创新,紧跟潮流,将"A＋B＋C＋D＋E＝F"即 Fii＝AI(人工智能技术)＋Big Data(大数据)＋Cloud Technology(云技术)＋Domain Knowledge(专业知识)和 Evidence(事实)融合战略生态模式贯彻到底,通过该生态价值模式,利用产学研深度融合的集成优势,通过对内部无忧生产过程的升级,对外输出智能服务,在实践中探索企业数字化转型的共享商业模式,对跨行业跨领域赋能赋智服务进行新生态开发。

资料来源:http://www.fii－foxconn.com/

参考文献

[1]李杰 刘宗长.CPS 为中国工业智能转型创造新空间[J].中国工业评论,2018(1):12-19.

[2]马骏,袁东明,马源.把握万物互联及智能化机遇[N].中华工商时报,2019-02-25(3).

[3]管益辉,宋福田,马力.面向数字化工厂建设的数据应用研究[J].价值工程,2020,39(1):200-203.

[4]徐长杰,邵蔚,郭春花,等.瞄准智能制造[J].纺织服装周刊,2015(14):20-25.

[5]江帆.工业 4.0 背景下制造业的大数据运用及转型升级研究:广东佛山市例证[J].企业科技与发展,2018(7):18-21.

[6]孙怀义,唐云建,余名.浅谈工业 4.0 给自动化行业带来的机遇与挑战[J].自动化博览,2016(10):36-40.

[7]蒋晨光.浅谈软件[J].科技风,2011(11):212.

[8]戴宏民,戴佩燕.工业 4.0 和包装机械智能化[J].中国包装,2016(3):51-56.

[9]魏晓东.《工业 4.0 与两化融合》讲座　第四讲　工业 4.0 的系统集成技术[J].自动化博览,2016(2):64-68.

[10]黄艳.物联网和智慧物流在企业管理中的应用探讨[J].中国市场,2020(2):158-161.

[11]马文娟,许文俊.基于物联网的地震监测台网应急调度平台设计[J].国际地震动态,2012(6):186.

[12]李志硕.浅析工业 4.0 中的新技术[J].科学技术创新,2019(3):44-45.

[13]许红伟.物联网和大数据时代对物流行业的影响及前景分析[J].中国市场,2020(2):162-164.

[14]许子明,田杨锋.云计算的发展历史及其应用[J].信息记录材料,2018,19(8):66-67.

[15]张纪生,吕珞琳.论智能物联网技术应用及发展[J].计算机产

品与流通,2020(1):109.

[16]蒋燕翔,潘育勤.云计算技术在计算机数据处理中的应用[J].软件,2020,41(1):255-257.

[17]唐蕾,李娜,郭紫晶.工业互联网协同设计服务模式与用户体验研究[J/OL].设计,2019(23):68-71.

[18]工业互联网产业联盟.工业互联网平台白皮书(2017)[EB/OL]. http://www. aiialliance. org/index. php? m = content&c = index&a=show&catid=23&id=186

[19]郑直,张云帆,朱涛.软件定义数据中心技术体系研究[J].电信快报,2014(10):26-28.

[20]中国工业技术软件化产业联盟.工业互联网 APP 发展白皮书（2018）［EB/OL］. http://www. caitis. cn/newsinfo/539290. html? templateId=100829

[21]欧阳峣.美国工业化道路及其经验借鉴:大国发展战略的视角[J].湘潭大学学报(哲学社会科学版),2017,41(05):51－56.

[22]刘雄.大国崛起的产业政策及其特征:以工业化时期的英国、德国、美国为例[J].湘潭大学学报(哲学社会科学版),2017,41(5):57-62.

[23]李杰,倪军,王安正,等.从大数据到智能制造[M].上海:上海交通大学出版社,2016.

[24]林丽敏.日本制造业:"回归"抑或"从未失去"[J].现代日本经济,2019(5):70-82.

[25]李伟.制造数据建模及其在 MES 中的应用研究[D].北京:北京航空航天大学,2008.

[26]黄世龙.基于 6 sigma 的 F 公司 PVD 颜色稳定性改善研究[D].天津:天津大学,2012.

[27]张平,刘会永,李文璟,等.工业智能网:工业互联网的深化与升级[J].通信学报,2018,39(12):134-140.

[28]Li J Q，Yu F R，Deng G，et al. Industrial Internet：A Survey on the Enabling Technologies，Applications，and Challenges [J]. IEEE Communications Surveys & Tutorials，2017，19（3）：1504-1526.

[29]李廉水,石喜爱,刘军.中国制造业 40 年:智能化进程与展望 [J].中国软科学,2019(1):19-30.

[30]李朕. 培育形成 5G＋工业互联网互促共进态势[N]. 中国电子报,2019-11-29(3).

[31]梁龙.拥抱 5G 时代 深度两化融合[J].中国纺织,2019 (11):161.

[32]于凤霞. 我国共享制造将呈现三大发展趋势[N]. 学习时报, 2019-11-15(3).

[33]张丽敏."5G＋工业互联网"落地路径明晰[N]. 中国经济时报,2019-11-26(2).

[34]高彦军,李哲,魏翩. 助力企业数字化转型 谱写工业互联网创新发展新篇章[N]. 人民邮电,2019-11-26(8).

[35]马龙,王鹏跃. 工业互联网发展还缺什么[N]. 中国工业报, 2019－11－27(003).

[36]刘多. 推动 5G 与工业互联网融合发展[N]. 人民邮电,2019-11-29(1).

[37]陈琦,赵大磊. 产业融合推进价值链跃升[N]. 中国城乡金融报,2019-11-29(7).

[38]李朕. 培育形成 5G＋工业互联网互促共进态势[N]. 中国电子报,2019-11-29(3).

[39]刘多. 推动 5G 与工业互联网融合发展[N]. 中国电子报, 2019-11-29(6).

[40]子铎. 当传统制造业遇上互联网[N]. 中国航空报,2019-10-26 (2).

[41]吴可晴.邬贺铨:安全将成为工业互联网发展战略布局的重点[N].人民邮电,2019-10-28(4).

[42]柴天佑.工业互联网与工业人工智能[N].中国信息化周报,2019-10-28(7).

[43]刘沙.鞍钢王军生:钢铁行业该如何构建工业互联网[N].计算机世界,2019-11-04(5).

[44]赵妍.三举措推动工业互联网平台发展[N].通信产业报,2019-11-04(23).

[45]崔亮亮.做好工业互联网必须解决好十个环节问题[N].通信产业报,2019-11-4(25).

[46]党博文."一纵两横"构建高效工业互联网应用[N].通信产业报,2019-11-04(25).

[47]王改静.五个视角解读工业互联网平台[N].通信产业报,2019-11-04(26).

[48]朗坤智慧.激活数字孪生 焕发设备管理新动力[N].中国信息化周报,2019-11-04(11).

[49]上海市经济和信息化委员会.上海:工业互联网"2561"为制造业赋能[N].中国电子报,2019-11-05(2).

[50]王健.用友精智工业互联网平台赋能水泥行业[N].人民邮电,2019-11-07(5).

[51]王哲平.加快推进产业数字化[N].河北日报,2019-11-08(7).

[52]金凤.互联网发展面临与实体经济深度融合挑战[N].科技日报,2019-11-13(4).

[53]夏远望."踢"好互联网经济下半场[N].河南日报,2019-11-15(13).

[54]倪光南.工业互联网安全保障体系三维度:技术、市场和制度[N].中国电子报,2019-11-19(1).

[55]王宇霞.五大趋势助推数字经济提速[N].中国电子报,2019-

11-19(3).

[56]赵西三. 以智能制造引领河南制造业高质量发展[N]. 河南日报,2019-11-20(10).

[57]于佳宁. 区块链赋能数字经济与实体经济深度融合[N]. 经济日报,2019-11-22(12).

[58]李燕. 推动工业互联网平台成为经济高质量发展新引擎[N]. 经济日报,2019-11-27(12).

[59]李芳. 深化数据价值挖掘　推动工业互联网高质量发展[N]. 学习时报,2019-11-22(3).

[60]Changsong Li,Yuchen Jiang,Pengcheng Fang. Innovation in Advanced Manufacturing Driven by Supercomputing[J]. Procedia CIRP,2019(83):584—589.

[61]Rodrigo Teles Hermeto,Antoine Gallais,Fabrice Theoleyre. Experimental in-depth study of the dynamics of an indoor industrial low power lossy network[J]. Ad Hoc Networks,2019(93):101—113.

[62]Gašper Škulj,Alojzij Sluga,et al. Energy efficient communication based on self-organisation of IoT devices for material flow tracking[J]. Cirp Annals-Manufacturing Technology,2019(68):495-498.

[63]Fei Zhu,Wei Wu,Yuexin Zhang,et al. Privacy-preserving authentication for general directed graphs in industrial IoT[J]. Information Sciences,2019(502):218-228.

[64]Binbin Yong,Xin Liu,Qingchen Yu,et al. Malicious Web traffic detection for Internet of Things environments[J]. Computers and Electrical Engineering,2019(77):260-272.

[65]Wei Qin,Siqi Chen,Mugen Peng. Recent advances in industrial internet:Insights and challenges[J]. Digital Communications and Networks,2019(6):1-13.

［66］Seppo Leminen, Mervi Rajahonka, Robert Wendelin, et al. Industrial internet of things business models in the machine-to-machine context[J]. Industrial Marketing Management, 2019.

［67］Boonserm Kulvatunyou, Hakju Oh, Nenad Ivezic, et al. Standards-based semantic integration of manufacturing information: Past, present, and future[J]. Journal of Manufacturing Systems, 2019 (52):184-197.

［68］Junliang Wang, Chuqiao Xu, Jie Zhang, et al. A collaborative architecture of the industrial internet platform for manufacturing systems[J]. Robotics and Computer-Integrated Manufacturing, 2020 (61):101854.

［69］A. Murphy, C. Taylor, C. Acheson, et al. Representing financial data streams in digital simulations to support data flow design for a future Digital Twin[J]. Robotics and Computer-Integrated Manufacturing, 2020(61):101853.

［70］Dimitris Mourtzis, Konstantinos Angelopoulos, Vasilios Zogopoulos. Mapping Vulnerabilities in the Industrial Internet of Things Landscape[J]. Procedia CIRP, 2019(84):265-270.

［71］Bufan Liu, Yingfeng Zhang, Geng Zhang, et al. Edge-cloud orchestration driven industrial smart product-service systems solution design based on CPS and IIoT[J]. Advanced Engineering Informatics, 201(42):100984.

［72］Patricia Chavez burbano, Victor Guerra, Jose Rabadan, et al. Optical Camera Communication system for three-dimensional indoor localization[J]. Optik, 2019(192):162870.

［73］Yongping Zhang, Pengyuan Zhang, Fei Tao, et al. Consensus aware manufacturing service collaboration optimization under blockchain based Industrial Internet platform ［J］. Computers &

Industrial Engineering，2019（135）：1025-1035.

[74]Celia Garrido-Hidalgo，Teresa Olivares，F. Javier Ramirez，et al. An end-to-end Internet of Things solution for Reverse Supply Chain Management in Industry 4.0[J]. Computers in Industry，2019（112）：103127.

[75]Matti Yli ojanperä，Seppo Sierla，Nikolaos Papakonstantinou，et al. Adapting an agile manufacturing concept to the reference architecture model industry 4.0：A survey and case study[J]. Journal of Industrial Information Integration，2019（15）：147-160.

[76]Zhitao Guan，Xin Lu，Naiyu Wang，et al. Towards secure and efficient energy trading in IIoT-enabled energy internet：A blockchain approach[J]. Future Generation Computer Systems，2019.

[77]Mina Younan，Essam H. Houssein，Mohamed Elhoseny，et al. Challenges and recommended technologies for the industrial internet of things：A comprehensive review[J]. Measurement，2019（151）：107198.

[78] Xiao Ma，Ranran Wang，Yin Zhang，et al. A name disambiguation module for intelligent robotic consultant in industrial internet of things[J]. Mechanical Systems and Signal Processing，2019（136）：106413.

[79]Jiang Lan，Wang Chengjun，Zhang Wei. Investigation of the evaluation system of SMEs' industrial cluster management performance based on wireless network development[J]. EURASIP Journal on Wireless Communications and Networking，2019（1）：1292.

[80] Ahmed Ismail，Hong-Linh Truong，Wolfgang Kastner. Manufacturing process data analysis pipelines：a requirements analysis and survey[J]. Journal of Big Data，2019（1）：6938.

[81]Rodriguez Juan Carlos，Nico Valeria，Punch Jeff. A Vibration

Energy Harvester and Power Management Solution for Battery-Free Operation of Wireless Sensor Nodes [J]. Sensors (Basel, Switzerland),2019(17):3776.

[82]Shengjing Sun,Xiaochen Zheng,Villalba-Díez Javier,et al. Indoor Air-Quality Data-Monitoring System: Long-Term Monitoring Benefits[J]. Sensors (Basel,Switzerland),2019,(19):4157.

[83]Tidrea Alexandra,Korodi Adrian,Silea Ioan. Cryptographic Considerations for Automation and SCADA Systems Using Trusted Platform Modules[J]. Sensors (Basel,Switzerland),2019,(19):4191.

[84] Basir Rabeea,Qaisar Saad,Ali Mudassar,et al. Fog Computing Enabling Industrial Internet of Things: State-of-the-Art and Research Challenges.[J]. Sensors (Basel,Switzerland),2019,19 (21):4807.

[85]Kyland Technology Co. Ltd. Patent Issued for Heterogeneous Field Devices Control Management System Based On Industrial Internet Operating System (USPTO 10,338,945)[J]. Computers, Networks & Communications,2019.

[86] Chee Theng. In an age of digital disruption, how one company is staying ahead of the game[J]. Mining Engineering,2019, 71(8).

[87]Internet and World Wide Web-Internet of Things; Reports on Internet of Things Findings from Commonwealth Scientific and Industrial Research Organisation (CSIRO) Provide New Insights (SSIM-A Deep Learning Approach for Recovering Missing Time Series Sensor Data)[J]. Computers, Networks & Communications,2019.

[88]Fredric Paul. Bluetooth finds a role in the industrial internet of things[J]. Network World (Online),2019.

[89] Edward Doherty. When fire safety is critical[J]. ISHN,

2019,53(9).

[90]Kalyan Kalyanaraman. ATPS INDUSTRY SUMMIT[J]. Turbomachinery International,2019,60(5).

[91]Anonymous. Private Network to Enable Industrial Internet of Things[J]. Sea Technology,2019,60(8).

[92]Paul Matthyssens. Reconceptualizing value innovation for Industry 4.0 and the Industrial Internet of Things[J]. Journal of Business & Industrial Marketing,2019,34(6).

[93]National Cybersecurity Center of Excellence (NCCoE). Securing the Industrial Internet of Things for the Energy Sector[J]. The Federal Register / FIND,2019,84(195).

[94]A Seetharaman,Nitin Patwa,AS Saravanan, et al. Customer expectation from Industrial Internet of Things (IIOT)[J]. Journal of Manufacturing Technology Management,2019,30(8).

[95]Engineering-Mechanical Engineering; New Findings from Tampere University of Technology in the Area of Mechanical Engineering Reported (Industrial Internet Platforms: a Conceptual Evaluation From a Product Lifecycle Management Perspective)[J]. Computers, Networks & Communications,2019.

[96]Kyland Technology Co. Ltd. Patent Issued for Method And Apparatus For Real-Time Transmission In A Field Broadband Bus Architecture Over An Industrial Internet (USPTO 10,462,785)[J]. Computers, Networks & Communications,2019.

[97]Haiyan Cao. Research on Innovative Talents Training Modes of Industrial Design Major in the Era of "Internet Plus" [C]. Proceedings of the 2019 5th International Conference on Social Science and Higher Education (ICSSHE 2019),2019.